CW00982931

COLLECTION FOLIO

Richard Jorif

Le Navire
Argo

François Bourin

Richard Jorif est né à Paris en 1930 d'une mère martiniquaise et d'un père d'origine indienne. Il consacre l'essentiel de sa vie à écrire. *Le Navire Argo*, son premier roman très remarqué par la presse, n'est pourtant publié qu'en septembre 1987. Il est suivi, en septembre 1988, de *Clownerie*.

Aux derniers amants
de la langue française
est dédié
ce roman-ci

Il n'y a qu'une chose à faire : se refaire.
Ce n'est pas simple.

PAUL VALÉRY,
Mauvaises pensées et autres.

— Mieulx eusse je faict moy musser dedans la soutte entre les croutes et les chaplys du pain, pensa, tout haut, Frédéric.

Certes, on espérait qu'il articulât quelque chose. Mais cette voix clignotante n'était pas — ce fut le sentiment unanime — la voix d'un homme en train de renaître à la lumière. Quelqu'un de ces hardis psychologues qui patrocinent aux buffets des gares eût conclu que le pauvre garçon n'avait pas encore dépouillé ses chaînes. Et puis, quel était ce jargon que pas un ne se piquait d'entendre ? L'opinion générale était que le malheureux, dans le délabrement de ses facultés, avait émis quelque incongruité qui ne valait pas que l'on se martelât le cerveau. Et d'ailleurs, s'il vous plaît, le moyen de s'émouvoir davantage ? On était recru d'émotion. Enfin, ah surtout ! Il y avait la *question*. Il y avait cette mouche qui, sans répit, obsédait les crânes des sauveteurs, lesquels, malgré qu'ils en eussent, perdaient pied.

Dans la pièce où il s'est laissé transporter, aucun des petits frédérics qui, selon l'apparence, ont grandi là — on discerne encore, sur le mur, les traits de crayon qui échelonnent la croissance d'un enfant —, aucun n'est venu rejoindre ce grand frère transi d'hébétude. Assis au bord d'une chaise dont la cannure s'évase, il s'applique à recouvrir du bout des doigts les clairières de son pantalon guenilleux. Il garde la tête penchée; des mèches cendreuses divisent, sur la nuque, une laize de peau éraillée. Autour de son enveloppe pathétique, croît tout un champ de points d'interrogation, et clapote, à ses pieds, une eau saliveuse où flottent du bois de sentence et des haillons de vérités premières. Quelques mots le pénètrent, qui lui sont indigestes, et, plutôt que de se contraindre à les assimiler, il affecte de s'enclore dans la stupidité. Mais il ne prend pas garde que l'incessant mouvement de ses lèvres dénonce une périlleuse accoutumance au soliloque. Qui pourrait dire si ce fleuve de mots mal contenus ne roule pas dans ses méandres une rancune dévastatrice? Autre motif d'inquiétude : Frédéric ne produit aucun des symptômes — tremblement, salivation — qu'on est en droit d'exiger d'une idiotie de bon ton. Le misérable baigne dans une ombre fantasmatique où nul ne veut hasarder de se perdre, et l'on n'est pas éloigné de croire qu'il n'a pu survivre à cette inconcevable séquestration qu'en s'adonnant à des pratiques très sulfureuses. Aussi, garde-t-on de le toucher à l'instar d'une pièce à conviction. Pourtant, faciles à manier la brosse à verrat, les commères trépignent de lui restituer son visage de chrétien. Mais il faut attendre les autorités, les médecins, les journalistes...

12

« Qui vous poinct, bonnes gens ? Qui vous meult ? Attendez que je chausse mes lunettes. Je vous voy aussy estommis que fondeurs de cloches. Desistez vous esbahir de mon estat et paour ne ayez que je vous veuille mordre. Mais on ne sçayt qui mord ne qui rue. Quant est de moy, je vous affie, lifrelofres, que si j'ay strident appetit ce n'est poinct pour vos rouges museaux ains pour de bonnes viandes, rillé, boudins, saucisses, gaudebillaux. Je mangeray mesmes des cibotz mais arrousés de vin chinonais. Vertuguoy ! Je me donne à sainct Babolin si j'en laisse une goutte ! Le cœur me bat dedans le corps comme une mitaine au pensement de ce festin. Je grezille d'estre servy. Aultrement quoy ? Que doibs je faire ? A mon tonneau je retourne, dans les chaisnes (ô ma mère que te avoys je faict) je me remets dont je fus lyé ne sçay quants et quants de jours si vous, paillars de plat pays, m'importunez davantaige. Suis je faict comme un cueilleur de pommes ? Veistes vous le chapperon verd à aureilles de lièvres ? Ay je le visaige d'un fol, un vit de cormier ? Que signifie ce remuement de badiguoinces ? Quelle patenostre de cinge marmottez vous ? Je vous voy tresbien mais je ne vous oy poinct. Et ne sçay que dictes. Pourtant, villains humeux, retournez, retournez, je vous prie. Allez fretin-fretailler ou ecquivoquer à Beaumont le Vicomte, ce m'est tout un. Ce n'est là que me deult, ce n'est là que me cuist et demange. Mais plus ne me molestez et me laissez en silence, je vous supply... »

Débarque, en guise de journaliste, le stagiaire qui, cinq jours auparavant... Il arrive, dans le sillage des gendarmes, percé jusqu'aux fibres par une pluie d'abat qui l'a rendu insensible. Quelque réflexe opiniâtre l'excite cependant à dévaler vers le terrier de Frédéric. Il se flatte d'avoir acquis une façon de renommée par son habileté à restituer les odeurs : vous pouvez compter qu'il va engerber les pestilences à grandes fourches. Mais, dans le réduit où les talons du bricard sonnent funèbrement, ne stagne qu'un maigre relent de moisissure dont pas un lecteur ne saurait se satisfaire. « Vous avez aéré ! — Mais non, voyez vous-même : la fenêtre est pour ainsi dire condamnée, et croyez-moi, j'ai dans les bras autre chose que de la gelée d'andouillette ! eh bien, je ne suis pas parvenu à l'ouvrir. » Alors, alors, où étiez-vous puanteurs charmantes, faguenas, escafignon, ondulants et capiteux remugles ? Jean-Louis G. remonte, prêt à faire litière d'une vocation qu'il prétend le tenir au collet depuis l'enfance. Cinq jours plus tôt, face au drame qui avait noyé la campagne d'un brouillard de démence, il s'était contenté d'enfiler des platitudes : le rapport des gendarmes était plus saisissant. Mais remontons à l'œuf...

Depuis plusieurs mois, personne ne doutait plus que Mme Mops ne fût bonne à mettre aux Petites-Maisons. Elle apostrophait les Chérubins et tympanisait en plein office l'intempérance du bedeau. Et l'on murmurait qu'elle, en son privé, se flagellait de buis bénit et conchiait le bulletin paroissial. Que diable lui avait fait l'Église ? Elle prétendait d'avoir commerce avec les Trônes et ne souffrait pas qu'un barbichet malodorant lui fît grief de respirer les

Anges. On rapportait le début de sa folie au jour où elle avait consenti d'être séparée de son fils. Il vivait à Paris, chez sa tante, et elle se plaignait d'être sans nouvelles de lui depuis bientôt six ans, mais on ne la croyait qu'à demi. Elle décrivait la Ville comme une barque naufragère et jalouse, grouillante d'une faune livrée sans merci aux hallucinations des sens. Elle proclamait que son fils était perdu. Quel prestolet de campagne tout humide de lubricité pouvait se mêler de rompre les mesures du Malin ? Elle n'avait justement recours qu'à Dieu seul et à quelques saints triés sur le gril. Dans la crainte que, en son croissant délire, elle n'extravaguât jusqu'au point de commettre un sacrilège inexpiable, les fidèles se dévouèrent à surveiller ses pas. On l'aperçut descendre dans son jardin, embobelinée dans une méchante limousine, et jetant aux radis des paraboles schismatiques. On la vit qui arpentait d'un pas réglé les allées de son domaine, et les ouailles se prirent à espérer que l'observance du rite qu'elle avait créé à son usage la préserverait d'outrager l'Église. Mais, certain vendredi, sous l'aiguilon d'une exaltation proche de l'éréthisme, elle franchit les bornes. Déchevelée, crucifix haut brandi, chassant les vaches à coups d'oraisons jaculatoires, elle dévala vers le ru communal. Elle dépouilla sa guenille, entra dans l'eau régénératrice et, avec la solaire candeur des premiers disciples, elle renouvela la promesse du baptême. Après quoi, elle poussa sur les paysans accourus l'eau que sa crasse avait sanctifiée. Ils la sortirent véhémentement du bain et, à coups de genoux dans les fesses, la ramenèrent sur le plancher de sa maison où, après deux ou trois convulsions du plus bel effet, elle sombra dans la catalepsie. Trois gaillards membrus, un renoueur féru d'exorcismes, deux gendarmes adeptes de la méthode de réanimation Jules Moch, rien, ni personne, ne lui fit recouvrer l'esprit. Roide et compacte, elle fut conduite à l'hôpital à travers l'angélus du soir. Quand elle revint à elle, ce fut pour confesser aussitôt que, depuis six ans, elle tenait son fils enchaîné dans la cave. Au même instant, l'on découvrait Frédéric. Voilà le récit auquel la plume d'un journaliste de talent aurait donné des couleurs d'achéron. Mais non pas Jean-Louis G.

Devant ces braves gens qui ne souhaitent rien de plus que d'être caressés par la notoriété, Jean-Louis G. se sent la proie d'un engourdissement panique contre lequel il ne peut bander ses facultés. Tu n'es pas fait pour ce métier, abandonne, rentre chez toi, retrouve le petit atelier où tu passais des heures à façonner des cendriers dans des culots d'obus, passe la main, mon pote, passe la main. Il va sortir, il sort. L'article, il le pondra au journal ou bien il restera dans son stylo, qu'importe. Il enfourche sa motocyclette, il ne sent pas la pluie, il ne voit pas la route. Quand même, il se range pour faire place à la voiture du médecin qui lui projette une flaquée de sauce argileuse. Alors, il s'arrête, stupide. Quelque chose d'extraordinaire se passait, se passe sous ses yeux, et il ne voyait rien. Mais au journal, a-t-on plus que lui « senti » l'événement ? Où est le photographe ? Celui-ci s'attache aux pas d'un secrétaire d'État (un secrétaire d'État !) ; celui-là immortalise une vache laitière accompagnée de son seau ; Nénesse prend des clichés de voitures qui-ne-sont-plus-que-des-amas-de-ferrailles-enchevêtrées ; p'tit Louis... mais qui a jamais su où était p'tit Louis ?

De retour dans la maison hallucinée, Jean-Louis G. ne jette qu'un regard sur Frédéric qui se trouve livré aux mains d'une arracheuse de betteraves, laquelle lui écorche les daintiers au savon noir. L'eau fangeuse déborde du cuveau et corrompt d'une écume sordide les chaussures des villageoises.

Commençons : qui, le premier, a découvert Frédéric ?

— Moi, dit l'un.

— Moi, dit l'essuyeur de plâtres.

— Moi, dit l'effondreur de volailles.

— Moi, dit le fesseur d'épingles.

— Moi, dit l'avaleur de charrettes ferrées.

— Moi, dit...

Doucement, s'il te plaît. Pas trop de fantaisie. Tu commences par, voyons... « Quelle surprise pour... » Au fait qu'est-ce qu'ils sont venus foutre ? Bon, tu glisses... Ah ! voici autre chose :

— Nous aimerions vous faire part d'une réflexion qui nous est venue, et d'une question qui, depuis que nous avons découvert Frédéric, nous donne du tintouin.

— Le groupe a délégué un porte-parole qui s'est mis sur son bien-dire ; tout le monde est suspendu.

— Quelle question ?

— Eh bien, nous sous sommes aperçus que le pauvre garçon n'était pas véritablement prisonnier. Il pouvait très aisément se libérer des anneaux qu'il portait aux poignets et ensuite défaire ceux des chevilles, ou même se mettre debout et s'enfuir avec son grabat sur le dos. (Le grabat ! décrire le grabat !) Nous, c'est ce que nous avons fait.

— Qu'est-ce que vous avez fait ?

— Nous avons fait glisser ses pauvres poignets amaigris à travers les bracelets, sans même avoir besoin de forcer, puis nous avons écarté les anneaux des chevilles mais alors là comme un rien.

— Et après ?

— Nous avons essayé de le mettre debout mais il ne tenait pas sur ses jambes. Alors nous l'avons porté jusque dans la salle à manger.

— Donc, il n'aurait pu comme vous venez de le dire se trisser gaiement avec son pucier sur le dos.

— Pourquoi gaiement ?

— C'est une façon de parler.

— Je me permets de vous faire remarquer que sa mère se trouve à l'hôpital. Il était très faible parce qu'il n'a sans doute rien mangé depuis plusieurs jours.

— Vous me faites penser à quelque chose : le jour où cette pauvre femme a été emmenée, il y avait autant de monde qu'aujourd'hui. Ce n'est pas possible que l'encavé n'ait rien entendu... Restez là, je vais vérifier... Quand j'appellerai, parlez fort, poussez des cris...

Il redescend, il plonge un regard nouveau dans le mystère de ce fouillis pathétique, et il frissonne à la vue du matelas disloqué que le demi-jour baigne de reflets livides. Qu'est-ce qui peut faire qu'un homme, un enfant, accepte de vivre enchaîné ? Ici, rien que des résidus : de pauvres jouets lacérés ; une confusion d'oripeaux sordides, de bouquins en lambeaux, de valises rompues; des éléments d'ustensiles que la mémoire la plus ingénieuse est impuissante à reconstituer. Quel gosse, au plus amer de l'abandonnement, se fût retranché parmi ces infertiles détritrus? Impossible d'imaginer que Frédéric eût pleinement acquiescé à s'anéantir. Il fallait supposer qu'entre la mère divagante et le fils crucifié des rapports s'étaient établis où les prestiges de la démence avaient eu part... Jean-Louis G. se reprend, donne de la voix : aussitôt des clameurs de vénerie percent le plafond. Il faut chercher ailleurs...

Frédéric est lavé, écuré, poli. On l'a vêtu d'une salopette et d'un bourgeron délavés. On l'allonge sur une civière, l'ambulance démarre, il pleut.

La table vaine où s'épuise le reflet d'une carafe ; les murs éblouissants ; la fraîcheur géométrique des draps ; ce miroitant espace soumis aux rigueurs du cube. Ah ! le Monde n'est-il que l'apparence du Monde ? Monde, Monde, où est ta saveur ?

Faute, paraît-il, de lit disponible dans le service du professeur attaché à lui faire recouvrer sa substance, Frédéric s'est trouvé colloqué dans une chambre nue, au deuxième étage de l'hôpital. Là, pantellent et gémissent les ventres que la chirurgie a, pour un temps, délivrés de leurs douleurs gargouillantes. N'est-ce pas une feinte, et n'a-t-on pas, quelque part, dans une case de jeu de construction, formé le dessein de lui retrancher deux ou trois organes lésés par la séquestration ? Au vrai, la pensée du sort qu'on lui machine ne travaille pas Frédéric. Disposez de mon corps, de mon sang, de mes humeurs, de mes spondyles, de mon alkatim, de mes urines, palpez, piquez, manipulez, je ne lâcherai ni mot ni pet. Tous les matins, sa chambre étroite s'emplit d'un grand concours de médecins en herbe qui s'émerveillent de sa docilité. Quelque binoclarde nourrie de crème anglaise est admise à compter ses côtes, à lui pincer la peau, à lui abaisser la langue, il ne fait pas mine d'être intéressé. Toutefois, il ne peut cacher que la petite cérémonie connue sous le nom de « prise de tension » lui cause un peu d'angoisse. On s'en est aperçu et l'on évite de le soumettre à cette opération aux heures prescrites. Il paraît bien qu'il est le cas le plus intéressant de cet hôpital dédaigné des sommités. Un matin, en lui tendant le thermomètre — il sait prendre sa température —, l'infirmière dont il est la propriété n'a pu tenir d'exhaler sa colère. « Tu te rends compte, ils voudraient t'expédier à T...! Ils disent que là-bas ils sont mieux équipés que nous! Qu'est-ce qu'ils peuvent avoir qu'on n'a pas, tu peux me le dire? Non, bien sûr, tu ne peux pas. Tu sais combien tu as pris depuis que tu es ici, toi qui es arrivé avec une vraie figure de cascaret? Quatre kilos. Alors, qu'est-ce qu'ils veulent, hein, qu'est-ce qu'ils veulent? Te transformer en animal de laboratoire? On te fait pas assez d'analyses peut-être?... 36,8. Je me demande pourquoi je prends ta température... Oh! tu n'iras pas à T...! Tu resteras ici! Tu es à nous! à nous! »

L'infirmière — galonnée — qui s'enfièvre ainsi se prénomme Simone. Elle a deux grands fils de pères très différents qui s'entendent à la faire endêver. Les maris de Simone n'ont pas résisté longtemps à la vigueur explosive de leur femme : l'un en est mort, l'autre s'est escampé. Mais comment, dans ce monde asservi aux mâles, une femme survivrait-elle, sinon par la force du triceps? Bien sûr, elle ne jurerait pas que les roustances qu'elle a flanquées à ses bonshommes ne sont pas à prendre en compte dans le trépas lamenté du premier ni dans l'effrénée carapate du deuxième. Mais elle se trouve bien punie par les deux tyrans aux désirs desquels sa faiblesse native finit toujours par se plier. Quant au reste, elle mène une vie bien chétive. Elle ne sort pas, elle qui aimait tant le bal, pas les danses d'aujourd'hui merci bien où allons-nous avec ce rock et ces filles qui s'abandonnent même à des nègres les salopes, mais la valse, le tango, le paso doble olé ça c'était de la danse pas du desserre-croupière. Elle n'a pas le temps de lire on n'a pas besoin de se rompre la tête la vie s'en charge assez ou alors des romans-photos. Elle prend la plume quelquefois, pour donner tout uniment son avis à l'occasion de tel « fait de société » qui fait bouillir les lecteurs des magazines illustrés. On a su, par exemple, ce qu'elle pensait, comme beaucoup de braves gens, du cachet scandaleux — soixante-dix millions — accordé à Brigitte Bardot, cette actrice déplorable qui s'exprime à côté de sa glotte, pour tenez-vous bien, trente minutes de minauderies dans un film. Dommage, on a tronqué sa lettre et estropié son nom. Elle n'aime pas de Gaulle mais Guy Mollet c'était rien. Elle a les pieds sensibles et tous ces couloirs qu'il faut parcourir cent fois par jour j'exagère à peine. Elle prend son café avec deux sucres.

Frédéric connaît son infirmière par le menu. Elle lui débite son passé, elle détaille la substance de ses jours en exil, elle psalmodie ses nuits dépeuplées. Il s'abreuve à ce flot banal qui charrie tous les débris d'une vie rompue. Depuis cinq semaines, il se tait, ou presque : oui, non, bonjour, merci, j'aime les saucisses. Parfois, il se hasarde à répondre en reprenant les termes de la question :

— Tu veux un oreiller de plus ?

— Je veux un oreiller de plus.

— Tu as envie de te promener ou tu veux faire la sieste au soleil ?

— J'ai envie de me promener je veux faire la sieste au soleil.

Quel grand innocent ! Mais, innocent, l'est-il ? C'est là un sujet de conciliabules qui divise le grand et le petit personnel. Quelqu'un lui pose tout net la question : « Est-ce que tu es aussi abruti que tu en as l'air ? — Je suis aussi abruti que j'en ai l'air. »

Deux camps d'égale importance agitaient si Frédéric avait perdu la meilleure part de ses facultés ou bien si son air plutôt cruche ne cachait pas une plus grande finauderie qu'il n'était censé comporter. Quelquefois, le débat se poursuivait au chevet même de l'intéressé : « Tu vois bien qu'il est complètement ramolli ! — Tu parles, je te dis qu'il fait semblant. » Simone, entre les deux, fait l'entendue. Elle pourrait témoigner que loin d'être hors de gamme, son protégé serait très capable de mêler une voix concertante à des échanges bien tempérés. Mais l'on dirait qu'il craint toujours de lâcher une malsonnance. Simone le presse incessamment de dire ce qui lui passe par la tête. Il finit par y consentir :

— J'urinerai présentement tant qu'on voudra.

— Qu'est-ce que tu chantes ? Tu as envie de pisser ?

— Non point, c'est histoire de parler.

24

— Et c'est tout ce que tu trouves à dire ? Il n'y a donc rien là-dedans ?

— Maintes choses au contraire, et qui font grand tabut.

— Tabut ? C'est quoi tabut ?

— Je voulais dire : beaucoup de bruit.

Simone, défiante, se garde de sonder davantage ce crâne retentissant, et elle envoie Frédéric goûter l'air du dehors. Il prélude à la promenade par une séance de chaise longue. Auprès de quelques vieillards éviscérés qui sèchent dans des housses, il s'abîme dans la contemplation du parterre de pensées. L'un des pauvres diables, toujours le même, l'invite alors à lui tenir compagnie le long du déambulatoire carrelé où les ombres des malades s'étirent et frissonnent. On marche à petits pas de peur de se découdre, et Frédéric se règle sur son compagnon qui apprécie son mutisme et se complaît à énumérer les interventions qu'il a subies. Ouverture, fermeture, réouverture, on ne se lasse pas de consulter ses entrailles, à croire qu'il a dû, à son corps si peu défendant, essuyer une de ces mésaventures qui font s'esclaffer les représentants en lingerie fine : « Il a fallu m'ouvrir de nouveau, le chirurgien ne retrouvait pas son parapluie. » Dans la tête de Frédéric, cette enfilade de viscères navrés déclenche un système de comparaisons qu'il ne peut, in petto, s'interdire d'énoncer. « L'estomac », dit l'autre... « comme un baudrier » ; « les boyaux »... « comme un tramail » ; « le côlon »... « comme une brinde » ; « si vous pouviez voir mon boyau culier ! » (comme un bourrabaquin monacal). « Et mon mésentère ! » (comme une mitre abba-

25

tiale). Mais au nom de jéjunum, il demeura court. Duodénum ouvrait sur l'infini : du haut des nomes que voyez-vous ?

L'on ne peut douter que Frédéric n'appartienne à Simone. Elle a pour lui de ces rudes attentions, de ces élans d'impérieuse tendresse qu'elle ne dispense qu'à de rares élus. Ils se ressemblent, ses protégés : dociles, un peu claudes, et comme absents au monde. Forcée d'accueillir dans « son » service ce grand enfant qu'il fallait soustraire aux indiscrétions badaudes, elle l'avait aussitôt enveloppé de son aile. Elle surgissait dans sa chambre comme pour le surprendre en état de faiblesse caractérisée et, par ainsi, s'autoriser à redoubler ses soins. Quatre ou cinq fois par jour, elle lui prend le poignet et compte ses pulsations, puis elle pose sur le front de son préféré une main tout onctueuse de crème aseptisante et de fraîche compassion. On aurait pu parmi le personnel s'émouvoir d'une assiduité qui détournait au profit de Frédéric le temps que des malades plongés dans la géhenne exigeaient qu'on leur consacrât, d'autant que le pauvre chéri, fourvoyé chez les opérés, n'appelait pas une sollicitude si marquée. Mais nulle ne songe à blâmer Simone de fuir les geignards, les « Quand est-ce que je vais sortir », les « J'ai mal à ma cicatrice », tout ce peuple anhélant, égoïste et sans humour qui vous sonne, vous accapare, s'accroche à votre blouse comme pour vous entraîner dans la tombe.

Elle a depuis peu une raison de plus de s'intéresser à Frédéric : il parle. Et sa langue est pleine de surprises. On dirait, qu'il a depuis longtemps préparé ses répliques et qu'il les lâche tout à trac sans se soucier si elles tombent juste.

Par exemple :

— Que feras-tu quand tu sortiras ?

— J'irai à Paris mais sans précepteur.

— Sans précepteur ? Il faudra bien, tu as passé l'âge ! Mais rassure-toi, tu seras pris en charge. Tu sais que tu as une tante ?

— Et un oncle ?

— Même un oncle !

— J'irai donc chez eux car je ne veux pas languir entre les mains des barbiers.

— Les barbiers ? Tu as vu des barbiers quelque part ? De plus, où elle est ta barbe ?

Elle flatte les joues de Frédéric d'une lente caresse.

— Dix-neuf ans... On t'en donne seize... Tu sais que tu vas plaire aux filles ?

— Ce n'est pas là ce qui me démange.

— Attends de sortir, tu vas en avoir des démangeaisons ! Même ici, j'en connais une qui ne demanderait pas mieux ! Tu vois qui ?

— Je n'y peux voir.

— Caroline, celle qui vient te dire bonjour le matin. Tu n'es pas amoureux d'elle ?

— Il faut aller en Avignon pour tomber amoureux !

Simone est désarçonnée :

— Ah ? Eh bien n'oublie pas de prendre ton billet !

Elle serait encore plus surprise, l'infirmière-major, si, certaines nuits de grande agitation, elle

27

pouvait s'introduire dans le cauchemar où se débat Frédéric, qui fait de lui un navigateur tantôt hardi, tantôt peureux, mais toujours la proie d'une tempête invincible qui finit par le rejeter à la grève du lit, tout humide du naufrage. Les profère-t-il ces commandements étranges : « Orche ! poge ! aux trinquets ! aux boulingues ! » nécessaires à la manœuvre du grand navire fantôme où le sommeil l'a embarqué ? Il s'est dressé, une nuit, hurlant : « De la fouace ! de la fouace ! » et Caroline l'a entendu : .

— Il n'était pas heureux cette nuit ! Il a crié : « J'ai de la poisse ! de la poisse ! »

Simone revient à la charge :

— Une fois à Paris chez tata, tonton, que feras-tu ?

— Je n'arrêterai guère. Je connaîtrai toutes les rues, ruelles et traverses, mais non pas en deux jours.

— Ah ça ! (Elle rit.) Il te faudra quelques jours... Je me demande si tu sais seulement ce que cela signifie... Tu peux me dire combien de temps tu es resté dans ta cave ?

— Trois semaines, quatre jours, treize heures et quelque peu davantage...

— Trois semaines ? Tu te payes ma tête ! Ce n'est pas la peine d'être si précis si tu oublies les années et les mois. Bon, laissons cela... Je recommence : te voilà à Paris, tu t'installes, tu fais le tour du quartier avec tata, tonton... Comment vois-tu la suite ? Tu vas rester oisif ?

— Jamais je ne suis oisif.

— Tu vas travailler ?

— Je ne veux pas me rompre la cervelle à étudier ni à lire des babouineries.

— Comment dis-tu ? Des babouineries ? Où vas-tu chercher des mots pareils ?

— Ils sont dans ma tête.

Elle lui toque le front.

— Il y a là-dedans un secret qui n'est pas resté dans ta cave... Je finirai bien par le connaître.

Frédéric ne quittera pas le service de Simone. L'on a jugé que la « protection » dont il jouit convient le mieux du monde à son état. Pourquoi, d'ailleurs, ne prêterait-il pas la main aux aides-soignantes ? On lui donne une blouse, qu'il enfile à l'envers. Elles rient. Elles rient de toutes choses. Elles retapent des oreillers en se dilatant, elles gloussent en retirant des bassins, elles se répandent en trilles et en roucoulades le long des couloirs. On ne sait si les malades ressentent un grand soulagement de toute cette gaieté qui les entoure.

Mais il n'est, pour ses protectrices, qu'une variété d'épagneul. Il ouvre des portes au passage des tables roulantes, va remplir des carafes, c'est à peu près tout. Pourtant, son nom ne cesse de retentir : « Où est Frédéric ? — J'ai besoin de Frédéric ! » Il accourt : c'est pour refaire une rosette, avec une maladresse appliquée qui excite les rires. Il comprend que son rôle consiste à les distraire du quotidien. Elles affectent de ne pas le voir quand elles changent de vêtements et paraissent devant lui en petites culottes. Caroline a pris sa main qu'elle a posée sur son sein gauche : « Mon cœur est dessous. » Il s'est senti rougir, elle a ri.

Quelques malades le prennent pour un élève infirmier. Il en fait part à Simone.

— Ça ne te plairait pas de devenir médecin?

— Je ne deviendrai pas médecin car l'état de médecin me semble fâcheux et par trop mélancolique.

— Mélancolique? Tu trouves? C'est vrai que des fois, il y a des malades... Mais quand même, c'est beau la médecine... soigner les gens et même les guérir... Toi tu as été bien soigné... Ça te plaît, non, d'être en bonne santé?

— Cela me plaît : sans la santé, la vie n'est que langueur, la vie n'est que simulacre de mort, et jamais tu ne verras homme qui eût plus que moi envie d'être bien portant.

— Vraiment, on te suivait mieux quand tu ne parlais pas! Tu seras parti avant que j'aie débrouillé ton histoire.

Le train du siècle finit par rattraper Frédéric. Jean-Louis G., stagiaire « visqueux » devenu journaliste de plein titre, a décidé de s'occuper de lui... Mais d'abord, retrouvons son article...

SÉQUESTRÉ DEPUIS SIX ANS!

Quelle surprise pour ce groupe de braves gens revenus sur les lieux du drame dont notre journal a relaté les péripéties! On se rappelle que Mme Mops, en proie à une crise de démence dans son pavillon « La Source vive », a dû être hospitalisée d'urgence dans le service de neuropsychiatrie du Pr Vidaze. Eh bien, la tragédie n'était pas close! Je vous laisse à imaginer la stupeur des villageois quand ils découvrirent, enchaîné sur

30

un hideux grabat, le propre fils de Mme Mops, Frédéric, 19 ans. Depuis six ans, Mme Mops en fera le pathétique aveu, Frédéric était séquestré dans une cave, parmi des ordures de toute espèce, dont les siennes, qui répandaient à travers la pièce la plus méphitique des odeurs. Mme Mops a gardé le silence sur les motifs de son atroce conduite. Mais quelles raisons pourrait donner une femme qui a perdu la raison ?

Le plus surprenant reste à dire. Les braves personnes, grâce auxquelles Frédéric doit d'être aujourd'hui délivré de ses fers, furent au comble de l'ébahissement quand elles s'avisèrent que le pauvre garçon aurait pu facilement s'enfuir. Il lui aurait suffi de faire glisser ses poignets amaigris à travers les menottes : c'est ainsi que procédèrent les sauveteurs. Qui saura jamais pourquoi ce malheureux s'était si bien résigné à son sort qu'il n'a même pas tenté de s'y soustraire ? Frédéric nous le dira-t-il un jour ? Ah ! il faudrait un puissant dramaturge ! Il faudrait un Troyat, un Guy des Cars, pour forcer de leur puissant tourne-vis les serrures de ces âmes tourmentées !

Frédéric n'eut pas connaissance de cet article. Durant le laps de temps où son histoire fit un peu de bruit, les curieux de toute sorte furent « dissuadés » de l'approcher. On se lassa très vite. Le « cas Frédéric » n'occupa que peu de place dans la presse nationale. On avait bien affaire de s'intéresser à ces guignolades ! La République était en voie de se dissoudre ; ceux qui devaient lui servir de rempart travaillaient à la ruiner ; de prétendus intellectuels racolés dans les venelles de la pédérastie excitaient les soldats à l'insubordination ; on trouvait la main de Moscou dans la culotte des objecteurs de conscience ; le poireau, loin d'être regardé, comme au temps de Crainquebille, pour i'asperge du pauvre, était mis sous coffre ; le char à bœufs de l'État monarchique meuglait dans le désert de la banqueroute ; et l'on se serait mis en peine d'un pauvre coquefredouille que sa mère avait jeté au cachot !

Pourtant, deux mois plus tard, Jean-Louis G. s'occupe encore de Frédéric, lequel lui fournit l'occasion d'exalter cette grande œuvre qu'est l'hôpital municipal. Le voici accosté d'un photographe dont il se méfie car l'animal a la réputation d'être un redoublé galope-chopine. Ils entrent dans la chambre de l'ex-séquestré, qui reconnaît le journaliste.

— Il ne sourira pas, dit Simone.
— On peut quand même lui parler ?
— Que voulez-vous lui demander ?

Jean-Louis G. ne franchira pas le barrage. Quant à p'tit Louis, il se fout de Frédéric et il mitraille les infirmières dont l'une, que fusille Simone, répond par des éclats de rire à ses avances rogommeuses.

N'importe ! le journaliste a trouvé le moyen d'intéresser le public au sort du malheureux : il ouvre une souscription. Que va-t-il devenir, ce quasi-orphelin, quand « ayant recouvré la santé grâce aux soins d'une équipe médicale dont l'éloge n'est plus à faire, il lui faudra, d'un pas parfois chancelant, prendre la mesure d'une vie nouvelle et pleine de cruelles incertitudes ? Nous ne doutons pas que votre geste lui réchauffera le cœur ».

Simone ne cache pas son irritation. L'initiative du journaliste la scandalise tellement qu'elle ne songe pas à s'offenser d'être dépeinte en surveillante attachée à sa proie « comme si ce garçon incapable de s'évader caressait le dessein de s'enfuir de l'hôpital ».

— Une souscription ! Il est fou ! Tu n'es pas abandonné, tu n'es pas seul ! Il ne sait même pas que tu as une tante ! Je (le) lui aurais dit s'il me l'avait demandé ! A toi aussi, il aurait pu le demander !

— Ce n'est mie ce qu'il voulait savoir.

— Pardon ?

— Il avait envie de me parler mais non point de savoir si j'avais de la famille.

— Comment le sais-tu ?

— Je le sais.

Elle passe une main légère sur le front du garçon.

— Tu vois quand tu veux, tu peux parler comme tout le monde.

— A cette heure sans doute je parle naturellement.

Toujours est-il que l'on souscrit, mais les lecteurs n'envoient que de très petites sommes, accompagnées de quelques mots. On avait été le camarade de classe du séquestré ; on lui avait vendu des roudoudous ; on avait mis des fers à ses souliers. Il semblait que les donateurs fussent reconnaissants à Frédéric de leur fournir un trait de mémoire qui les attendrissait. Quelques lettres, cependant, détonnent. On veut distraire le peuple des problèmes que le gouvernement est incapable de résoudre. Frédéric, c'est le chien d'Alcibiade. Ce n'est pas aux journaux, non plus qu'aux citoyens, à se substituer aux pouvoirs publics. Quand un spécialiste de mes deux n'est pas foutu d'établir une grille de mots croisés sans oublier des cases noires, on sent l'ire vous monter au vertex, et votre Frédéric, vous pouvez l'envoyer aux ers comme le dernier des Utes.

Il est une lettre dont Jean-Louis G. ne dira rien, signée d'un simple prénom.

Monsieur,
Je me fais un devoir et une joie de contribuer dans la mesure de mes petites possibilités à votre souscription. Ci-joint mille francs (anciens). J'ai très bien connu Frédéric et je crois que si vous et l'hôpital lui fassiez retrouver la mémoire je serai peut-être la première personne à laquelle il pensera attendu que je suis la dernière à l'avoir vu. Bien sûr que sa mère est dérayée et qu'elle a fait une chose qu'une mère même chrétienne n'a pas le droit de faire. Mais quand elle a enlevé son fils pour le jeter dans un cul-de-basse-fosse comme si qu'elle était en plein Moyen Age ça s'est fait pour ainsi dire devant moi et *je sais pourquoi*. Mais je ne le dirai pas. Si vous revoyez Frédéric embrassez-le pour moi bien que vous êtes un homme et glissez-lui mon prénom dans le tuyau. Vous le verrez peut-être réagir et que son visage s'illuminera. Je vous demande de ne pas publier ma lettre. J'ai l'honneur, monsieur, de croire à toute ma considération.

Catherine.

Jean-Louis G. se réserve de faire rebondir l'affaire au moment propice : il tient là quelque chose d'inépuisable.

Frédéric, parmi ses protectrices, passe des heures agréables. Il se prête, il s'offre à leurs enfantillages. Elles feignent de l'épouiller ou lui font des tresses, et sous leurs doigts trotte-menu, il frissonne de plaisir. Simone, on s'en doute, ne prend aucune part à ce manège d'agaceries. Bientôt, son « élève » changera de tutelle, il convient de s'éloigner un peu. Toutefois, elle ne s'interdit pas de lui rendre de petites visites, les soirs de garde. Elle s'abandonne encore à raconter sa vie, mais ce n'est plus un monologue devant témoin. Elle cherche à susciter ces phrases que l'on croirait toutes faites en dépit de leur étrangeté, ces expressions insondables dont est tissé le « mystère Frédéric », qu'elle s'irrite de ne pouvoir percer.

— Je vais t'apprendre quelque chose : je me suis laissé faire encore une fois... J'ai repris un bonhomme.

— Que fait-il ?

— Il s'occupe... il est très bricoleur, et puis il touche une pension...

— Qu'est-ce qu'une pension ?

— C'est de l'argent que l'on reçoit de l'État quand il vous est arrivé quelque chose qui vous empêche de travailler normalement, par exemple une blessure de guerre... Ta mère, j'ai lu ça dans ton dossier, elle touchait une pension parce que ton père a fait la Résistance et qu'il a été tué par les Allemands... Mais tu n'as pas besoin de te casser la tête avec ça...

— Ton hommelet, il m'est avis que tu vas le battre comme seigle vert.

— Mais je n'ai jamais battu personne ! Quelques taloches, je ne dis pas, des bourrades... Il y a des hommes ça leur fait du bien d'être secoués... Tu ne vas pas croire, quand même, que mon premier mari est mort sous les coups ! Et aujourd'hui, mes gosses, si je leur flanquais des baffes ils me les rendraient !

— Tes maris les faisais-tu cocus ?

— Qu'est-ce qui te fait dire ça ?

— Tu les battais, donc tu les faisais cocus.

— Donc je les faisais cocus... Tu raisonnes d'une drôle de façon ! D'abord, je te répète que je ne les battais pas... enfin pas vraiment. Et pour les faire cocus si tu crois que j'avais la tête à ça !

— Je n'en voudrais pas mettre le doigt au feu, mais laissons ce sujet je vous prie...

Tantôt « tu », tantôt « vous », Simone ne s'en soucie. Elle s'étonne que Frédéric, par moments, se lasse de converser. Il faudrait, pense-t-elle, « le pousser à bout », mais pour quoi faire ? Quant au bonhomme dont elle se dit prête à s'encombrer, ce n'est rien qu'une chose grisonnante qui deux fois par semaine vient se poser sur le bord d'une chaise de cuisine, et qu'elle nourrit de clair potage et de promesses rassises.

Mais au fait, que pense Frédéric de ses petites amies ?

Il hausse les épaules : « Elles me traitent comme un oison bridé, et si d'aventure je commets quelque maladresse, les voilà qui partent à rire comme un tas de mouches ! »

Débrider l'oison, cela pourrait regarder Caroline qui prend un intérêt croissant au destin de Frédéric. Elle lui a fait connaître une personne d'âge mûr qui veut du bien à tout le monde, et qui occupe une petite pièce aux murs lavande. Il a tenté de s'enfuir, mais ses pieds l'ont retenu.

— Asseyez-vous. Vous savez qui je suis : je suis l'assistante sociale. Ce qui veut dire que je m'occupe des cas sociaux. Malheureusement pour vous, vous n'entrez dans aucune catégorie, ce qui veut dire que je ne vois pas très bien pourquoi vous venez me voir... Et puis ne croyez pas que je peux vous faire avoir une pension ! Vous voulez tous une pension ! On vous enlève la vésicule vous voulez une pension ! Ce qui n'est même pas votre cas puisqu'on ne vous a rien enlevé ! Je ne me fais pas de souci pour vous, vous serez toujours protégé...

Il sort, n'ayant rien compris. Aux questions de Caroline, il répond par une grimace pitoyable qui excite les rires.

Un matin, il s'est plaint d'avoir mal au bréchet. Il a dit :

— Je crois que j'ai le bréchet effondré.

— Tu ne peux pas avoir mal au bréchet, tu n'en as pas. Ce sont les oiseaux qui ont un bréchet... Ici, c'est ton sternum.

Mais il ne souffre déjà plus, et Caroline se demande, comme Simone quelquefois, s'il se paye sa tête ou si certains mots lui échappent dont le sens lui est inconnu. Grande surprise ! il connaît son corps, et l'emplacement des organes et des viscères que Caroline lui demande d'énoncer. Il s'anatomise avec aisance et même, un soupçon de fièvre, nommant les amygdales, le mésentère, les lombes, la plèvre, le diaphragme, l'épiploon... Mais voici que défile tout un train de monstres béants qui terrifient Caroline : les spondyles, le gaviet, le siphach, l'alkatim, le mirach, le gargaréon, le rets merveilleux...

— Holà, arrête ! arrête par pitié !... Montre-moi ton mirach...

Il pose la main sur son ventre.

— L'abdomen ? Alors tu dis l'abdomen, tu ne dis pas le mirach... Et ça, comment tu l'appelles ?

Le doigt lutin de Caroline le parcourt par-dessus la chemise de nuit. Il expire :

— Le nerf caverneux.

— Le nerf caverneux ? Ça, je vais le retenir ! Jamais un homme ne m'a dit : « Hein, il est beau mon nerf caverneux ! »

Elle n'est pas sûre que tous ces termes soient de l'invention de Frédéric. Elle recopie ceux qu'elle a retenus et demande à Simone, qui accepte, de les soumettre au patron.

— Je ne saurais vous dire ce que sont le gaviet ou le gaga... le gargaréon. Les spondyles désignaient autrefois les vertèbres. Quant au rets merveilleux dont l'existence a longtemps été niée, on a fini par l'identifier avec l'hexagone de Willis. C'est à croire qu'il a passé son temps de détention à lire les œuvres d'Ambroise Paré, votre Frédéric...

Du coup, Simone se gourmande quelque peu de n'avoir relevé aucune des incongruités qui tissent le langage de son singulier patient. Elle a retenu « tabut » et « babouineries » qui ne valent pas le déplacement. Ah ! et puis « il faut aller en Avignon pour tomber amoureux ! » qui ne veut rien dire.

Il faudrait retrouver un texte de l'illustre dissecteur et le proposer à Frédéric. Mais Ambroise Paré, on l'évoque tout au début des études, par manière d'hommage, puis on le rejette au cagnard, et l'infirmière serait bien empêchée d'alléguer la moindre assertion de ce médecin quasi mythique. Elle pourrait se rabattre sur un contemporain, genre Montaigne ; mais si vous croisez cet homme plein de sagesse et de latinité dans la maison de Simone, je vous paye des myrobolans ! On ne rencontre sur les rayonnages (dans l'entrée, à côté du porte-parapluies) que les romanciers dont le premier mari était friand : Pierre Benoit, tout en jaune, Francis de Croisset, Maurois, Peisson, Vercel, et quelques ouvrages de plus grande nécessité, *La Clé des songes*, *Tout sur les extraterrestres*... Quant aux fils, ils ne connaissent que Mandrake (roi de la magie) et le Fantôme du Bengale. Essayez de leur ôter leurs illustrés : ils aboient ! ils mordent !

Faute d'Ambroise, de Montaigne, voire de Racine ou de Pascal, Simone finit par opter pour Jean-Jacques Rousseau dont elle a retrouvé les *Confessions*. Elle ne saura jamais pourquoi Frédéric emploie des termes d'anatomie qui datent du XVIᵉ siècle, du moins apprendra-t-elle s'il a du goût pour la lecture. Et puis, à l'intérieur des *Confessions*, on voit un portrait de Jean-Jacques dans un ovale : ôtez la perruque, remplacez-la par une chevelure châtain clair, adoucissez le regard et l'arête du nez, et vous penserez peut-être, comme Simone, que Frédéric ressemble à Rousseau. Ce ne serait pas l'avis de Caroline qui lui trouve un faux air avec le Gérard Philipe de *L'Idiot* à condition, bien sûr, de gommer la barbe.

— Je t'ai apporté une surprise...

Simone lui tend les *Confessions*, il n'ose accepter. Au-dessus de l'œil gauche, un muscle tressaille, spasmodique.

— Tu es tout pâle... Donne-moi ton poignet... Ton pouls est à 110... Je n'aurais pas dû...

Il a saisi le livre qu'il serre, farouche, contre sa poitrine. Elle s'émeut :

— Je ne pensais pas que Rousseau allait te mettre dans cet état ! Tu le connais ?

— Non, mais j'ai très grande affection de le connaître.

— Ce sont les livres, alors ? On te donne un livre et tu perds la tête ?

— Il y a toujours eu des livres dans ma vie.

« Dans quelle vie ? » se retient-elle de demander.

— Bon, nous allons faire un marché. Je te laisse les *Confessions*. Tu lis une heure chaque jour, pas davantage. Si je vois que ça te fatigue...

Il lève sur elle des yeux pleins d'incrédule supplication ; elle le quitte en hochant la tête. Il range le livre dans le tiroir de la table de chevet ; puis l'en sort pour le glisser sous l'oreiller. L'impression d'être surveillé l'enchaîne.

Au cours de ces lentes promenades, l'envie, souvent, lui est venue de gagner un asile, tendre aux regards, où un paulownia pleure ses pétales mauves dans un mol gazon. Mais il n'osait prier son compagnon, agrippé à ses douleurs, d'y faire halte. Délaissant le pauvre estomaqué, il résolut de s'y établir au début de l'après-midi. L'arbre gracieux, un ciel pur, le suave silence pointillé de petites voix chuchoteuses, tout semblait conspirer au bonheur de lire. Il s'assit sur le banc, qu'on venait de repeindre en jaune, s'adossa fermement, et ouvrit les *Confessions*.

Il sauta les trois premières pages sans presque s'en apercevoir, et tomba sur une phrase extraordinaire : « Je coûtai la vie à ma mère, et ma naissance fut le premier de mes malheurs », qui ouvrit un abîme où il pensa disparaître. Cependant, il se ressaisit, curieux d'apprendre ce qu'il advenait de cet infortuné qui parlait de soi à la première personne. Comment pouvait-on se raconter ? Et soudain, Frédéric est transporté chez lui, dans cet abri de feuillage qu'il s'est ménagé au fond du jardin. Il tourne les pages d'un roman dont la jaquette aux couleurs vives représente un jeune garçon abîmé dans la contemplation d'un cadran solaire. C'est l'Enfant à la balustrade, évincé du salon où des messieurs compassés et des grand-tantes à peau sèche disputent de baux et d'hypothèques — et c'est lui, Frédéric, le héros de ce récit. C'est lui qui parcourt les rues décevantes du village afin de découvrir par-dessus les murets hérissés de tessons le cercle magique du cadran solaire.

Ce n'est pas la fatigue qui, deux heures plus tard, le fait s'interrompre, mais la quasi-certitude de ne pouvoir s'identifier à Rousseau. Il ne peut être cet enfant chargé de malheurs domestiques et frotté de Plutarque dont le derrière s'extasie sous la main d'une maîtresse d'école. Que servait-il de garder pendant cinquante ans la mémoire d'une fessée ou d'une humiliation à tel point qu'à les évoquer « le pouls s'élève encore » ?

Il n'empêche que, les *Confessions* rangées, une alchimie s'opère : Frédéric se souvient. Il se souvient des commencements de Jean-Jacques, des larmes de son père, de l'aqueduc. Tous ces moments séparés font-ils une enfance, et qu'est-ce qui fait le charme de l'enfance de Rousseau ?

Les *Confessions* ne produisant aucun effet pervers, Frédéric se trouve autorisé à poursuivre sa lecture. Il compose, sous l'arbre qui se désole goutte à goutte, un charmant tableau de genre : « Lecteur de Rousseau sous un paulownia ». Tout absorbé, il ne sent pas se glisser derrière lui Caroline dont les paumes fraîches parfumées volettent jusqu'à ses yeux.

— Je n'ai jamais vu personne tenir un livre de si près ! Tu as besoin de lunettes, c'est certain, et même avec de sacrés verres !

Il n'en faut pas davantage pour qu'il se retrouve chez l'ophtalmologiste.

— C'est curieux que vous veniez seulement maintenant. On a dû penser que vous ne saviez pas lire.

Il ne parvient à déchiffrer que les deux lignes du bas, celles des grosses lettres ; le claquement de la baguette le tue. Il revient le lendemain, toutes pupilles dilatées : c'est une belle et saine myopie, sans aucune lésion. Je n'ai jamais porté de lunettes, je n'ai pas mal à la tête, lire ne me fatigue pas.

— Quand vous serez à Paris, vous demanderez à votre tante de vous conduire à l'Hôtel-Dieu. On vous fera tout ce qu'il faudra. Je lui donnerai un mot quand elle viendra vous chercher.

Tout l'hôpital savait donc que « sa tante de Paris » allait le recueillir ! Que lui ferait-on à l'Hôtel-Dieu ? Il n'irait pas ! Il n'irait pas !

Il ne peut souffrir la pensée d'être épié, et délaisse cet asile où les regards se portent, réservant de retrouver Jean-Jacques, la nuit, sur l'oreiller. Il s'y résout d'autant mieux qu'il ne craint pas d'être surpris par Simone, qui a pris dix jours de vacances. Le voici de nouveau, loin des hommes, au bord du ciel, sur les traces incertaines du Genevois orgueilleux et docile, rebelle et soumis, complaisant, menteur, fripon, tête à l'évent et cœur d'agnelle, glorieux de son humilité, jaloux de sa solitude, ne confessant ses erreurs et ses fautes que pour mieux s'en absoudre, romanesque, chimérique, exhibitionniste, impertinent, timide, léger, fidèle, ennemi déterminé de l'injustice, bref, le plus attachant des hommes. Mais quelle idée d'appeler maman une femme de vingt-huit ans qui, pour preuve absolue de son affection, vous dépucelle avec indifférence ! Fallait-il, au plaisir nécessaire de devenir un homme, ajouter le fumet de l'inceste ? Ce chapitre retient Frédéric dont, pour l'instant, aucune femme ne vient hanter les nuits.

Mais Caroline le trouble, et davantage encore, quand penchée sur lui, il respire son haleine orangée. Il ne haïrait pas qu'elle lui prenne de nouveau la main pour la porter à son sein gauche — ou le droit qui ne lui a pas été présenté. Cette innocente privauté n'est pas à l'ordre du soir quand l'infirmière entre dans sa chambre.

— Alors, c'est pour quand, les lunettes ?

— Je m'en inquiéterai plus à plein quand je serai à Paris.

— Tu y seras bientôt... Je ne sais pas ce que tu feras mais il vaudrait mieux que tu ne lises pas trop, je pense que ta tante y veillera... Tu la connais ta tante ?

— Je me recorde qu'un jour, sur mes six ans, elle est venue nous voir.

— Oh alors, si tu te recordes, tout est pour le mieux !

Elle saisit sa main gauche ; il frissonne d'espoir.

— Je vais te dire ton avenir... tu sais, je suis un peu chiromancienne à mes heures... Voici ta ligne de vie... ça commence faiblement, tu as même failli mourir... une fois à deux, trois ans... tu as été très malade ?

— Il ne m'en souvient pas.

— Et une autre fois, il n'y a pas longtemps... une chance qu'on t'ait découvert... mais tu vois à partir de là ça s'arrange, ça s'arrange très bien... tu vivras même très vieux...

— Je vivrai au moins jusqu'à la mort en dépit des envieux.

— Ah, ça c'est profond ! Je ne dis pas que cela vaut la peine d'être retenu, ce n'est pas d'une grande philosophie.

— Tant mieux, car je ne souhaite point devenir philosophe. La philosophie n'est pas autre chose qu'une méditation de mort.

— Je me demande qui t'a appris des phrases pareilles ! Je suis sûre que tu ne comprends pas ce que tu dis... Au fait comment va ton mirach ?

— Je ne vois pas pourquoi je souffrirais de l'abdomen.

— Bravo ! tu te civilises !... Ouvre ta main là, bien à plat. Cette ligne c'est la ligne de cœur... Dis donc, tu vas faire souffrir les filles...

44

L'ongle, qui dans la paume offerte inscrit la carrière amoureuse du sujet, fait frémir Frédéric. Il éprouve que son corps en un point trop précis se tend. Que penserait Caroline si de douce aventure sa main...

— ... dans trois à cinq ans tu vivras un grand amour...

— Qui sait si le monde durera encore trois ans.

— Décidément, tu es gai !

— Mais si, je suis gai. Je suis gai comme un papegai.

— Tu fais bien de préciser, parce qu'il y a des papes qui sont un rien sinistres... Je me demande pourquoi tu t'y intéresses : les papes ce n'est pas ton affaire...

— Quelle est mon affaire ?

— C'est simple : t'occuper de toi-même, ou laisser faire ceux qui t'aiment.

— Vous, par exemple, vous m'aimez ?

— Sans doute, puisque je m'occupe de toi...

— Il le faut bien, c'est votre rôle...

— Tu as raison si tu penses que tu es un malade comme les autres. Mais tu sais bien que ce n'est pas tout à fait vrai... Tu ne devrais même pas être dans ce service : tu es resté parce que tu es le chouchou de Simone... Elle t'aime bien... moi aussi, je t'aime bien, sinon qu'est-ce que je ferais ici à bavarder avec toi ?...

— Mais les autres, les « vrais malades », vous bavardez aussi avec eux ?

— Quelquefois... pas longtemps. Surtout pour les raisonner... L'autre soir, j'en ai surpris quatre qui jouaient à la belote après le couvre-feu, il ne manquait que le gros rouge, je les ai savonnés tu peux me croire... Mais toi... toi c'est autre chose... toi, tu es... rafraîchissant.

Elle le quitte après l'avoir embrassé dans le cou ; la porte refermée, il en frissonne encore.

Rafraîchissant... Qu'a-t-elle voulu dire ? C'est un mot à emporter dans le sommeil. J'aimerais bien qu'elle me savonne, pense-t-il en s'endormant.

Elle ne vient pas tous les soirs, et tout occupé d'elle il délaisse Rousseau, ou plutôt, son esprit virevolte entre les pages et ne s'arrête à rien. Quand il se pose, les mains de Caroline viennent tout effacer.

Le jour, malheureux de ne pouvoir s'approprier l'infirmière, il s'active beaucoup : le temps passera plus vite, et le soir viendra. Il promène son amoureux ennui, l'après-midi, entouré d'enfants pâles, en robe de chambre, qu'il s'amuse à porter tour à tour. Tout en marchant et babillant, il s'essaye à composer un gentil madrigal, mais sa tête est pleine de confusion ; une phrase absurde l'obsède.

Elle pousse enfin la porte, il pose les *Confessions*.

— Ouvre la bouche... Tu aimes les pâtes de fruits ?

Il lui embrasse le bout des doigts.

— Tu es galant ce soir, serais-tu amoureux ?

— Je ne suis point fat jusque-là.

Il a pu retenir, juste à temps, la phrase qui cherche une issue, et qui tourne, obstinée, sous son front : « Je suis tant amoureux que je ne peux ni pisser ni fienter. »

Elle a glissé sa main douce et semeuse de vertiges dans l'encolure de la chemise de nuit, et pèse avec délicatesse, comme un papillon, sur son cœur. Un long frisson le parcourt, puis une onde de chaleur, et il lui semble que son corps tout entier s'est mis à rougir.

— Tu es trop inflammable... Prends garde que les filles n'en profitent. Tu y penses aux filles ? Comment la vois-tu, celle que tu aimeras ?

— Je la vois comme vous êtes.

— Je suis trop vieille pour toi. Quel âge me donnes-tu ?

— Je ne saurais...

— Dis quand même.

— ... Vingt-deux ans...

— Et quatre de plus... Tu vois je ne ferais pas l'affaire... sept ans de différence, c'est trop... Mais tu verras, tu tomberas sur une gentille petite femme qui s'occupera bien de toi.

— Je l'espère, car je ne voudrais pas mourir les couilles pleines.

Qu'a-t-il dit ? Elle reste déconcertée ; puis elle éclate de rire.

— Ce n'est pas Ambroise Paré qui t'a appris cela !

Il a craint qu'elle ne fût fâchée, mais son baiser de bonne nuit le rassérène un peu. Toutefois, il aimerait qu'elle cesse de pouffer encore dans le couloir.

Il lui semble, le lendemain, que l'on rit de lui. Chaque fois que s'esclaffe une aide-soignante, il croit l'entendre chuchoter : « Tu sais ce qu'il a dit hier soir à Caroline... » Parviendra-t-il à maîtriser ces corps étrangers qui s'échappent de lui, à leur seule fantaisie ? Arrivera-t-il un jour à gouverner les mots ?

Comment s'excuser ? L'infirmière ne s'en soucie :

— Tu sais, des mots comme ceux-là, j'en entends toute la journée, et des pires... Ce qui m'a fait rire, c'est la façon dont c'est venu...

— Vous n'avez rien dit à personne ?

— A qui ? Il faudrait d'abord que je dise que je viens te voir, quand tout le monde dort, et que nous bavardons un bon moment... ça pourrait faire des histoires... Simone peut tout se permettre, mais moi... Remarque...

Elle défait trois boutons, la main affectueuse se coule contre la poitrine et papillonne sur un sein dont elle agace la pointe ; il renverse la tête.

— ... remarque, cela devrait m'être égal puisque je vais quitter l'hôpital.

(Elle a dit : je vais quitter l'hôpital !)

— J'aurais dû te dire que j'allais me marier, au lieu de te taquiner... Et comme il paraît que la femme doit suivre son mari, quand le mari va en Afrique, la femme devient africaine. Ne sois pas triste... Dans quelques jours, toi-même, tu seras parti...

Il n'est pas triste, il est insatisfait. Quelque chose, il ne sait quoi, se mettait en place, délicieux et secret, qui s'achève, à peine commencé.

Il s'émeut de la voir repousser les draps, et de paraître ainsi, ridicule, dans la chemise de l'Administration.

— Il me semble que ton nerf caverneux se prend pour un os.

Elle le découvre jusqu'au ventre, il ferme les yeux. La main presse l'intérieur des cuisses.

— Cela manque un peu de tonicité...

Il ne comprend pas ; une sourde prière monte à

ses lèvres blanches : « Faites que la main remonte, qu'elle remonte... » Elle joue dans les poils du pubis qu'elle tiraille un peu, tâte les bourses : veut-elle savoir... ah ! c'est une expression « d'avant », dans la bouche d'un garçon du village, au retour du conseil de révision : « Bon pour le service des filles. » La main empoigne le virolet, le serre pour en éprouver la roideur... Il halète, et sent converger tout son vocabulaire intime : « Nic ! nac ! petintac ! niphleseh ! »

Elle ramasse le tout dans la serviette-éponge :

— Tu es trop émotif.

Elle l'embrasse sur les paupières, et derrière l'oreille gauche.

— Je crois que c'est suffisant pour ce soir... Tu es trop mignon, on a envie de te faire un tas de choses...

Caroline a donné une petite réception d'adieux, dans la salle du réfectoire. Il a bu de l'orangeade, un peu à l'écart. Elle l'a ramené vers la table et lui a servi une assiette de petits fours secs. Le patron lui a demandé, maintenant qu'il faisait partie des meubles, s'il ne désirait pas entrer dans l'effectif de l'hôpital. Il n'a pas compris ; l'on a ri, sans méchanceté, de son air confus. Elle a remercié tous ses collègues, l'un après l'autre : c'est un très beau cadeau, vous m'avez gâtée. Simone lui a souhaité bonne chance, il t'en faudra, c'est une vie nouvelle. Elle a saisi Frédéric par la nuque, en l'ébouriffant de l'autre main, puis, l'embrassant : « N'oublie pas de les vider de temps en temps, et surtout, reste gentil. »

Il s'efforce de l'évoquer, de faire renaître ces minutes bienheureuses où la main de Caroline a pris possession de lui. Il reconstitue, il mime, les yeux clos. Quand il se saisit, c'est *l'autre* qui l'enserre, le presse, le manipule, et fait jaillir ce cri saccadé qui l'anéantit.

Simone lui revint, un soir qu'il tentait de se faire une idée précise de l'objet portatif désigné sous le nom de « fontaine de Héron » que Jean-Jacques Rousseau, avec son ami Bâcle, fait jouer sous les yeux des aubergistes dans l'illusion d'être convié à faire grande chère. Il aimait cette heure profonde où il nourrissait son esprit à l'écart du peuple souffrant, plongé dans la stupeur thérapeutique. Comme il reposait les *Confessions*, il vit s'ouvrir la porte et paraître Simone. Elle lui fit un effet singulier, tête nue, cheveux flottants. Elle se pencha sur lui, un doigt sur la bouche, et il vit ses seins. Il n'aimait pas imaginer qu'elle n'eût d'autre vêtement que sa blouse. Elle éteignit et lui ôta sa chemise avec des gestes doux. Tout aussitôt, il eut contre lui un corps de femme infusé d'essences capiteuses qui le surprit par son humidité. Alors, il entra dans la vérité des choses : elle jouait. Elle avait, comme lui, lu les *Confessions*, et elle jouait à être Mme de Warens. Qu'avait de commun cette fraîche amoureuse avec l'adjudante boutonnée, redoutée des geignards ? Il roulait ces pensées décousues, et cependant, les mains, la bouche de Simone faisaient si bien merveille qu'il se trouva bientôt glorieusement accordé à ses vues. Elle engloutit le fier spéléologue dans une faille aux parois suintantes, où il se débonda. Elle ne quitta pas la place, laissant revenir à lui Frédéric hors de souffle, mais toujours à l'ancre, et tendu. Bien qu'il fût certain de n'avoir jamais couché avec une femme, il éprouvait une sensation de « déjà vu » qui occupait son esprit tout autant que la pensée, intermittente, qu'il faisait l'amour avec une mère de famille. Devait-il l'appeler maman ? Dans la nuit, dans un lit, les corps ont-ils un âge ? Elle l'incita, par souci de parachever son initiation, à conduire la manœuvre, ce dont il s'acquitta sans enthousiasme excessif mais avec beaucoup d'application. Ils se déjoignirent enfin, elle se rhabilla dans l'obscurité, et fit la lumière. Au moment de quitter la chambre, elle se retourna vers Frédéric, et de nouveau impérieuse :

— Je t'interdis, tu entends, je t'interdis de te masturber !

Il jugea que ces paroles autoritaires sonnaient mal. Il lava, à l'eau froide, ses parties vaillantes. Tout cela lui paraissait irréel, et assez dérisoire. Faudrait-il, chaque fois qu'une femme s'abandonnerait, entrer dans ce manège éreintant ? Il valait mieux faire l'amour à sa main.

Enfin, il se demanda si son initiatrice usait de même obligeance pour détruire, chez ses fils, l'aiguillon du vice solitaire. Je jurerais plutôt qu'elle leur fout des branlées, pensa-t-il à voix haute. Très satisfait de cette phrase, il s'endormit.

Simone sembla l'éviter, dont il ne se soucia. Il acheva la lecture des *Confessions* et en augura qu'il allait bientôt partir. Que faisait-il encore dans ce vieil hôpital ? Qu'attendait-on pour venir le chercher ? Il avait très honnêtement grossi, n'était plus le jouet d'aucun cauchemar, et s'abstenait de se manipuler ; et par-dessus toutes choses, il n'était plus le fils de sa mère.

Oui, mais il était le neveu de sa tante. Elle est là, dans le petit salon vert, elle se lève pour accueillir Frédéric. Elle presse le grand enfant sur sa mamelle en fusion, dans les plis de son corsage ruché de mousseline bouffante. Elle est forte, elle est douce, elle respire une bonté potagère. Frédéric, le temps d'un comma, retrouve le fondant de l'enfance. Elle cause, et le charme s'évapore. Elle cause, elle cause, et l'illusion s'enfuit.

— Je te croyais plus grand. Et plus maigre. Mais non je suis bête on t'a fait grossir. Et on t'a bien soigné. Ça on peut le dire vous l'avez bien soigné. Moi aussi je vais te bichonner. Tu vas être comme un coq empâté. Qu'est-ce que tu as dû souffrir ! Je n'ai rien contre ta mère remarque bien une mère on n'en a qu'une. Mais ce qu'elle t'a fait ça n'a pas le sens commun. Pourquoi tu t'es pas sauvé ? J'ai ma petite idée mais je ne veux pas t'embêter avec ça. Mais tu ne me diras pas que quelque chose te retenait. Tout ce qu'on a trouvé dans ta cave je ne sais même plus ce que c'était tellement c'était rien. Bon ne prends pas cet air on n'en parle plus. Quand

53

tu seras bien rétabli tu comprendras tu comprendras tout...

Il n'y aura de la part de Simone aucun signe d'assentiment ou d'improbation. Frédéric, que ce flux assassine, s'absorbe dans la contemplation de la coiffe de son infirmière, pimpant neuve. Mais voici surgir un personnage pétaradant, en blouson de cuir orné d'un macaron où se lit le mot « PRESSE ». Il salue la compagnie qui demeure coite.

— Je viens vous apporter ceci de la part du journal, *La Voix du Centre-Ouest*. C'est pour Frédéric.

— Quel journal avez-vous dit ? questionne la tante.

Mais l'émissaire a déjà enfourché sa motocyclette. On ouvre l'enveloppe qui contient un chèque à l'ordre de Frédéric Mops.

— 2 112 francs... Qu'est-ce que c'est que ce chèque ?

— Ils n'ont pas osé venir avec le photographe cette fois-ci, raille Simone. On dirait même qu'ils ont eu honte... C'est le montant de la souscription ouverte par *La Voix du Centre-Ouest*.

— Une souscription ? Pour Frédéric ? En voilà une idée !

Du coup, Simone ressent une sympathie certaine pour la tante de Paris, qui range le rectangle vert dans son sac en marmonnant : « Je lui ouvrirai un compte, mais quand même c'est une drôle d'idée. »

Il faut partir, quitter cet asile en forme de trait d'union où pour lui certaines mains furent douces. Il ne peut décider, pour l'instant, s'il regrettera

54

quelque chose ou quelqu'une. Ah ! si. Il n'emportera pas Rousseau, n'ayant voulu prier Simone de lui laisser les *Confessions*, dont cependant il sait pouvoir reconstituer de nombreux passages.

— Tu peux nous écrire si tu veux, dit Simone, qui l'embrasse.

— Je n'y faudrai point, répond-il.

Mais c'est *un autre* qui parle.

La tante se retient de lui demander si le voyage en voiture l'incommode. Que sait-elle de lui, de ses goûts, de ses habitudes, de ses aversions ?

— Tu as déjà pris la voiture ?

— J'ai dû monter dans un car, autrefois... Et puis, il y a eu aussi l'ambulance.

— Ce ne sera pas long : trois petites heures... Dans trois heures, tu seras chez toi, tu auras un chez-toi... Ce qu'il te faut, c'est une occupation. Tu ne seras pas forcé de travailler avec moi à la boutique mais enfin ça ne serait pas mal ce serait même très bien si tu faisais quelque chose. De toute façon ce sera comme tu voudras. Au moins tu pourras tenir compagnie à ton oncle. Tu sais lui non plus depuis son accident on ne le voit pas beaucoup à la boutique. Il passe toutes ses journées le nez dans les livres. Et le plus drôle non ça n'est pas drôle c'est justement à cause des livres qu'il s'est cassé la jambe. Ça ne lui suffisait pas de s'enfermer dans sa bibliothèque il continuait de lire dans le salon et il laissait les livres s'entasser et quand il y en avait trop il les remontait dans la bibliothèque. Et un soir en voulant rattraper un livre qui s'était échappé il est tombé dans l'escalier. Et maintenant il boite et il prend ça comme prétexte pour ne plus mettre le nez dehors... Ah! ça si tu aimes les livres tu t'entendras bien avec lui! Tu sais ton oncle n'est pas un mauvais bougre il a l'air comme ça mais il ne faut pas oublier qu'il a eu affaire à la clientèle de *La Nouvelle Héloïse* pendant vingt-sept ans... *La Nouvelle Héloïse* c'est le nom du magasin... c'est un roman de Rousseau paraît-il... C'est le nom de Rousseau qui te fait sursauter? Moi j'ai pris la boutique avec le nom et je ne l'ai pas changé il y a de cela vingt-sept ans une génération pour tout dire... C'est joli *La Nouvelle Héloïse*. Et tu sais le plus amusant? Il y avait un magasin qui portait le même nom un peu plus haut au 60. C'était un magasin de nouveautés comme on disait avant. Et il était tenu tu sais par qui? Par M. Cognacq. Et c'est là qu'il a connu une vendeuse qui s'appelait Jay. Cognacq-Jay ça ne te dit rien? C'est vrai je ne vois pas ce que cela pourrait te dire...

Il somnole, dans la rumeur des phrases. Quelque chose de nouveau l'entraîne et rejette au néant tout ce qui précéda. Il est comme Rousseau qui, trouvant fermées les portes de la Ville, lui tourne le dos et bifurque vers un autre destin. Il va s'asseoir à la table de ces deux personnes qui l'ont pris en charge, la tante, intrépide et douce, à la poitrine gonflée de proverbes, l'oncle bancroche, fou de livres...

— Nous arrivons... Nous sommes à la Porte de Saint-Cloud...

Il s'éveille en sursaut :

— Un jour, dit-il, il faudra vendre la maison.

Elle lui jette un regard effaré.

Trois semaines après son installation, Frédéric ignorait toujours où était aménagée la Bibliothèque. Il avait, le premier jour, sous la conduite jaboteuse de sa tante, découvert l'appartement, vaste et sombre, qui donnait partie sur la cour intérieure, partie sur la rue Saint-Merri dont le flot cahotant charriait à grand fracas le butane et les tonneaux de bière. Fenêtres closes, rien n'altérait la tiédeur pénombrale des grandes pièces fleuries d'encaustique. Mais l'oncle, tout boiteux, ni la tante, toujours en mouvement, n'avaient le goût de s'alanguir. Ils jouissaient avec détachement d'un confort définitif, saturé de gravures, de casseroles en cuivre, d'assiettes fixées au mur, de bibelots pansus, sur lesquels ne glissaient, par instants, que des regards machinaux.

Elle eût aimé, la tante, à qui cette paix lénifiante était importune, demeurer près du magasin, rue Rambuteau, à deux pas et demi des Halles, où l'on trempait ses croissants dans la clameur dorée des mordantes apostrophes et des jurons à l'oignon. Quelquefois, altérée de chaleur populaire, elle traversait le boulevard Sébastopol afin de prendre part aux marchandages de dernière minute grâce auxquels les clients de petite condition — dont elle n'était pas — se pourvoyaient de fruits jetables avant consommation ou de maquereaux dédaignés des mouches.

Elle dut convenir que ce remue-ménage, ce bourdon sphérique et bouillonnant où s'absorbaient toutes choses, aurait plongé Frédéric dans un grand désarroi. Il fallait prémunir le grand garçon contre les agressions de toute sorte, sans, toutefois, l'entraver de soins excessifs. Après que l'on eut beaucoup agité si l'isolement était favorable à cet enfant si longtemps couvert de chaînes, il fut résolu de lui laisser l'usage d'une chambre indépendante, au sixième étage. Le voisin du dessus suggéra de faire installer une ligne intérieure, reliée à l'appartement, ce dont il s'acquitta lui-même avec une diligence justement rétribuée.

Au vrai, c'était par curiosité pure que Frédéric souhaitait d'être introduit dans la Bibliothèque. Il voyait son oncle toujours occupé d'un livre, le plus souvent relié, sur lequel il lui arrivait, mais rarement, de s'assoupir, et qu'il remportait hors de l'appartement, mais où ?

L'immeuble, d'évidence, renfermait des escaliers dérobés. On se heurtait sans cesse à des Espagnols jaillis des murs ; un Africain scarifié poussait tout à coup entre les marches ; et de frêles et entêtantes créatures prenaient soudain leur envol dans le dos de Frédéric.

On pouvait, aussi, pour peu que l'on inclinât au

fantastique, imaginer que la « librairie » était sous-
traite aux regards par quelque machinerie celée
dans l'épaisseur des murs, et Frédéric, prompt au
surnaturel, n'était pas loin de donner l'essor à cette
rêverie. Mais, parfois, il doutait si la tante ne s'était
pas laissé prendre aux inconséquences de son babillage. Dans l'émotion des retrouvailles, et pour une
raison qui lui appartenait, n'avait-elle pas tout
inventé ? Mais alors, où, le déjeuner sitôt dépêché,
l'oncle disparaissait-il ?

Au demeurant, il était hors de propos que Frédéric s'adonnât à la lecture. Il devait poursuivre de se
plier à l'exploration médicale, montrer les dents,
soutenir sans ciller le vif rayon d'une lampe, fournir
des réponses pertinentes quant à sa fréquentation
des latrines, recevoir — sous forme de piqûres,
ampoules, comprimés — toutes sortes d'adjuvants,
et laisser la main sèche et impersonnelle d'une
femme en blouse blanche soupeser sans le moindre
soupçon de gourmandise des attributs qui grâce au
Ciel avaient congrûment mûri. Tandis qu'il se
prêtait, docile, à cette revue de matériel, il se
demandait ce que les médecins pouvaient savoir de
sa pitoyable aventure, et s'il devait s'offusquer de
n'avoir qu'une part infime dans son propre destin. Il
continuait son traitement entre les murs de cet
appartement lustré où un concours de décisions
suprêmes avait fait qu'il se trouvât jeté. Ainsi, les
premières semaines, ce fut le rythme des prescrip-
tions médicales qui gouverna l'existence de Frédéric et ses relations avec sa chétive parentèle : le
tissu des jours avait la trame d'une ordonnance.

N'empêche, tout ne se pouvait réduire à ce seul

aspect. Par exemple, le point de grande importance que Frédéric dut résoudre, ce fut de savoir comment il appellerait les deux personnes qui l'avaient pris en charge. Ma tante, mon oncle, cela ne consonnait pas avec l'affectueuse familiarité qu'il souhaitait de voir s'épanouir. Dès le premier instant, il avait disposé son cœur à les aimer, bien que l'oncle tendît à faire croire qu'il macérait dans la misanthropie. Aucune effusion dans leur premier bonjour, et Frédéric s'était vu tendre la main à une espèce d'ours, dans son pelage d'intérieur, qu'enveloppait, comme d'une nuée jupitérienne, la fumée d'innombrables pipes. On ne pouvait prétendre que des échanges quelconques se fussent établis. Après le déjeuner, l'oncle rangeait sa serviette et se dérobait par quelque trappe aux regards de ses deux commensaux. Il poursuivait à l'écart son grand travail de lecture auquel il ne consentait à se soustraire, mais avec exactitude, qu'à l'heure du dîner.

La tante, à l'égard de son mari, balançait entre la tendresse et l'irritation. Elle finissait par lui remontrer combien il était dommageable à la santé de se claquemurer de la sorte, et certaines fois, l'ennemi du genre humain se rendait à ses représentations. Maugréeux et claudicant, il faisait le tour du quartier. Au retour, il détaillait toutes les offenses à quoi la sollicitude mal éclairée de sa femme l'avait exposé. Les marchands des quatre-saisons lui avaient balancé des trognons de chou en l'accablant de quolibets, deux merdaillons s'étaient moqués, une tapineuse échauffée de sauvignon avait eu dessein de l'entraîner sous un porche pour l'honorer d'une gâterie tarifée au plus juste, enfin, il avait failli s'engloutir dans une tranchée. La tante filait un soupir sceptique et lorgnait vers Frédéric tout ébahi de ces aventures. Ce qui l'intéressait surtout, c'était le ton du récit. Et puis, ils étaient rares ces moments où l'oncle s'abandonnait.

Donc, il fallait trouver deux noms de pure convention qui témoignassent sans afféterie de la tendresse dont Frédéric était prêt à déborder. Il récusa les diminutifs qui n'apprêtent qu'au ridicule dans la bouche d'une grande personne. Je ne leur infligerai pas des tatie, tata, tonton, encore moins des mamie, pépé, papi, qui ne conviennent pas à notre rapport de parenté. Enfin, un soir : « Je ne vous appellerai plus ma tante ni mon oncle... Je t'appellerai Mamitate (deux gros baisers). Je t'appellerai Papiton (longue poignée de main). » L'une approuva par un hochement de tête en rencognant une larme, l'autre rognonna : « Je vais ressembler à un produit d'Auvergne. » Mais il posa sa pipe pour sourire à Frédéric.

Retrouver à dix-neuf ans et demi, dans la défroque du malheur le plus étrange, un garçon que l'on n'a connu, à la dérobée, que dans son âge babillard, il faut convenir que cela vous saboule l'entendement. Mais si, fort de son éloignement, Papiton restait perplexe et coi devant Frédéric, l'inattendu, le singulier enflammait Mamitate. Elle s'institua mentor, divinité tutélaire. Elle se fit un devoir sacré d'écarter de Frédéric tout motif d'inquiétude, et, confiant son magasin aux mains scrupuleuses et papillonnantes de Bernadette, la vendeuse, elle ne laissa pas de l'assister dans les démarches qu'il se voyait sommé d'accomplir. Quand il se sentait absorbé par ces couloirs hostiles, ces escaliers visqueux, ces portes numérotées derrière lesquelles se tissaient des destins sur papier timbré, Frédéric mourait d'impatience et d'angoisse. Il ne suffisait pas que la Patrie eût recouvré l'un de ses fils, encore devait-il rendre des comptes. Il signait les formulaires que Mamitate avait remplis, sans même s'informer de leur contenu, et il s'enfuyait en empochant le stylo de l'administration avec son fil élastique et le socle d'aluminium auquel il était fixé.

Pour preuve de son retour dans la communauté nationale, il reçut une carte d'identité. Merveille ! ce visage long-chevelu n'était plus celui d'un garçon que d'incroyables circonstances avaient retranché du troupeau. Il ne différait de personne, il respirait la banalité.

Faire des pas dans les couloirs, traverser la galerie A, gravir l'escalier B, converser avec des fonctionnaires roupieux à qui les malheurs de Frédéric donnaient soif, ce train réglementaire arrachait Mamitate aux langueurs du commerce et lui faisait l'œil brillant. Ce grand enfant qu'elle tirait par la manche accédait grâce à elle à l'existence matriculaire.

Mais l'ordinaire des jours n'a pas cette saveur de conquête, et Mamitate, malgré qu'elle en ait, doit parfois convenir que son neveu la met en cervelle. On dirait, à certains moments, que quelque chose s'empare de lui et le force à dire n'importe quoi. Exemple : un matin, elle a posé devant lui un pot de gelée de groseille. Il s'est exclamé : « Je n'aime pas les confitures ! » Puis il a étalé la gelée sur ses biscottes et s'en est régalé.

En matière de cuisine, les caprices de Frédéric sont surprenants. Qu'est-ce qui lui a donné ce goût des spécialités dont Mamitate, cuisinière bourgeoise vouée au culte de Tante Marie, n'a jamais ouï parler : darioles d'Amiens, asperges de Ravenne, pruneaux de Tours, saucisses de Bigorre ? Il aime à l'excès la cochonnaille : l'andouille, le boudin, s'il fallait l'écouter, seraient chaque jour au menu.

Elle a pu satisfaire l'une de ces envies : il voulait de la fouace, il en a eu. Dans une boutique, rue du Temple, où se débitent à l'air libre des produits qui ont l'accent du terroir, on lui a servi une demi-galette qu'elle a, royale, posée devant Frédéric. « Est-elle de Lerné ? » a-t-il dit. (Mais ce n'était pas une question.) Puis : « Je croyais que c'était plus salé. » Ce fut tout pour la fouace.

Quelquefois, le soin que prenait Mamitate des affaires de son neveu l'obligeait à se rendre en province, soit pour débrouiller sur place un enchevêtrement d'intérêts, soit pour s'enquérir de l'état de la pauvre démente. Elle ne manquait pas de passer par « la maison » dont le modeste potager fournissait de laitues et de rondes carottes un voisin assidu à l'entretenir. Elle revenait le soir même, et au rebours de ses habitudes, elle s'enfermait dans une songerie opaque dont ne la sortaient ni les remarques acidement feutrées de Papiton, ni les questions circonlocutoires de Frédéric. Du fond de son absence, elle lâchait : « Ta mère ne va pas

63

mal. » Sans doute se faisait-elle conscience de lui enfumer la tête avec de misérables embarras qu'il eût été bien empêché de dissiper.

Pour donner à son neveu un semblant d'occupation, Mamitate lui a procuré un emploi de sous-commis dans son magasin. Il se conforme avec la meilleure grâce aux indications détaillées de Bernadette sur qui repose la charge de l'affaire et qui marque à Frédéric une défiante condescendance. On voit bien que Mamitate n'a plus guère le goût de débiter des gaines et des soutiens-gorge. Ce qui l'attache encore à son commerce, c'est la faculté qu'il lui donne de prendre langue avec les pratiques. Tous les maux qu'une vie précipitée inflige aux citadins trouvaient une espèce d'exutoire à *La Nouvelle Héloïse*. Mamitate affectait de compatir aux souffrances dont les clientes se consumaient, les consolant, à grand renfort de paroles mellifères, de l'enkystement de leur pylore ou de l'incroyable chute de leurs organes les plus chers. Bernadette s'efforçait de convaincre ces monuments d'infortune que les sous-vêtements ou les petits ensembles de *La Nouvelle Héloïse* convenaient le mieux du monde à des personnes si fermes contre les mauvais hasards de l'existence. Toutes, cependant, montraient un bel embonpoint. Elles abominaient leur graisse exubérante ou leur culotte de cheval en s'empiffrant qui d'un millefeuille, qui d'une religieuse (*La Nouvelle Héloïse* jouxtait une pâtisserie). Alors, pour remplacer la robe de haute griffe dans laquelle leur fessier multiple ne tenait plus, Bernadette allait quérir la secrète merveille qui les dédommagerait, et bien davantage, d'avoir perdu la silhouette divine à cause de quoi des jeunes gens du plus grand avenir s'étaient entr'égorgés. « Nous devrions nous spécialiser dans les femmes fortes », soupirait-elle. Quelques-unes remarquaient Frédéric : « Ah, voilà le grand neveu ! Alors, il se fait à la vie de Paris ? Vous ne trouvez pas que ses cheveux sont un peu longs ? — Pas plus longs que les chanteurs yé-yé ! — Ah, bon ! il est yé-yé ? — Pas du tout, c'est un poète. » L'état de poète n'engageait à rien de précis, il pouvait donc convenir à Frédéric. Quant à la vendeuse, elle trouvait là une réponse aux questions qui l'occupaient. Poète, c'est-à-dire nuageux, maladroit, et baignant dans une quasi-virginité. Elle jugea qu'il lui appartenait de le mettre au fait des réalités palpables.

Bref, certain après-midi que Mamitate vaquait aux rassortiments, Bernadette poussa le verrou, prétextant d'essayer quelques robes. Quand elle fut dans la cabine, elle appela Frédéric : « Viens me donner ton avis. » Il écarta le rideau : elle était en sous-vêtements. « Mon avis sur quoi, s'il vous plaît ? » Elle eut un rire forcé : « Quand même, tu es drôlement godiche ! tu ne vois pas où je veux en venir ? — Mais si voyons ! — On ne le dirait pas ! Bon, j'enlève le soutien-gorge, tu baisses la culotte. » Mais il demeura court, l'œil fixé sur le filet de sueur qui découlait de l'aisselle à demi épilée. Elle n'insista pas, se défit de sa petite lingerie... « Alors, comment me trouves-tu ? » Il hasarda une gentillesse : « J'aime la couleur de vos yeux. » Elle pouffa : « Ah toi alors tu es unique ! il faut que je me mette à poil pour que tu voies mes yeux ! » Elle le tira par la ceinture qu'elle déboucla d'un geste sec. « Je vois qu'il faut que je m'occupe de tout. » Elle mit à l'air le bas pays du garçon ; et à force d'attentions très circonscrites et un rien salivantes, il se trouva en état de satisfaire une vendeuse très qualifiée. Ils s'allongèrent au gré de Bernadette, et il se laissa prendre. On devrait changer la moquette, pensa-t-il. Aussitôt qu'il eut dégorgé, elle s'enfuit. Il se rajusta dans le réduit où régnait une odeur de soupe aux poireaux. Il se murmura : « Je n'aime pas ses fesses. » Cette remarqua le rendit triste. Mamitate ne fit pas mine de soupçonner quelque chose. Il se posa des questions.

Faire l'amour dans une cabine d'essayage, et, pour ainsi dire, à son corps défendant, vous trouvez ça poétique ? Tu règnes, Médiocrité, sur le monde sensible. Tu formes à ton image les êtres impurs tapis dans les boutiques de confection, tu inspires les scènes érotiques des mauvais romans, tu jettes un disciple de Rousseau en pâture aux femmes inassouvies. Ah ! du lit d'hôpital à ce réduit sans âme, de la jouissance furtive au plaisir dérobé, de Simone à Bernadette, Frédéric pourra-t-il jamais insinuer d'autres images de l'amour ? Que n'a-t-il pu goûter la délicieuse attente de Jean-Jacques auquel, après huit jours de pieuse retraite, Mme de Warens s'était solennellement donnée ! Où sont-ils ses divins apprêts, ces retards exquis, ces appas attendris par les larmes, ces célestes transports ? Au vrai, où tourne ce fabuleux manège que dans les livres ? Et soudain, il est embrasé du désir impérieux de relire les *Confessions*. Mais il doit se garder de ces enfièvrements dont il n'ignore pas qu'ils sont nuisibles à son économie. Du calme, une nourriture saine, des ampoules où sont concentrées des vitamines, et, pour l'instant, pas de livres.

Mais enfin, il s'ennuie. La conversation des happelourdes à la recherche de leur matrice ne le divertit plus. L'amuse encore un peu la dévotieuse componction avec laquelle Mamitate et Bernadette déroulent sur le comptoir quelque pièce d'étoffe rare. A cet instant, elles renouent avec ce passé mythologique où, dans d'obscurs et fuligineux repaires, les boutiquiers de Balzac régnaient en sous-main sur la Vie parisienne. Mais ces hauts moments sont rares, et dans l'arrière-pièce où ils sont rangés ces grands témoins de la Confection attendent le chaland d'un autre âge. Il paraît que *La Nouvelle Héloïse* cèle d'autres trésors et qu'un jour ou l'autre...

Frédéric s'ennuie aussi dans sa chambre. On l'envoie se coucher dès neuf heures : chacun sait que le meilleur sommeil, c'est celui que l'on prend avant minuit. Il ne peut s'endormir, et il demeure à béer, les yeux au plafond. Derrière les murs qui l'enserrent, se poursuit une vie machinale ponctuée de bruits d'assiettes ou d'éclats de rires. Attentif au moindre pas, il épie surtout le retour de sa voisine dont l'imperméable ciré produit une espèce de murmure frissonnant qui l'émeut. Que fait-elle pour rentrer si tard ? Il l'imagine ôter, pour le suspendre à la patère, ce vêtement de pluie qu'elle porte, semble-t-il, par tous les temps. Mais après, les yeux fermés, aucune image d'elle ne lui vient. Il ne peut décider si son corps est adorable, ses yeux noisette, si elle est brune ou blonde. Puis, il a su son nom. Quelqu'une de ses amies, un soir, l'a accompagnée. Elles ont échangé, sur le palier, des propos sautillants, tranchés de rires. Toutes les trois minutes, l'une ou l'autre déclenchait la minuterie ; à la fin, elles ont poursuivi leur babillage dans le noir. « Allez, à demain, Aline », a dit l'amie en partant. Muni de ce prénom, de cette brise susurrante dont il se flatte les oreilles, Frédéric s'applique à composer un visage de femme qui lui corresponde. Il dessine en esprit une chevelure soyeuse et bouclée, des yeux bleus où brille une ingénuité de bon aloi, une bouche demi-close. Mais le dessin ne tient pas, il se transforme, il se désagrège. Il faut qu'il la rencontre, qu'il la voie, il doit la voir. Deux soirs de suite, il est allé remplir son broc à la fontaine palière, bien que sa chambre soit pourvue d'un lavabo. Mais dès avant qu'elle n'apparaisse, il est rentré, pétochard.

Il survint un événement, une surprise qui le désoccupa d'Aline quelques soirs. Un chat, chat de gouttière à la lettre, étique rôdeur de chéneau, vint tomber sur son lit d'un bond bien ajusté. C'était un gavroche roux, aux oreilles déchirées, miaulant famine, et qui cachait sa misère sous un ragoulement râpeux. Par chance, Frédéric, souvent tourmenté d'un besoin de grignoter — autre effet de l'ennui —, s'était pourvu de quelques parts de fromage à tartiner dont il sustenta le visiteur, lequel, par manière d'hommage, s'endormit sur ses pieds. A l'aube, sautant du lit au fauteuil, et du fauteuil à la fenêtre, il disparut. Il revint trois soirs de suite se nourrir des reliefs que Frédéric, en cachette, lui séparait. Mais un matin, à la barbe du garçon, il se saisit, sur la table de nuit, d'un corbillon d'osier, et s'enfuit. Frédéric n'avait cure du larcin : mais le chat, qu'allait-il en faire ? Il trouva une réponse qui le satisfit si bien qu'il se résolut d'en faire part.

— Je reçois chaque soir la visite d'un chat roux qui est en train de construire un nid d'oiseau.

La tante, mise au fait, ne retint pas cette explication qui, toutefois, la confirma dans le sentiment que son neveu était un grand rêveur.

— Il n'y a pas plus voleur qu'un chat roux (dit-elle).

Mais Papiton :

— Je vois que tu es de ceux qui vont au plus simple.

Aucun soupçon d'ironie dans sa voix, ce dont Frédéric, à part lui, le remercie.

Il s'attrista de ne plus revoir le chat. Où se terrait-il quand il pleuvait, comme ce soir ? Il finit par l'oublier et revint à ses amours morfondantes.

Il crut trouver ce qu'il fallait pour se donner l'illusion d'être remarqué. Jean-Jacques le lui suggérait dans un passage qu'il avait restitué dans sa tête : « J'allais chercher des allées sombres, des réduits cachés, où je pusse m'exposer de loin aux personnes du sexe dans l'état où j'aurais voulu être auprès d'elles. » Plus téméraire le matin que le soir, il passait et repassait devant la porte d'Aline, son broc à la main, la braguette du pyjama grande ouverte, d'où saillissait non pas, comme chez Rousseau, l' « objet ridicule », mais le sceptre royal impatient d'être empaumé. Il courait quelques risques. Au lieu d'être « vu » par Aline, il pouvait frapper le regard de l'atroce maritorne aux biceps de catcheuse qui, un matin, sous les yeux de Frédéric, s'était ruée dans l'escalier, un sac de ciment sur l'épaule. Celle-là n'eût pas goûté qu'un satyre, même rougissant, étalât si apertement ses desseins. Cependant, il ne craint pas d'être surpris. Désirant d'être aperçu d'Aline, il n'imagine pas qu'une autre puisse le voir. Au demeurant, qui donc le condamnera ? Depuis son retour à la « vie civile », l'on n'a pas cessé de le déculotter. Il s'est prêté aux examens les plus indiscrets comme aux plus obscènes entreprises. Qui lui reprocherait de vouloir exciter la convoitise d'une femme par la vue des organes les plus propres à la satisfaire ? Il ne ferait pas scrupule de se mettre nu s'il ne craignait pas les courants d'air. Mais la fille à l'imperméable ne daigne entrouvrir sa porte. Il ne saurait dire ce qui lui donne la certitude d'être observé. Il la traite d'hypocrite, de sournoise, de sainte nitouche, et même de crapaudine, terme qui figure dans les *Confessions*, mais dont le sens lui est incertain. Cette résistance lui donne un air fâcheux. Il montre aux clientes un visage noirci de pensées funèbres et marche sur les pieds de Bernadette. « Je voudrais bien voir que cette salope essaye encore de me sucer ! Quant à faire l'amour, bren ! bren ! Tu as vu tes fesses ?) La vendeuse a mieux à faire que de s'intéresser aux humeurs de Frédéric. Elle s'abstient désormais d'avoir pour lui de ces regards plissés, de ces sourires connivents qui témoignaient de leur accointance charnelle. Elle ne lui donnera plus des baisers dans le cou en lui rebroussant les cheveux.

70

Mamitate ne sait comment le désennuyer. Elle-même, que fait-elle encore à tracasser dans cette boutique, refuge transitoire des mémères stéato-pyges ? Elle décide d'aller badauder avec son neveu sur les grands boulevards. Mais d'abord, elle l'envoie chez le coiffeur.

Il se montre très attentif aux boniments des camelots qui vendent des gourmettes ou des porte-feuilles en cuir à des prix sans concurrence. Quelle chance ! le plus célèbre d'entre eux, avec son cha-peau melon et sa veste à carreaux, le père la Souris, réjouit de ses devinettes et du récit de sa visite à Mussolini un cercle de gaudisseurs hilares. « Quelle différence y a-t-il entre une poêle à frire et la main d'une jeune fille ? » Mamitate tire son neveu par la manche.

Ils arrivent devant un grand cinéma où l'on donne *Les Oiseaux*. Sur l'affiche, gigantesque, un corbeau ravissant s'efforce d'énucléer d'œil sanguinolent d'une jeune femme blonde. J'ai vingt ans et je ne suis jamais allé au cinéma, soupire Frédéric, piteux. Mamitate se laisse fléchir, bien qu'elle doute que ce film convienne à son neveu. Il lui convient très bien. Il voit une multitude d'oiseaux de mer écharpiller Bernadette et transformer Aline en pâté de foie.

C'est beau le cinéma. On peut donner les traits d'une actrice pleine de vénusté à la fille dont la pensée vous ravage la tête. Quand vous êtes sur votre lit, la main prête à fonctionner (que faire en une chambre à moins qu'on ne s'y branle ?), un visage adorable et précis favorise la manœuvre.

Il retombe avec fureur dans son travers pernicieux.

Mais à qui la faute ? Le bruit frissonnant de l'imperméable ciré le conduit chaque soir au désordre des sens. Il se tend vers une ombre dont s'efface peu à peu le visage de substitution.

Un soir, la porte à peine ouverte, son regard tomba sur un objet fantastique : un livre ! Posé sur la table de nuit, à la place de la petite corbeille, il semblait exiger d'être lu sans retard. Avide, il s'en empare, le soupèse, le respire. C'est un volume ancien, un peu safrané — il date de 1887 ! — produit par un médecin, le docteur Tauchard. Frédéric s'émerveille : cela provient de la Bibliothèque ! Mais qu'a-t-il affaire de ce vieil ouvrage dont le titre, en capitales serrées, ne lui dit rien ? *De quelques dangers qui menacent les jeunes gens.* Le livre s'ouvre de lui-même à la page 78, chapitre IV : « Du libertinage solitaire ». Tout au plaisir de se rassasier de mots imprimés, Frédéric ne comprend pas d'abord ce que lui veut le sévère médecin. Cette impression de sévérité n'émane pas du contenu : elle vient des caractères, étroits et raides. Mais le fond, auquel il finit pas s'intéresser, n'incline pas non plus à la plaisanterie. Il apprend que de toutes les tentations qui harcèlent les jeunes gens, celle qui consiste à vouloir se procurer soi-même un plaisir sexuel, celle-là est la plus grosse d'affections irrémédiables. On peut guérir un homme du mal de Naples, on ne peut le faire revenir de l'idiotie. Ne voit-on pas, dans les villages, de ces grands niquedouilles bavotants que la masturbation a rendus sourds et fait sombrer dans une imbécillité trémulante ? Certes, on ne saurait soutenir, à l'exemple des frères ignorantins, qu'une déperdition de moelle épinière puisse résulter de cette pratique. Mais il était prouvé qu'elle causait des dommages que la Science ne pouvait réparer.

Toutes les parties du livre n'avaient pas la sexualité pour objet. Il était aussi question du vol, des mauvaises fréquentations, de la boulimie. Mais Papiton, en sortant de la Bibliothèque cet ouvrage édifiant, n'avait, c'était sûr, d'autre dessein que de prévenir son neveu contre le seul danger auquel il s'exposait avec une fureur obstinée.

Frédéric se demande si cette mise en garde s'adresse bien à lui. Depuis qu'il s'adonne à cet exercice digital, il n'a jamais éprouvé qu'une part notable de ses facultés se perdît dans la substance qu'il projette à l'envi. Depuis quand ? Bah...

Et d'ailleurs, « libertinage solitaire », qu'est-ce que cela voulait dire ? Il n'est pas seul. La main qui imprime le mouvement réprouvé n'est pas la sienne. Il meurt, et renaît, et meurt encore, entre les doigts soyeux d'une jeune fille avide de l'exténuer, dont l'imperméable, par instants, s'entrouvre.

Toujours est-il que le livre du docteur Tauchard lui fait, pendant quelques heures, oublier la « main » de sa voisine. Il relève au fil des chapitres des termes qui donnent à rêver : le corps et ses fonctions regorgent de plaisirs délicats.

Il lui vient soudain cette pensée qui se développe d'elle-même : on lui permet de lire ! Quelles que soient les raisons qu'on puisse lui opposer, il restera que l'on n'a pas trouvé mauvais qu'il fût occupé d'un livre. Le parti qu'il se promet d'en tirer lui donne par avance le courage d'affronter son oncle.

— Je te remercie pour ton livre, et pour tes bonnes intentions. Tout cela est très instructif.

Il lui sembla que Papiton rougissait.

— Tu sais, répondit-il en coulant un regard vers la cuisine, cette idée ne vient pas de moi. J'ai cédé à l'insistance de ta... de Mamitate. Après tout, c'est elle qui fait ton lit...

— Il n'était pas plus simple de m'en parler ?

— Non, ce n'était pas plus simple. Tu sais que tu as vingt ans passés, même si l'on t'en donne dix-sept... Nous nous sommes demandé comment te mettre en garde : j'ai trouvé ce moyen...

— Je te comprends... Dis-moi, ce livre édifiant, il vient de ta bibliothèque ?

— Oui... d'un coin... réservé.

— Je suppose que tu en as beaucoup d'autres qui ne sont pas de ce... de cette...

— De cette farine ? Bien sûr, voyons, une bibliothèque !

— Par exemple, tu as les *Confessions* ?

— De saint Augustin ?

— De Rousseau.

— Tu as lu Rousseau ?

— Je voudrais relire les *Confessions*... J'ai commencé à l'hôpital...

— Je les ai. J'ai même presque tous les livres de Rousseau, y compris *La Nouvelle Héloïse*. Je dois te confesser que les mésaventures de Julie et de Saint-Preux n'ont pas encore exercé mon imagination. Je compte m'y attaquer, un jour ou l'autre...

Frédéric s'émerveille : qu'est-ce qui donne à son oncle la certitude de disposer du Temps ? Aura-t-il le loisir d'épuiser la somme de délices que renferme

74

la Bibliothèque, et les heures, dans ce lieu préservé, ont-elles un cours plus lent ?

— Je ne désire, pour l'instant, que relire les *Confessions*. Es-tu disposé à me les prêter ?

— Je vais y réfléchir, mais je n'y suis pas, a priori, hostile...

Deux soirs de suite, le dîner expédié, espérant au premier regard porté sur la table de nuit voir rayonner le livre pathétique, il grimpa deux à deux, trois à trois — et fut déçu. On l'avait joué ! Mamitate, c'était sûr, avait mis son veto ! Il se vengea en projetant une giclée rageuse et abondante dans sa serviette-éponge.

Mais le troisième soir... Il débouchait, maussade, sur le palier ; ce qu'il vit fit fondre son cœur. Aline, dans son bruissant ciré noir, tâchait de forcer la serrure de sa porte avec une lime à ongles. Elle leva vers Frédéric un regard altéré d'impuissance.

— Pour une fois que je pouvais rentrer plus tôt, il faut que je perde ma clé... Ça ne doit pas être difficile d'ouvrir cette porte : quand je pars je fais juste de la tirer...

Il fonça dans sa chambre, se précipita sur le dernier tiroir de la commode où il savait trouver un tournevis, et courut au secours d'Aline. Tout en s'escrimant, il s'emplissait de son parfum capricant, et saisissait à la dérobée un regard noisette, une mèche d'un blond hasardé... La serrure céda ; Aline, jetée à son cou, le gracieusa d'un baiser qui le laissa tremblant.

Un petit nuage le ramena dans sa chambre. Le second bonheur l'y attendait : le livre était là ! Tout entêté d'Aline, il souhaitait d'abord ordonner ses sensations au sein d'une rêverie bien conduite. Le visage réel imposait la fermeté de son contour, mais le ciré noir ne s'était pas entrouvert, et il décida que le corps de la jeune fille — quel âge avait-elle ? — qu'il n'osait qualifier de désirable, ni, même, qu'il ne pouvait concevoir nu, offrait cependant les formes bien pleines qu'il s'était persuadé d'affectionner. Il se représentait sous l'apparence d'un amant attentif aux détails, bien qu'il n'eût jusqu'alors caressé que par surprise tout ou partie d'une femme. Et, s'il vous plaît, ne parlons pas de Bernadette.

Ce qu'il savait le mieux d'Aline, c'étaient ses mains. Il les avait trouvées sans beauté, trop rouges, lui qui sans savoir pourquoi donnait du prix à la blancheur — peut-être à cause de Caroline ; le carmin des ongles s'écaillait. Ces défauts trop visibles l'attendrissaient et lui faisaient sa voisine plus accessible. Mais il ne pouvait plus imaginer d'être empoigné par la main d'Aline.

Quelle autre circonstance remarquable lui permettrait de la revoir ? Il se passerait des jours ! Il était sûr, pourtant, de lui avoir plu ; quelques audaces bien tempérées la feraient tomber dans ses bras. Mais s'il pouvait se voir dans la peau d'un fouteur toujours renaissant, le rôle de lovelace au petit pied n'était pas son affaire.

Papiton imputa aux *Confessions* l'espèce de mélancolie qui, deux jours durant, sembla poindre Frédéric. Il avait feint d'ignorer Jean-Jacques... et il l'avait oublié ! Quelque chose pouvait donc primer sur un livre ?

L'esprit toujours en écharpe, Frédéric ouvrit le

précieux ouvrage à l'endroit marqué d'un signet cramoisi. Il le referma, en fit un objet de contemplation, l'éleva vers la lumière, et peu enclin, décidément, à s'y plonger, le reposa sur la table de nuit. Mais, sur les trois heures du matin, travaillé par la pensée du livre, il s'éveilla. Avant d'allumer, il s'immergea dans le silence que lézardaient, comme à l'hôpital, des toux acariâtres et de noirs gémissements. Il se complut à imaginer Aline, dormant. Traverserait-il son sommeil, la ferait-il soupirer, s'il pensait à elle de toutes ses forces ? s'il murmurait cent fois son nom ? Allons, assez de chimères !

Les *Confessions* n'étaient plus les *Confessions*. Tout d'abord, que signifiait ceci : « Tome I » ? Il aurait pu jurer que cette indication ne figurait pas sur l'exemplaire de Simone. Quoi ! « Il faut m'arrêter ici », « On saura pourquoi je me tais », ces phrases n'étaient pas définitives ?

— Il y a en effet deux tomes, dit Papiton, du moins dans l'édition que je possède, mais c'est la généralité. Il a voulu, sans doute, s'arrêter, il s'est seulement interrompu. Quand tu sauras par cœur le premier volume, je te prêterai le second...

Quelque chose troubla davantage Frédéric. Il ne reconnaissait pas ce texte tant de jours parcouru. (Tant de jours ?) C'était le même, c'était un autre. Il comprit qu'il avait lu, emporté par la musique des phrases, en passant outre aux mots qu'il n'entendait pas. Maintenant, ces mots s'agriffaient à lui et le contraignaient à suspendre sa relecture. Je vais les noter et demander à Papiton si je puis consulter un dictionnaire.

Mais un tambourinement à la porte fit que cette

heureuse décision n'eut pas de suite immédiate. Il ouvrit : Aline souriait.

— Je m'excuse de vous déranger si tard, mais je sais que vous avez l'habitude de veiller, je vois toujours votre lumière quand je rentre... Voilà, je vais partir... J'ai pensé que ce serait amusant si nous faisions une petite dînette tous les deux...

— Tous les deux ? Mais... n'avez-vous pas une amie ?

— Oh ! c'est une camarade de travail ! Elle est gentille, mais elle n'a aucune conversation...

(« Pourtant, l'autre soir, elles ont longtemps bavardé. »)

— ... et puis, elle ne peut pas dire trois mots sans se mettre à rire... Bien sûr, si cela vous ennuie...

— Aucunement, mais il faut que je demande à ma tante.

— Je pense qu'elle sera d'accord, dit-elle (en souriant de nouveau).

— Ta voisine t'invite à dîner ? Que lui as-tu répondu ?

— Je lui ai dit que j'allais t'en parler.

— Tu voulais me demander la permission ?

— En quelque sorte...

— Ce n'était pas nécessaire, il suffisait de me dire : Aline m'invite à dîner jeudi soir...

— Comment, tu la connais ?

— Bien sûr, c'est ma locataire.

Il demeura stupéfait, non de ce que Mamitate eût, au sixième étage, la jouissance de deux chambres dont l'une, pure coïncidence, avait pour occupante une jeune fille qui l'avait un peu enflammé, mais de s'aviser qu'une part notable de la vie de sa tante lui était inconnue. Avant même de se demander s'il avait grande envie de savourer les préparations d'Aline, il savait qu'elle était serveuse dans une brasserie (« Elle finit assez tard, j'espère qu'elle ne te réveille pas ? — Tu sais, moi, quand je dors... »), et que l'on pouvait, malgré la modestie de sa position, la compter au nombre des personnes méritantes, eu égard à sa situation de famille...

— Tu penses bien que je me suis renseignée...

— Mais tu savais qu'elle allait partir ?

— Elle est passée au magasin pour m'en informer. Tu l'aurais su si l'on t'y voyait de temps en temps. De toute façon...

(De toute façon, compléta Frédéric pour lui-même, tu ne servais pas à grand-chose.)

— Quand tu seras chez elle, fais comme si tu ne savais rien.

Il n'eut pas à se surveiller : Aline, de soi-même, lui conta sa vie. Mais d'abord, l'on dîna : avocats aux crevettes, pigeons à l'étouffée cantonnés de lardons, laitue (avec des cubes de gruyère), point de fromage, sorbet aux fraises...

— Vous ne seriez pas un peu gourmand ? Remarquez, ce n'est pas un défaut, c'est même flatteur pour la cuisinière... J'aime bien faire la cuisine, mais vous savez quand on sert tous les jours dans un restaurant...

Il n'avait pas commis l'indécence de mouiller son vin, qu'il avait bu à pleines verrées ; aussi, ne percevait-il plus qu'un brouillard de paroles. Mais la voix d'Aline lui était agréable. Il s'efforça de retrouver une demi-phrase de Jean-Jacques qui commençait par « ... cet air de douceur des blondes... », et n'y parvint pas. Il se leva pour l'aider à desservir, mais elle lui intima de se rasseoir, et même de s'allonger sur le lit si la tête lui tournait : il n'osa.

— Je vais ouvrir un peu la fenêtre pour vous éclaircir les idées...

Elle jeta la nappe, grossièrement pliée, sur le sol de la cuisinette : au début du dîner, il avait renversé son verre.

— Je crois que vous êtes un peu parti... Vous pouvez rester si vous voulez...

Ces deux phrases lui parurent n'avoir aucun sens. Il se laissa prendre la main et conduire jusqu'au lit où elle desserra sa cravate et ouvrit son col de chemise.

— On ne vous a jamais dit que vous ressemblez un peu à Gérard Philipe ?

Il se mordit la lèvre ; il avait failli répondre : « Si, à l'hôpital. » Il se répéta plusieurs fois dans sa tête : « Méfie-toi. Cache ta vie. »

— Je crois que si j'avais eu un frère j'aurais aimé qu'il vous ressemble, mais chez nous il n'y a que des filles...

Il n'échapperait pas au récit : c'était sans doute le prix convenu pour l'invitation. Que sert de se raconter ? Comment peut-on se raconter ? Il s'assoupit à l'évocation de ces pervers caprices du Destin, qui avait livré tour à tour à l'ignoble convoitise d'un père enragé d'inceste la pure membrane de ses filles. Au vrai, elle ne dévidait pas sa vie. Elle la replaçait dans le contexte d'une fatalité dont elle était l'un des plus exemplaires produits.

Un changement de ton l'avertit qu'elle coupait court à ce roman familial. Elle chuchota :

— Vous savez que je vous ai vu, avec votre broc... et votre truc à l'air ?

Il pensa mourir de fièvre écarlate. Comment expliquer qu'ayant souhaité d'être « vu », il avait honte que cela se fût produit ?

— Il ne faut pas rougir comme ça... Vous êtes jeune, et vous avez un très joli membre... Vous savez, j'ai une certaine expérience des jeunes gens, il y a toujours un moment où quand on est seul on devient exhibitionniste.

Elle débitait ces menus propos sur un ton mi-badin, mi-sentencieux, cependant qu'elle s'employait à le déshabiller. Qui voulait-elle mettre au lit ?

Elle ouvrit ses draps à un enfant nu qu'elle enferma dans ses bras sororaux. Il crut qu'elle allait imiter Caroline ou Simone, il s'abusait. Il sentit contre son dos la soie d'un pyjama. Ce n'est pas de jeu, pensa-t-il.

Il s'éveilla, lucide, un peu confus, et affligé d'un mal vertical. Elle lui tendit ses vêtements :

— Je pourrais vous soulager, mais ce ne serait pas convenable.

Quand même, c'était une drôle de fille.

— Je ne comprends pas pourquoi tu lui reproches de t'avoir raconté ce qui lui est arrivé, ça fait du bien quelquefois de se confier à quelqu'un... Toi-même, j'en suis sûre...

— Jamais !... Et puis, comment peut-on se livrer au premier venu, comme moi ?

— Tu lui étais sympathique, la preuve : elle t'a invité à dîner.

— Tu n'y étais pas pour quelque chose ?

— Bien sûr que non ! Qu'est-ce qui a pu te faire croire ça ?

— Rien, une impression...

Il se fit cette réflexion — qu'il garda pour lui — qu'Aline ne cachait pas d'avoir été violée à douze ans, et même s'en faisait gloire, parce que cela « lui donnait un genre ». Quant à lui...

Elle partit sans lui dire adieu ; il n'en fut pas affecté. Du reste, elle avait les mains trop rouges.

Il reprit le fil de son unique occupation, et il s'astreignit à relever les termes dont Jean-Jacques avait enrichi le patrimoine lexical, ce qui lui prit plusieurs jours. Chemin faisant, il s'étonna de voir les personnages que Rousseau avait fréquentés, le plus souvent pour son malheur ou son humiliation, vivre leur propre vie, comme pour le contraindre à se demander ce qu'il était advenu d'eux. Il passa outre.

Il montra son carnet à Papiton qui le félicita pour sa belle écriture :

— On voit que tu as appris à former tes lettres, ce n'est plus le cas aujourd'hui... Tu sais, je pourrais te dénicher une édition où tu trouverais en fin de volume une notice explicative, mais il est préférable, je crois, que tu te débrouilles avec un bon dictionnaire.

— J'en conviens. Et tu as un « bon » dictionnaire ?

— Le meilleur ; et le seul qui fasse l'affaire, s'agissant de Rousseau.

— Comment s'appelle-t-il ?

— Le *Littré*.

— Où puis-je le consulter ?

— Sur place, c'est-à-dire dans la Bibliothèque. Nous irons demain.

Frédéric posa la main droite sur son cœur.

Montez jusqu'au cinquième étage, l'avant-dernier. La porte, sur votre droite, n'est pas, comme il vous semblait, celle d'un appartement. Elle donne sur un couloir qu'exhausse, vingt pas plus loin, une volée de quatre marches : au retour, prenez-y garde. Il vous étonnait parfois de percevoir des musiques et des chants alternés vous ne saviez d'où venus. Derrière les murs du secret passage, des chambres exiguës hébergent des peuplades percutantes que la première lueur de l'aube fera surgir vers les camions-bennes ou les quais du métropolitain. Mais au fond du couloir, la porte que Papiton vient d'ouvrir vous fait accéder au silence érudit des cloîtres. Vous entrez, presque tremblant ; vous entrez dans la Bibliothèque.

Ici, se surprit à songer Frédéric, ce ne sont pas les livres qui comptent, ce qui compte, c'est la lecture. On voit en effet une table massive et sombre qui occupe presque toute la longueur de la pièce, et, de part et d'autre, des chaises à haut dossier, mais non pas anciennes, comme il s'en trouve encore dans certaines salles à manger. On imagine un cercle de

85

muets maniaques occupés à peser des points-virgules.

— Tu sais, dit Papiton qui voit son neveu enchaîné par le génie du lieu, il y a aussi des livres.

Du regard, avec une lenteur dévotieuse, Frédéric caresse les rayons surchargés. Il lui semble que des mains ferventes font glisser les ouvrages hors de leurs alvéoles.

— Alors, qu'en penses-tu ?

— Elle est pour le moins aussi fournie que la librairie Saint-Victor.

— Je connais pas mal de librairies mais celle-là, je l'avoue... Tu es sûr qu'elle existe ?

— Je ne puis le jurer.

— Tu sais, la plupart des bonnes librairies en contiennent davantage... Je ne crois pas en posséder plus de cinq mille... Il faudrait établir un catalogue mais est-ce bien nécessaire ?

Cinq mille livres peut-être, mais aucun qui eût embrasé la tête d'un bibliophile. C'était la réserve d'un « honnête homme » moins avide de cartons et de frontispices que curieux d'orner son esprit. La basane et le veau glorifiaient humblement des auteurs auxquels les fanfares du maroquin eussent mieux convenu. Au ras du plancher, les modernes grelottaient sous leurs couvertures d'origine.

— Il faudra qu'un jour je me décide à leur faire un sort plus enviable : un Giraudoux, un Queneau, un Saint-John Perse méritent beaucoup mieux, tu ne crois pas ?

— Je n'en connais aucun.

— Ah c'est vrai ! Toi pour l'instant c'est Jean-

86

Jacques Rousseau et seulement Rousseau! Bon, puisque tu es ici pour les dictionnaires, les voici...

Il montre, solennel, le noir carré du *Littré* à quoi s'ajoute un cinquième tome, de moindre épaisseur, où se lit le mot « Supplément ». Frédéric, comme transi de respect, hésite à saisir un volume, et Papiton, après l'avoir invité à s'asseoir, pose devant lui le premier tome. Fort bien, l'univers des mots se donne à lui. Mais quand il eut ouvert à hauteur du C, avec une lenteur vergogneuse qui rassure son oncle, il demeura béant. De cet espace comblé de signes noirs en ordre serré, émane un charme austère qui l'engourdit. Il parvient à se ressaisir et recherche, toujours précautionneux, le mot « caillette ». Il ne peut s'agir du quatrième estomac des animaux ruminants, mais bien plutôt d'une « personne qui a du babil et point de consistance ». La phrase de Jean-Jacques ne figure pas, ce qui l'étonne, alors que son homographe, J.-B. Rousseau fournit une demi-douzaine de vers très anodins. Il lui souvint que le « marcheur étoilé » avait coutume d'emporter quelque ouvrage de ce poète : que lui trouvait-il ? L'on pouvait, aussi, relever une affirmation sans signature : « Cet homme est une franche caillette. » Qui en était l'auteur ? Il lui faut consulter son oncle.

Littré lui-même. Chaque fois que tu tomberas sur une phrase « sans maître », elle est de Littré.

— Mais pourquoi, puisqu'il avait déjà Diderot, Montesquieu et Saint-Simon sous la main, ajouter un exemple à titre personnel ?

— Je suppose, soit qu'il connaissait quelqu'un que l'on pût qualifier de caillette, ce qui lui donnait l'occasion de montrer que ce mot n'était pas sorti de l'usage, soit que cette notation lui est venue spontanément.

— Et l'on peut dire aujourd'hui de quelqu'un qu'il est une franche caillette ?

— Tu peux, mais il faudra que tu en donnes la définition à moins qu'on ne t'envoie d'abord un coup de poing sur le nez.

Avant de rechercher le sens de l'expression « chevaliers de la manchette », il tourna, l'une après l'autre, les grandes pages raides, à dessein de débusquer quelques-unes de ces phrases issues du tonneau de Littré. L'abondance des « illustrations » fournies par les auteurs fut tout près de l'en dissuader. Toutefois, il parvint à extraire une demi-douzaine de ces fragments parasites dont il ne pouvait décider s'ils avaient le moindre rapport avec l'entreprise ou la vie même du Lexicographe. « Mes fenêtres donnent sur la campagne », « Peut-on se caparaçonner de la sorte ? », « On nous servit de la carbonnade », ces notations bénignes pouvaient-elles être mises sur le même plan qu'un vers de Corneille, un aphorisme de Pascal ? Mais il rencontra quelques octosyllabes de Béranger qui produisaient même résonance, et il passa outre.

A « chevalier », point de manchette, dont il s'étonna ; l'oncle lui désigna la lettre M, il dut se lever. Mais à « manchette », point de Rousseau, ce simple élément : « Le parti de la manchette », signé d'Argenson, qui n'ajoutait rien, alors que la phrase de Jean-Jacques : « Cette aventure me mit pour l'avenir à couvert des entreprises des chevaliers de la manchette », procurait au lecteur la sensation du vécu. Mais peut-être Littré ne désirait-il pas que l'on se complût à évoquer les honteux personnages que désignait cette périphrase, à savoir les pédérastes. Et soudain, Frédéric fut transporté dans la cour de l'école, à couvert du préau ; un grand élève lui murmure à l'oreille ce mot interdit. Il fut fâché d'être ainsi renvoyé à son enfance.

Le mot « crapaudine » — sur le sens duquel il s'était abusé — est illustré par le seul exemple des *Confessions* dans l'acception qui l'intéresse. Il note, au passage, que les pigeons peuvent être accommodés, « à la crapaudine », ce qui leur donne un aspect batracien ; il croit voir Mamitate fendre et aplatir les pauvres bêtes si peu coasseuses, ce qui le fait sourire.

« Cruscantisme » — « purisme en parlant de la langue italienne » — n'admet que Rousseau. Frédéric se demande s'il aura jamais l'occasion d'employer ce terme.

Justement, il avait lu le tome premier des *Confessions*, sous le paulownia ou dans sa chambre, « dans le mouvement », sans que les mots qu'il n'entendait pas, sur lesquels il glissait, exigeassent d'être définis ; il devait y avoir une raison. Que gagnerait-il, lecteur capricieux, à se pénétrer de leur sens ?

Il chercha encore, comme par devoir, la définition de « grisse » (le même que grissin), « mot de frontière » qu'il semblait bien que Rousseau, « qui aimait plus qu'aucun autre ce pain de Piémont », eût été le seul à employer ; et de « grapignan » — « procureur » par dénigrement — métier auquel Jean-Jacques s'était révélé merveilleusement impropre.

Il s'étonna de ne trouver ni à « goût », ni à « ultramontain », la définition de « goûts ultramontains » dont il ne se rappelait plus quel personnage, un abbé, peut-être, était affligé. Il demanda à son oncle de l'éclairer, qui le renvoya aux chevaliers de la manchette.

— Je suis sûr que tu connais tous ces mots, tu pourrais m'en donner aisément la signification.

— Je ne suis pas un dictionnaire, c'est un plaisir de chercher.

Le plaisir existait : il résidait dans l'incursion vagabonde, dans le batifolage à travers les exemples des grands écrivains, voire ceux de Littré lui-même, qui semblaient être donnés « par-dessus le marché ». Et, puisqu'il s'agissait d'apprendre les mots, qui pourrait lui interdire de s'y consacrer, par choix délibéré, sans qu'il eût l'impression du devoir nécessaire ?

— Tu n'as plus grande envie d'assimiler le vocabulaire des *Confessions*, ce semble... Je vais te prêter un livre que Rousseau a écrit pour toi. Quand tu l'auras lu, rapporte-le, et tu verras si tu dois poursuivre ton dépouillement...

Il saisit *Les Rêveries du promeneur solitaire*, qu'il tendit à Frédéric.

Papiton avait raison : Jean-Jacques avait écrit ce livre pour qu'il fût mis entre les mains d'un lecteur idéal nommé Frédéric Mops. Il demeura trois jours dans sa chambre, à s'enivrer de cette musique qu'un homme recru d'humiliations, environné d'ennemis aux desseins indéchiffrables, avait composée pour lui. Aux approches de la vieillesse, il trouvait en son

90

âme la paix, la sérénité qui donnait à ses phrases le plus touchant et le plus harmonieux des accents.

Il faudrait longtemps pour qu'enfin décharmé, Frédéric se demande ce qu'il avait de commun avec Jean-Jacques, et se fournisse à lui-même la réponse : rien.

— Je te remercie beaucoup. Je crois que je relirai souvent ce livre.

— Tu pourras en disposer autant que tu voudras : il est là. Que comptes-tu faire à présent ? Tu vas me laisser seul ?

Il y avait dans cette dernière question comme un ton de prière qui étonna Frédéric.

— Tu m'as dit que le *Littré* était le meilleur des dictionnaires...

— Pas pour tout le monde.

— ... il doit y avoir une raison... peut-être à cause des exemples. Je vais le lire.

— Le lire... ou l'apprendre ?

— Le lire d'abord.

Il empoigna le deuxième tome, qu'il ouvrit presque en son milieu, à la lettre F.

— Tu ne commences pas par le commencement ?

— Quel est, au juste, le commencement d'un dictionnaire ?

Papiton sourit sans rien répondre.

Frédéric plongea parmi les mots, mû par le désir confus de savoir ce qui faisait le charme du *Littré*. Il faut croire que le Destin entendait y participer. Deux jours plus tard, il tomba sur un exemple, très superflu, fourni par le Lexicographe en personne. Il poussa une exclamation qui fit sursauter son oncle.

— Tu peux me dire si Littré avait une fille ?

— J'en suis sûr.

— Alors, dans cet exemple-ci, c'est de lui et de sa fille qu'il s'agit : « Le Ciel a comblé mes vœux en me donnant une fille. »

Il était si excité qu'il dut quitter la Bibliothèque ; il reparut deux heures plus tard.

— Je sais ce que je vais faire. Je vais relever les exemples personnels de Littré, pour voir, pour vérifier. Et en même temps, j'apprendrai tous les mots que je pourrai...

— Je répète ce que je t'ai dit un jour : tu es de ceux qui vont au plus simple.

Le difficile, c'était de commencer par la lettre A. Il ne put s'y résoudre, ayant l'habitude — d'où venait-elle ? — d'attaquer un ouvrage, quel qu'il fût, par l'endroit qui se présentait sous l'index à l'ouverture du livre. Au demeurant, ces volumes soumis à l'incohérente rigueur de l'ordre alphabétique exigeaient qu'on les consultât sous l'aiguillon d'une nécessité étrangère à toute notion de continuité. Mais s'agissait-il de consultation ? Il se détermina à débuter par l'F, de peu d'étendue, et qui comprenait l'exemple révélateur. Avant de s'y mettre, il ferma les yeux et se recueillit. Il goûta en son cœur un pur moment de grâce et de sérénité. Dans l'instant où il refermait, librement, sa vie, il lui sembla qu'il naissait à quelque vérité grande à quoi, en dépit de toutes choses advenues, il était prédestiné. Il jeta sur son oncle faussement assoupi un regard complice, arma son stylo à pointe fine et se mit à l'œuvre.

Il dut aller jusqu'au mot FABRIQUE pour noter son premier exemple, qu'il faillit dédaigner, — « les fabriques sont d'un grand ornement dans le paysage » — ne jugeant pas qu'il eût beaucoup de rapport avec la vie intime du héros. Et quand il eut clos sa première journée sur deux préceptes qui l'exaltèrent : « Vivre de façon qu'on ne fasse tort à personne » ; « Conduisez-vous de façon à vous faire aimer » — il éprouva que son ardeur se refroidissait. Victime de son application, il faisait de chaque ligne un objet d'étude et se voyait sollicité par des implications qu'il n'avait pu prévoir. Le Dictionnaire regorgeait d'une foule de gens qu'il n'avait jamais fréquentés. Qui étaient Hauteroche, Lemercier, Mairet, Deshoulières ? Quel besoin, quel article de son « système » avait induit le Lexicographe à poser ces petits personnages en concurrents de Bossuet, Racine, Pascal ? Fallait-il décider qu'ils illustraient les définitions à titre personnel, ou bien ces bribes de dialogues et ces alexandrins rectilignes n'avaient-ils pas, aussi, la vertu de mettre en lumière quelque trait caractéristique du Maître ? Cette phrase d'Hauteroche, par exemple : « Il n'a pas mauvaise mine, mais il a pourtant quelque chose de fâcheux dans le visage » devait-on, sans autre examen, l'appliquer à Littré soi-même ? Il ne pouvait poursuivre sans s'accorder un temps de réflexion : après tout, rien ne pressait.

Mais au lieu de réfléchir, Frédéric emporta le tome second des *Confessions* dans sa chambre où il demeura trois jours. Quand on le priait de descendre, il prenait le livre avec lui et il se rencognait dans sa lecture jusqu'au moment où, pour la quatrième fois, Mamitate le sommait de passer à table. Il déroulait sans plaisir, et parfois avec une pointe

94

d'ennui, le fil mélancolique de cette vie de souf-
france et d'adoration, et il n'entendait pas grand-
chose à ce manège de soupçons et d'intrigues où le
pauvre Jean-Jacques s'embrouillait la cervelle.
Toute cette foule de petits libellistes, de médecins
venimeux, de poétereaux médisants, de princes, de
comtesses, de protecteurs hautains, de faux amis
acharnés à détruire le vertueux Rousseau, emplissait d'un vain caquetage la tête de Frédéric. Dans ce
labyrinthe peuplé de fantômes criards, il ne retrouvait pas la trace du promeneur solitaire. Il n'aimait
pas à surprendre cet homme si dédaigneux des
honneurs, accolant la cuisse aux duchesses dans le
costume du berger extravagant. Quelques accents,
par échappées, rappelaient le ton des *Rêveries*, et
l'âme du lecteur s'élançait avec impatience vers le
livre béni quand il s'avisa qu'en fin de volume, une
notice biographique retraçait, date après date, les
travaux et les jours de l'écrivain-copiste de musique. Alors, il put désigner l'ennemi. L'âme, l'insti-
gateur du complot, le calomniateur, celui qui livrait
au décri universel le nom et la personne du Genevois, c'était Voltaire. Tant il paraît impossible à
Rousseau que le glorieux auteur de *Candide* s'abais-
sât à le poursuivre de ses charités, qu'il ne lui
impute à aucun moment la paternité du *Sentiment
des Citoyens*, libelle anonyme qui fait de Rousseau
un débauché perdu de vérole, un barbeau honteux
et, surtout, un père dénaturé. Mais la Postérité,
cette éternité toute bourdonnante d'érudits, avait
su rétablir la vérité des faits. Frédéric se sent
bouillir. Que faire pour stigmatiser à la face du
monde l'ignoble duplicité de Voltaire? Il lui vient

95

une réponse, qui va l'obliger à prendre des risques, mais qu'importe !

Au soir du troisième jour, Papiton s'enquiert :

— Tu abandonnes le Dictionnaire ?

— Non, non, pas du tout, je réfléchis.

— Tu réfléchis en lisant les *Confessions* ?

— Oui, la lecture m'aide à réfléchir. Mais demain je serai à pied d'œuvre.

D'abord, il a quelque chose à faire. Il attend, tout habillé, que la nuit se fasse favorable aux actes téméraires. Il sort de sa chambre dans un silence fissuré de ronflements amortis, descend l'escalier sans faire la lumière, traverse la cour sur les pointes, ouvre la porte. Il tourne dans la rue Brisemiche qu'éclairent funèbrement deux réverbères exténués. Devant lui, le mur de l'école primaire offre aux délirants de toute espèce sa surface grise et plane. Au-dessous d'une inscription qui proclamait : « Vincent aime Monica » — qu'une main sardonique avait changée en « Vincent aime mon cul » — il traça à la craie jaune :

VOLTAIRE EST UN SALAUD.

Il se recula pour préjuger de l'effet qu'allaient produire ces capitales foudroyantes. Après quoi, ému et glorieux, il rentra chez lui.

Transporté d'ardeur, dès après le petit déjeuner, il regagna la Bibliothèque. Son oncle ne s'y trouvait pas, bien qu'il eût quitté avant lui l'appartement. Il vit un livre à couverture rouge d'où dépassait une étroite feuille de papier. C'était le tome 3 de *Paris 1800-1900* par Ch. Simond. Il ouvrit à l'endroit marqué par la feuille, et sursauta. Il avait sous les yeux, dessiné par Bastien-Lepage, le portrait d'Émile LITTRÉ, mort le 2 juin 1881. Il ne savait pas ce qui l'ébahissait le plus : de contempler le visage de l'homme qui occupait désormais tout l'espace de sa vie ou de se trouver à portée de compulser un ouvrage qui l'évoquât. Supposé que le portrait fût fidèle, l'Homme du Dictionnaire n'avait rien d'avenant : cheveux raides, œil de proviseur, gros nez, lèvre inférieure tombante... On devait convenir que la phrase d'Hauteroche : « Il n'a pas mauvaise mine, mais il a pourtant quelque chose de fâcheux dans le visage », pouvait lui être appliquée sans aucun correctif.

Frédéric ne parvenait pas à se déprendre de cette image austère comme si le Lexicographe dût lui parler. Enfin, il s'intéressa à la feuille volante qu'il avait écartée. C'était une notice manuscrite, dressée, il n'en douta pas, par son oncle.

LITTRÉ
Émile. Maximilien.
1801-1881
Père normand
Mère née Johannot
Angoulême. Cognac.
Paris : 3, rue des Maçons-Sorbonne
1811 : entre en 6ᵉ à Louis-le-Grand
Condisciples : Burnouf, Hachette,
Barthélemy Saint-Hilaire.
1818 : achève ses humanités.
Études de médecine.
1827 : mort du père
1830 : participe à l'insurrection
Entre au *National* (Carrel)

1835 : mariage
1838 : naissance de sa fille
1842 : mort de sa mère
Disciple et « propagandiste » de Comte.
Domicile : rue de l'Ouest.
1846 : signature du contrat qui l'engage à produire un Dictionnaire
1848 : achète une maison de campagne au Mesnil-le-Roi
1852 : rupture avec A. Comte
1863 : publication des premiers fascicules du Dictionnaire
Candidature à l'Ac. française : échec
78, rue d'Assas
30 déc. 1871 : élection à l'Ac. fr.
(démission de Dupanloup)
1872 : fin de la publication du Dic.
2 juin 1881 : mort de Littré.

Frédéric fut d'abord contrarié que son oncle s'ingérât dans son entreprise. Il ne lui demandait rien ! Ce mouvement d'humeur fut bref. Il vit quels avantages il allait tirer de ces maigres repères grâce auxquels il pourrait distribuer les exemples sous des rubriques en rapport étroit avec la vie du Lexicographe. Et puis quel encouragement que cette certitude — soulignée ! — : 1838, naissance de sa fille !

Il comprit bientôt que Papiton ne paraîtrait plus dans la Bibliothèque : un lieu réservé que l'on partage devient un moulin banal qu'il faut abandonner au dernier occupant. Mais il apercevait qu'une raison d'une tout autre nature avait induit son oncle à lui quitter la place.

Il se remit entre les brancards avec l'allant d'un poulain revenu de l'herbage. Dans sa « retraite », deux résolutions lui étaient venues qu'il appliqua sans retard ; ce dont il eut à se féliciter.

D'abord, il décida de répertorier les exemples du Supplément en concomitance avec le Dictionnaire. Il ne concevait pas de devoir s'intéresser à l'accessoire après être venu à bout du principal. La cueillette, dans ce cinquième tome, fut médiocre. Il nota que Littré marquait un certain goût pour Alphonse Daudet qui le pourvoyait en néologismes, les uns de faible portée comme gandinerie, les autres nécessaires tels que sensibiliser ou aveulir. Mais surtout, l'on y pouvait relever — ce que fit Frédéric — les noms, empruntés pour la plupart aux mythologies grecque et romaine, des planètes télescopiques découvertes dans la seconde moitié du XIXᵉ siècle. Il imagina Littré, dans sa « petite maison de campagne », ému par « le spectacle admirable des cieux », et invoquant Lucine, Hermione ou Mélibée.

En second lieu, il décida de jeter dans un carnet, affecté à ce seul usage, tout ce qui lui venait à l'esprit à la lecture des exemples. Il voulut donner à ce recueil particulier un nom qui signifiât qu'il s'agissait d'une chose secondaire. Déchet, débris, détritus se proposèrent ; la locution de bibus le séduisit. Pour finir, mélangeant le tout, il forgea le mot

DEBRIBUS

dont il ne comptait pas enrichir les dictionnaires futurs mais qui l'agréa beaucoup. Par la suite, il en étendit l'usage, et l'ouvrit à des notations de toute espèce.

Quand il fut bien ancré dans son sujet, il s'avisa que sa capacité d'attention était loin d'être toujours égale, et même, qu'il demeurait à rêver de longs moments ou qu'il laissait son regard vaguer sur les livres. Il comprit bientôt qu'il était engagé dans une course d'endurance, et qu'il devait s'accorder, de fois à autre, un peu de relâche; et, pourquoi pas, joignant le superflu à l'inutile, en faisant connaissance avec les auteurs qui transissaient au ras du plancher. Il aurait bien le temps de remonter les siècles et de se retrouver nez à nez avec Sorel ou l'auteur anonyme des *Cent nouvelles nouvelles*. (Quand, plus tard, il marqua devant Papiton son étonnement de voir Littré attribuer à Louis XI la paternité de ce recueil, son oncle lui assura que l'Homme du Dictionnaire s'était trompé.) Ainsi, peu à peu, Frédéric digéra la Bibliothèque, avec une prédilection pour les poètes, dont la plupart s'adressaient à lui, en particulier. Il découvrit, un jour, dans une anthologie, un poète du XVIe siècle, Jean-Baptiste Chassignet, dont il apprit le sonnet intitulé : « Mespris de la vie et consolation contre la mort ».

> *Si tu meurs en jeunesse, autant as-tu gousté*
> *D'amour et de douceur durant ce peu d'espace*
> *Que si de deus cens ans tu par-faisois la trace*
> *Nul plaisir est nouveau sous le ciel revouté...*

Il se prit aussi d'affection pour Pierre Louÿs, mais à cause du seul « Pervigilium Mortis » :

Il trouva une « motivation » supplémentaire pour se passionner à sa tâche : savoir qui de Voltaire ou de Rousseau avait la préséance dans l'esprit de Littré, qu'il voulut intéresser dans sa querelle. Il commença par compter les citations de chacun des deux adversaires, mais il s'arrêta au bout de quinze pages : Voltaire écrasait Rousseau par 28 citations contre 7. Puis, ayant noté, en ricanant, que l'auteur de *Candide*, dans son arrogante incompétence, se faisait donner sur les doigts pour avoir cru que le béhourdis est une armure alors que le plus arriéré des grimauds n'ignore pas qu'il s'agit d'un combat à la lance, il décida de relever tous les manquements au bon français qu'il avait commis, très persuadé que Jean-Jacques, lui, ne pouvait être pris en défaut.

Hélas ! Voltaire n'avait à se reprocher que des peccadilles, et Rousseau « n'était pas toujours pur ». Il, l'auteur de l'*Émile*, emploie « diverger » au sens de divaguer : « ce qui n'est pas bon » ; il dit « découverte » pour l'ouverture des portes d'une ville : « cet emploi n'est pas admis, et avec raison » ; il emploie « pondérant » dans le sens d'important : « cela n'est pas usité » ; « controuver » pour démentir : « ce qui n'est pas français » ; « décider » pour attester : « ce qui n'est pas bon » ; il forge l'hybride « anthropoforme » : « dites " anthropomorphe " si vous voulez vous servir d'un mot grec », etc.

Cependant, l'on avait affaire à un grand écrivain qui, dans certains cas, méritait d'être imité quand il emploie, par exemple : « charitable à... » : « rien ne s'oppose à cet emploi » ; ou quand il use de l'archaïsme « lequel... qui » : meilleur que la locution lourde « quel que soit celui qui... »

Voltaire n'était pas exempt de toute « erreur ». Il formait ébêtir en dépit de l'analogie : « on dit mieux abêtir » ; il barbarisait : anthrophagerie, éberneur ; il voulait remplacer « août » par auguste : « malheureux retour vers l'origine latine qui n'eut aucun succès » ; il prétendait qu'égaliser était inutile à côté d'égaler : « ce mot est admis aujourd'hui ». Surtout, cet ami des despotes « éclairés » s'érigeait en tyran de l'usage, qui est lui-même, Littré le dit, un tyran. Il visait à impatroniser « mêmeté » en place d'identité, lequel avait prévalu. Il « prenait son usage particulier pour l'usage général » et condamnait « avoir trait ». (J'aurai trait, décida Frédéric, ou plutôt quelque chose aura toujours trait !) Il n'aimait pas « obtempérer ». (J'obtempère ! J'obtempère ! mais ce ne fut pas toujours le cas.)

Cependant, la Langue française avait une dette de reconnaissance à l'égard de Voltaire qui avait préconisé de remplacer « oi » (j'avois) par « ai » (j'avais), et qui fut suivi. Et qui, en haine de cul-de-sac, avait créé « impasse ». Frédéric se jura de n'employer pas ce mot, ce qui l'exposait à se contorsionner.

D'évidence, Littré faisait grand cas de l'écrivain Voltaire, et si quelqu'un (pas moi ! dit Frédéric) avait eu l'exténuante curiosité de dénombrer les exemples, sans doute se serait-on avisé qu'il venait en tête, devant Bossuet.

Mais Littré n'était pas sans marquer sa sympathie à Rousseau et il était rien moins que certain qu'il abondât dans les vues du sieur Arouet, comme cela se voyait à l'article « cajolerie » : « Voltaire m'écrase, il me persécute, peut-être me fera-t-il périr à la fin ; grande merveille avec cent mille livres de rente, tant d'amis puissants à la cour, et tant de si basses cajoleries contre un pauvre homme dans mon état ! »

Ainsi s'ordonna la vie de Frédéric dans l'espace magique de la Bibliothèque, au cœur des mots. Il ne se demanda pas si la tâche qu'il s'était assignée le mènerait quelque part, et le temps qu'elle consumerait, car le Temps n'était rien.

Après cinq semaines de serre tiède, il devint sensible que Frédéric s'étiolait. Pâle somnambule, il se coulait entre les chaises et venait mourir au bord de son assiette sous l'œil navré de Mamitate. Elle n'osait l'admonester de crainte qu'il ne décelât dans ses remontrances quelque allusion fâcheuse. Au reste, quel dérivatif se fût montré salutaire ? Il semblait avoir pris la boutique en aversion, et pouvait-on le laisser rôder ces rues sournoises où, tapies d'aguet sous des porches historiques et visqueux, des louves sarcastiques racolaient les agneaux de passage ?

Mais survinrent des troubles de la vue et des accès de fièvre. Aussitôt qu'il avait rangé le volume en cours, un brouillard d'insectes l'aveuglait que la lumière soudaine ne dissipait pas. Pris dans le lacs du vertige, il se retrouvait assis par miracle à sa place habituelle ; un soir, à peine installé, il tomba. Par chance, Marmitate s'affairait dans la cuisine et ne remarqua rien. Papiton le prit à part :

— Tu es victime du syndrome de Mauprat.

Mauprat était le héros d'un roman de cape et

d'épée de George Sand qui, par amour d'Edmée, sa cousine, veut passer de l'état d'homme des bois inculte et balourd à celui d'homme intelligent. Il y met une ardeur si furieuse qu'il tombe malade, délirant, et pendant quelques jours, idiot. Papiton avait lui aussi ses références, dont il savait user.

Mamitate, soupirante, taisait son inquiétude. Elle espérait que Frédéric, de lui-même, la prierait de faire venir le médecin. Il parut se rétablir, promit d'abandonner quelque temps ses recherches, et s'abîma dans la grasse matinée.

Mais voici que l'on a décidé de s'occuper de lui. Il reçoit une convocation par laquelle il est invité à se produire devant une commission de réforme qui jugera de son incapacité à devenir soldat. Ce pli le consterne, cette nouvelle l'anéantit. Quoi! Il ne suffisait pas d'avoir vécu pendant six ans comme une blatte, on imaginait maintenant de lui donner un uniforme! Tous les apaisements de Mamitate ne servirent de rien, il demeura plusieurs jours dans une grande confusion de pensées. La dernière nuit, il pensa mourir d'étouffement.

Mamitate ne pouvait l'accompagner jusqu'à la caserne. Elle l'attendit dans un café proche après lui avoir, une dernière fois, recommandé de ne pas égarer les attestations, certificats, lettre confidentielle... Il entra dans la salle où de taciturnes égrotants attendaient humblement qu'un tribunal de galonnés statuât sur leur sort. Quand vint son tour, il fut surpris de constater que rien n'était inconnu à ses juges. L'on n'ignorait pas qu'il avait vécu entre treize et dix-neuf ans enfoui dans une cave ; l'on savait même le décompte exact des piqûres qu'il avait subies. On lui posa des questions auxquelles il s'efforça de répondre sans bredouiller. Puis, très amène, l'examinateur lui dit : « J'espère que vous êtes toujours suivi par un médecin. » Frédéric se retourna, et du banc le plus proche, une risée sibilante et quinteuse s'exhala. « Je vois que vous avez assez de santé pour faire l'andouille. C'est bon, allez vous asseoir. » Il attendit encore une heure ; enfin, un simple soldat parut, qui fit résonner son nom. On le conduisit dans un bureau où siégeaient deux gradés qui lui transmirent la décision du conseil : il était réformé, à titre définitif, sans pension.

La frayeur qui l'avait point, mais davantage, cette sortie dans le monde, lui donna l'envie de s'arracher quelque peu au cercle familial. Il avait, pour la circonstance, pris le métro aérien et, malgré son désarroi, il avait apprécié le paysage urbain. Mamitate ne pouvait s'opposer à son désir de connaître d'autres aspects de la Capitale. Elle lui expliqua le mécanisme des correspondances et lui indiqua, sur la carte, la station la plus proche de son domicile. Enfin, elle le mit en garde contre les entreprises de certaines femmes qui n'hésitent pas à traquer le pigeon à bord de leur voiture. Il demanda un peu d'argent mignon, expression qui figurait dans les *Confessions*, et qu'elle sut traduire comme il convenait.

Il visita le Champ-de-Mars où l'herbe était rare mais véridique. Quand à la tour Eiffel, l'afflux des touristes le dissuada d'en tenter l'ascension. « Tu es un vrai Parisien, lui dit Mamitate à son retour, les Parisiens ne montent pas à la tour Eiffel. » Il admira l'aquarium du Trocadéro où les amours des axolotls le divertirent. Accoudé au parapet, il prit plaisir à déchiffrer le panorama constitué de monuments très identifiables. Il traversa l'esplanade, au péril d'être renversé par les skatineurs, et il vint se recueillir devant les inscriptions qu'un nommé Paul Valéry avait fait graver sur le fronton du musée de l'Homme. « N'entre pas ici sans désir », lut-il à voix haute. Aucun désir ne l'éperonnait, il n'entra pas. Enfin, très satisfait de lui-même, il reprit le métro et il rentra chez lui. Feignant de ne pas voir que l'on s'était consumé d'inquiétude pendant son échappade et que les mains de Mamitate en tremblaient encore, il déroula un récit plein d'étrangetés et décrivit les carnassières étreintes des axolotls avec des couleurs d'enfer. L'on se demanda s'il ne fallait pas tenir à déraison ce débord d'enthousiasme.

Il dormit d'un sommeil pur de toute épave et montra, au petit déjeuner, une ardeur dévorante. Il se réjouissait d'avoir trouvé un divertissement qui l'enrichît. Pour tirer de ses promenades un plus grand profit, il acheta un carnet à couverture verte et deux stylos à pointe fine. Ainsi, le soir, relisant les pensées abruptes qui, au cours de la journée, auraient surgi d'elles-mêmes, il retrouverait la substance des événements qui les avaient fait naître. Donc, armé de son calepin, il entra, le deuxième jour, dans un grand espace aménagé au cœur d'un bois périphérique et qui accueillait les animaux susceptibles d'être soustraits aux offenses du climat parisien. C'était jeudi ; des flopées de brèche-dent sirupeux et de mouflettes vermifugées assaillaient le petit train criard qui menait au Jardin. Il s'assit entre une boule de chouinegomme et une sucette au citron, et sentant sur la nuque le regard soupçonneux d'une grand-mère vigilante. Ni les médisances des ouistitis, ni les fières platitudes des ours, ni les obscénités des cercopithèques ne lui inspirèrent la moindre notation. Bien plutôt s'émerveillait-il de la joie des enfants provoqués au plaisir par la musiquette flonflonnante des manèges. Avait-il, lui aussi, dans un temps très ancien, chevauché des cochons de bois, tiré avec une carabine à flèches sur des silhouettes d'éléphant, glissé le long de toboggans bosselés ? Il sentit l'envahir une oppressante tristesse. Mille éclats de bonheur le perçaient de mélancolie. Il ôta sa veste et s'assit sur un banc du parc à jeux. Dans l'eau sableuse du bassin, les toutpetits se poursuivaient en s'aspergeant de soleil et de rires. Il acheta une barbe à papa qu'il offrit, en tant que grand frère ou parrain, à un garçonnet pâmé de convoitise. Enfin, après avoir assisté à une représentation du théâtre de marionnettes, il se laissa glisser sur la Rivière enchantée, dans une barque où deux fillettes en bleu pensionnat avaient déjà pris place, à l'ombre étroite de leur gouvernante. Quelqu'un, établi dans l'herbe, les photographia, et, au quitter de la rivière, il commanda trois épreuves ; les petites, battant des mains, lui crièrent leur adresse, et ce fut ce qu'il nota dans son calepin. Au retour, brossant à travers bois, il s'égara. Il se retrouva près d'un lac au bord duquel, sur des chaises de fer, des quincailliers arthritiques échangeaient, avec des soupirs de tiroir-caisse, la menue monnaie de leurs souvenirs de splendeur. Il avisa un bel et souriant vieillard qui nourrissait de pain bis un quarteron de canards médisants; une jeune fille de qui la jupe s'évasait dans l'herbe le considérait avec une déférente affection. Cette composition faussement champêtre paraissait à Frédéric témoigner d'une autre vie, palpiter aux couleurs d'un passé dont nul ne lui donnerait la clé. Rentré, enfin, chez lui, la tristesse et la fatigue de cette journée radieuse le maintinrent dans un accablement profond et l'on ne put lui tirer une parole. Avant de se coucher, il posa son carnet sur la table de nuit et comme il ne l'avait pas emporté à l'usage d'y recueillir des adresses, il retrancha la première page qu'il rangea dans un tiroir; il ôta aussi la dernière qui ne tenait à rien. Il avait compté que la fatigue lui vaudrait une nuit sans émoi. Mais à la faveur d'un cauchemar mal cadenassé, une guenon à cul rouge lui mordit la cuisse. Par chance, il s'éveilla.

Frédéric demeura plusieurs jours incertain de ses désirs. Que servait-il de courir des contrées qui resteraient semblables à elles-mêmes et que la diversité des circonstances lui ferait tôt où tard découvrir? Qu'atteindrait-il à badauder par ces boulevards qui ne lui parlaient pas? On ne feuillette pas une ville comme un livre d'enluminures. Il voyait bien quelle illusion l'avait joué. Il avait voulu feindre que la mémoire de Paris lui appartînt. Oublieux de son misérable passé, ce garçon venu au monde à dix-neuf ans aurait quand même vécu une enfance merveilleuse et banale. Mais pourquoi s'éloigner? Depuis toujours, il habitait ce vieil immeuble. Il avait grandi dans ce quartier bouillonnant et poussé des billes dans ces caniveaux.

Il devait se hâter de s'imprégner de ces images bénies. La décision de transporter les Halles hors les murs, « prise au plus haut niveau », paraissait sans appel. Les habitants se refusaient à croire que les changements qui en résulteraient leur seraient avantageux. Plusieurs générations de Sébastopolites et de Rambutelliens, la tête sous le traversin, des boules dans les oreilles, avaient maudit le vacarme incessant et nocturne. Ils avaient hurlé leur fureur contre les hurlements furieux des routiers. Blêmes ou verdâtres, ils avaient lamenté leur destin qui les avait conduits à se consumer de rage impuissante et d'insomnies. Maintenant que leur martyre allait prendre fin, ils fondaient d'attendrissement. Ils évoquaient avec bénignité ce fracas pittoresque, cette fête perpétuelle des bahutiers, ces mille cris de Paris rassemblés en ce lieu comme pour une anthologie. Autour des verres d'apéritif, sur le seuil des portes où veillaient des concierges variqueuses et rebelles, des questions qui restaient sans réponse faisaient hocher les têtes et s'étreindre les cœurs. Qu'allaient devenir ces brasseries en plein vent où des rois de la frite érudits et diserts officiaient parmi les lazzis et les rires graisseux? Dans quelles rues, et pour quels chalands, les putains feraient-elles commerce de leurs appas débordants? Sans compter que, moyennant de se lever tôt, on pouvait se pourvoir de légumes pour la semaine, acheter à vil prix de pleins cageots de poires à peine blossissantes ou de pommes déjà prêtes pour la marmelade. On voyait bien que dans cette affaire le Général avait été mal conseillé. Il avait cru prendre une mesure d'utilité publique alors qu'il ajoutait aux misères des petites gens.

Au moment qu'un nouveau mode de vie allait, par la force des choses, bouleverser des habitudes quasi ancestrales, Frédéric prenait possession de son quartier. Il épousait des querelles auxquelles il n'entendait goutte et faisait siennes des récriminations qui fleuraient le cabernet. Délaissant son grand labeur, il parcourut nez au vent ces rues magnétiques et naïves dont les noms entrechoqués faisaient comme un bruit de comptine :

> *Quincampoix, Saint-Merri, Renard,*
> *Aubry-le-Boucher, rue au Lard,*
> *Brantôme, Beaubourg, La Reynie,*
> *Brisemiche, La Verrerie...*

Deux vers très anciens, on ne sait d'où venus, affleurèrent :

> *Ne suis-je badault de Paris*
> *de Paris dis-je auprès Pontoise...*

Ces baguenauderies sans profit visible lui donnèrent mauvaise conscience. Il manquait à ses journées ce sentiment de plénitude que le dépouillement du Dictionnaire, entrecoupé de bonnes lectures, lui procurait. Il résolut de revenir à l'essentiel et de se conformer à son destin.

Depuis qu'il avait cessé de « consommer » sa Bibliothèque, Papiton semblait s'accorder au souhait de Mamitate : il sortait. Il parcourait, d'une marche pleine de sous-entendus, ces voies étroites armoriées d'immeubles antiques à l'histoire desquelles il avait, un temps, songé à se consacrer. En longeant le plateau Beaubourg, sorte d'entrepôt à ciel ouvert, il se rappelait qu'en 1934, ou 35, tout un bloc de maisons insalubres avait été anéanti, et il hochait la tête à la vue des cageots amoncelés. Il donnait un regard à la façade des bains-douches où naguère, le dimanche matin, il allait faire la « grande toilette » avant que Mamitate ne fît installer une baignoire. Puis, il tournait à gauche, suivait la rue Saint-Martin et parvenait en clochant jusqu'à la tour Saint-Jacques ; évitant la compagnie des joueurs de manille, il gagnait l'enclos réservé aux enfançons et s'isolait sur un banc. La surveillante — antillaise — qui exterminait les solitaires à face de satyre semblait se faire scrupule de le déranger, bien qu'il n'accompagnât aucun marmot. Bientôt une mère, se fiant à son air propret, lui demanda de surveiller son têtard pendant qu'elle faisait ses courses, à quoi il consentit ; puis une autre.

Quand, saturé d'exemples, Frédéric se décidait à quitter la Bibliothèque, il allait rejoindre son oncle. Ils veillaient tous les deux à ce que les bambins commis à la garde temporaire de Papiton ne s'empoignassent qu'avec mesure, et Frédéric, plus ingambe, courait les relever quand un vieux de sept ou huit ans les aplatissait dans le bac à sable.

Le grand divertissement du square, c'était la partie de chasse clameuse à laquelle se livraient les « hygiénistes » de Nanterre dont la harde éructante des clochards était l'unique gibier. Les pauvres gallefretiers plaçaient des guetteurs, et au cri panique : « Les bleus ! » tout le monde, en tous sens, se carapatait. Ils fuyaient les délices rigoureuses de l'hospice, la douche, l'épouillage, la cruche d'eau plate, la fraîcheur râpeuse des draps. Mais bien peu, parmi ces misérables tout flageolants de gros rouge et d'inanition, échappaient au coup de filet.

Frédéric, abasourdi d'abord par les cris, se prit à goûter, comme une récréation, cette halte, cette suspension qui le divertissait de son labeur d'insecte. Il se surprit à faire des confidences ; l'oncle, pipe éteinte, l'écoutait sans l'interrompre.

— Tu sais, quand j'ai commencé à relever les exemples forgés par Littré, je ne savais pas très bien quel était mon projet. Je pensais recueillir, parmi cette masse de phrases indistinctes, quelques-unes qui eussent un rapport avec les repères que tu m'as laissés, sans aucun souci de composition. J'ai même pensé que si mon travail — employons ce mot par commodité — devait aboutir, cela se ferait, pour ainsi dire, de soi-même... Je suis tôt revenu de cette illusion...

— Et maintenant ?

— Maintenant, j'ai compris : c'est un vrai travail de reconstitution qu'il me faut entreprendre...

— Que tu as entrepris... Et comment procèdes-tu ?

— J'ai dressé une liste de rubriques sous lesquelles je range les exemples : famille, vie quotidienne, travail, vieillesse, maison de campagne, Paris...

— Tu comptes évoquer la vie de Paris au temps de Littré ? Tu as dû rencontrer le proverbe : « Paris, le paradis des femmes, le purgatoire des hommes et l'enfer des chevaux »...

— Je préjuge qu'il illustre le mot « paradis ». Je n'ai pas encore attaqué le P, c'est une lettre interminable... Non, je ne compte pas évoquer « la vie de Paris au temps de Littré », ce n'est pas mon propos, tu t'en doutes... Je ne parlerai de Paris que pour autant que Littré y fait des allusions précises.

— Par exemple ?

— Par exemple :

Il faut bien de l'argent à Paris pour se loger, se nourrir, se chauffer, s'éclairer.
Il fait cher vivre à Paris.
Avril est dans le climat de Paris sujet à bien des variations de température...

Je dois dire que ce dernier exemple me plaît beaucoup.

— Pourquoi ?

— Il m'autorise à expédier Littré au Mesnil-le-

Roi dès le printemps venu... Il faut que sur ce point je te demande quelque chose...

Il s'interrompit : terrassé par un cow-boy enivré de guimauve, le grenouillot dont ils avaient la charge « bramait comme une vache qui a perdu ses cymbales ». Il courut le relever, l'assit auprès de lui et le consola d'un petit-beurre.

— Il en a de la chance, ce bambin (dit Papiton). Jamais il n'entendra parler de Littré autant qu'aujourd'hui... Que voulais-tu me demander ?

— Je t'en parlerai demain... ou plus tard.

Au cours de ces « Conversations avec mon oncle dans le square de la tour Saint-Jacques », Frédéric put s'émerveiller de la grande lecture de Papiton, à croire que tous les auteurs que Littré avait mis à contribution peuplaient la Bibliothèque. Il n'en était rien : aux rayons des XVIIᵉ et XVIIIᵉ siècles, point de Dancourt, de Dufresny, de Hauteroche, de Houdar de La Motte, de Collin d'Harleville, tous dramaturges dont il semblait que le Lexicographe fît ses délices. Pourtant, aucun n'était inconnu à Papiton. Frédéric, à vrai dire, se souciait assez peu de savoir que *La Coquette de village* de Charles Dufresny s'achevait sur une édifiante condamnation de la coquetterie, ou que *Le Vieux Célibataire* de Jean-François Collin, dit Collin d'Harleville, « chantre de la vertu souriante », dénonçait les dangers du célibat. Cette pièce représentée deux ou trois centaines de fois avait eu tant de succès qu'un vers assez bénin,

Je vais au Luxembourg me promener un peu,

détaché avec précision par un comédien sûr de ses effets poussait les spectateurs au délire. Florent Carton Dancourt, en qui Littré voyait « un agréable dialogueur », avait fait applaudir — pas toujours — des comédies ou des drames bourgeois qui peignaient avec une grande vérité la société de la Régence. Quelques exégètes le posaient en précurseur du théâtre de boulevard.

— Il y a un point commun entre tous ces auteurs, nés, en tant que dramaturges, sous la Révolution : la « catastrophe » de leurs pièces, c'est toujours une scène où la vertu triomphe, c'est un théâtre d'une haute moralité. Hauteroche, même, très proche de Dufresny, se flattait de ne point faire rire au mépris des bienséances, car il faisait rire le bougre, mais sûrement pas ceux auxquels il prêtait de l'argent, vu qu'il était d'une rapacité tortionnaire... Je crois que tu dois prendre en compte ce goût de Littré pour le théâtre moral.

— Je l'imagine assez mal en abonné de la Comédie-Française.

— Il y accompagnait peut-être sa fille, mais j'en doute... Je m'assure que cet amant de la vertu — ce qui va de soi quand on se prénomme, aussi, Maximilien — devait prendre un soin jaloux de l'éducation de sa fille... Mais sans grande sévérité, ce me semble : « la vertu souriante »...

— « Aussi bon père que bon citoyen » : c'est lui qui le dit. Quant à la vertu, il la mettait au plus haut : « La gloire la plus chérissable est celle qui naît de la vertu. »

— Comment fais-tu pour te souvenir aussi bien des exemples ?

— Je ne fais pas l'effort de les retenir, ils me viennent quand j'en ai besoin... Mais quand il s'agira de tout mettre en ordre, je ne me fierai pas à ma mémoire, je me servirai de mes cahiers.

Il avait eu dessein d'apporter ses cahiers, au square, le lendemain après-midi. Au lieu de quoi, ayant, le matin, ouvert les *Rêveries* au bon endroit, un mot, la désignation d'un village accessible par le métropolitain, l'avait saisi, à tel point que, tout enfiévré, il décida, incontinent, de s'y transporter. Nous le suivrons, après un rappel historique.

Le 24 octobre 1776, après dîner, c'est-à-dire vers treize heures, Jean-Jacques Rousseau s'accorde le loisir d'aller observer si les hauteurs de Ménilmontant étaient propices à la floraison du *Buplevrum falcatum*. Il est à présumer qu'il n'emporte pas le cylindre où les botanistes prennent soin de ranger leurs prises, mais un livre lui permettra de conserver un exemplaire d'une plante fort rare à cette altitude : on aura deviné qu'il s'agit du *Cerastium aquaticum*. Après avoir poussé vers le riant village de Charonne, il redescendait par un autre chemin en méditant avec bénignité quand un grand chien danois, dressé par Voltaire, lui déboula dans les jambes et l'atterra lourdement. On le releva, dévisagé, noir de plaies et de soupçons. Mais que sont une mâchoire pendante, un pouce démis, un genou hors de ses gonds, et quelques pensées ténébreuses

118

pour un marcheur de cet acabit ! Navré de toutes parts, il rentre rue Plâtrière, la chanson aux lèvres. La tête de Thérèse ! On se hâta de faire accroire qu'il était mort, et la canaille plumitive annonça qu'elle allait rassembler ses manuscrits dont la plupart eussent été malignement controuvés.

Depuis qu'il ne sortait plus, sauf pour se rendre au square ou faire quelques courses, Frédéric augmentait sa connaissance abstraite de Paris en apprenant les noms des stations, sur la carte du métro incluse dans le calendrier-almanach des P.T.T. Il se hasardait, parfois, à pousser des colles à Papiton qui, jamais pris sans vert, lui répondait avec aisance, et pour un peu, eût jeté sur la table la jambe de bois de Daumesnil ou la boîte de pilules cantharidées de Félix Faure.

— Tu ne prendras pas ton oncle en défaut, disait Mamitate, c'est un vieux marcheur.

Elle n'y mettait pas malice, ignorant que l'expression « vieux marcheur » désignait autrefois un homme mûr fasciné par la démarche ondulante des femmes qu'il suivait dans la rue.

Charonne, c'était un point vert, une tête d'épingle, sur la ligne 9, Pont de Sèvres - Mairie de Montreuil, un changement à République, personne pour me retenir, j'y vais.

Il était hors de propos, hors d'époque, de retrouver la trace du Promeneur solitaire. Tout d'abord, il était descendu du côté du boulevard Voltaire : mauvais augure. Quant au « riant village », aboli, réduit à n'être plus qu'un faubourg de la Ville, comment le faire renaître sous les immeubles froids ? Il n'insista pas, regrettant d'avoir perdu un après-midi à la poursuite d'une chimère. Il remonta la rue Léon-Frot, surpris d'y voir aboutir tant d'impasses : était-ce pour être agréable à Voltaire ? Tout un boulevard, dédié à ce mangeur de panades, alors que Jean-Jacques !... Il tenta quelques rues dont il était sûr de ne pouvoir retenir les noms, longea un grand cimetière, et, avec un soupir de délivrance, reprit le métro à la station Père-Lachaise.

— Qu'allais-tu faire à Charonne, demanda Papiton, tu as le goût des commémorations ?

Frédéric apprit ce qui s'était passé, au métro Charonne, le 8 février 1962. Il demeura stupide. Il aurait su cela, comme tout le monde, si...

Dans son sommeil, il lui surgit deux heptasyllabes, qu'il retint :

> Qu'allais-tu faire à Charonne
> Où l'herbe ne pousse plus...

La suite ne vint jamais.

Cette incursion dans le « monde extérieur » ne fut pas la dernière qu'il se permit de son propre mouvement. Mais il lui sembla qu'en recherchant la trace de Rousseau dans un lieu que l'histoire contemporaine avait marqué de son empreinte, il s'était exposé à des périls indéchiffrables. Quelque chose l'avait persuadé qu'il ne courait aucun risque, nulle offense du Destin, pourvu qu'il restât dans les limites, au demeurant arbitraires, d'un quartier circonscrit par des artères à folle circulation. Mais

120

en même temps, cette conviction singulière lui paraissait relever de la superstition. Il en résultait que, tantôt, il hésitait à traverser une rue au feu rouge, tantôt il s'élançait sous les roues des voitures hors du passage clouté.

Il apporta ses cahiers ; Papiton admira la belle ordonnance des citations :

— Quarante-sept exemples par page... Il me sera commode à la fin de savoir le décompte exact... à titre de curiosité... Dans l'autre cahier, je regroupe par rubrique, comme je te l'ai dit...

Frédéric était myope et Papiton presbyte. Ce que celui-ci tenait à bout de bras, celui-là le mettait sur son nez. Ils ne portaient pas de lunettes. Lorsque Mamitate avait parlé de l'Hôtel-Dieu, quelque chose qui ressemblait beaucoup à de la colère avait fait trembler son neveu, elle n'avait pas insisté. Quant à Papiton, écraseur hors classe de verres correcteurs, il s'était lassé d'être le meilleur client de son opticien.

— Tu relèves aussi des citations d'écrivains ? J'en vois une, ici, de d'Alembert, à propos de Dufresny, justement : « L'originalité de Dufresny est plus dans les choses et celle de Marivaux dans le langage. »

— J'en ai noté un bon nombre, mais sans systématisme, c'est selon l'inspiration. Tout au début, je suis tombé sur une phrase d'Hauteroche qui pouvait s'accorder à l'aspect un peu fâcheux de Littré.

— Un peu fâcheux !... Pour ses adversaires, c'était un vrai singe ! On le représentait avec une queue !

— Il n'était pas beau sans doute, et il n'avait pas

la mine d'un homme adonné aux plaisirs mais « l'ingaieté n'est pas la tristesse », et je m'assure qu'il ne haïssait pas de se distraire, de « faire une partie honnête avec des amis » bien qu'il n'eût pas de chance au jeu.

— C'est lui qui le dit ?

— Oui, textuellement : « Je n'ai pas de chance au jeu. »

— Mais, dis-moi, comment es-tu sûr qu'il parle de lui quand il dit « je », et de n'importe qui aux autres personnes ?

— Je fais des recoupements, et puis il faut bien trancher, mais je ne crois pas être dans l'erreur... Avant de décider que « je » était presque toujours Littré, je me suis confirmé dans la certitude que « il » n'était presque jamais lui, et surtout, que tous les exemples qui commencent par « cet homme » ou « c'est un homme » sont, ou bien de pure invention, ou bien le produit de quelque observation traversière.

— Par exemple : « Cet homme est une franche caillette. »

— Ou bien :

C'est un homme susceptible qui se blesse facilement
Cet homme ne cause pas, il braille
Cet homme a le défaut de boire
Cet homme est un assemblage de tous les vices
C'est un homme bonasse et peu respecté de sa famille
Cet homme a des fantaisies ridicules
Cet homme aime la gravelure etc., etc.

122

J'en ai relevé des dizaines. Je ne suis pas certain de pouvoir les utiliser... L'on peut convenir en tout cas qu'ils ne concernent pas Littré.

— Soit, convenons-en... Passons au « il ».

— Là, il faut nuancer... se laisser guider par ce que l'on sait ou que l'on imagine savoir du caractère et du style de vie du personnage...

— Travailleur obstiné, philosophe, donc enivré de sagesse, « aussi bon père de famille que bon citoyen », sujet, comme tout le monde, aux afflictions...

— ... qu'il a ressenties, je crois, très profondément : le Dictionnaire en témoigne. Je pense que nous pourrons y revenir.

Frédéric avait distribué tous les « il » déjà relevés — 312 — sur des doubles pages, la gauche pour les citations qui lui semblaient n'avoir pas de rapport avec Littré, la droite, pour celles qui, confirmées par d'autres notations, le concernaient sans doute possible, par exemple,

page de gauche :
    il est employé au haras,
    il se réfugie dans des subtilités, dans des mensonges,
    il égayait les convives par ses heureuses saillies,
    il passe le temps à se lamenter,
    il est très hardi auprès des femmes,
    il n'a rendu ce service qu'à écorche-cul, etc.

page de droite :
    il abhorre la cruauté,
    il ne dépense pas un sou mal à propos,
    il a une figure qui repousse,
    il se porte cahin-caha,
    il cite pour garante Mme de Sévigné,

il ne supporte pas la chaleur, elle le jette dans des abattements auxquels il ne peut résister, etc.

Papiton passait d'une page à l'autre, et de temps en temps, livrait une réflexion :

— « Il est seul dans sa chambre. » Ce n'est pas lui, c'est toi.

— Tu en trouveras d'autres, par exemple : « Il se rase rarement. »

— Plains-toi ! « Il ne dit que des saloperies » (page de gauche !). J'aurais cru que Littré se gardait de consigner des termes aussi triviaux !

— Il était sans doute assez peu enclin à user d'un langage aussi libre, dans la « vie civile », mais l'auteur du Dictionnaire l'y contraignait, et l'exemple des écrivains : au mot « salope », il y a une phrase de Rousseau, tirée des *Confessions*...

— Oh, alors !...

— ... et Voltaire emploie le mot « chiasse »... Il s'autorise en outre de l'opinion de Montaigne — qu'il honore du titre de « grand philosphe » — qui dit, à l'article « obscène » : « Ils se torchaient le cul (il faut laisser aux femmes cette vaine superstition des paroles) avec une éponge. »

— Mais Montaigne est dans l'Historique ! Tu ne vas pas me dire que tu dépouilles aussi l'Historique !

— Je ne m'y attarde pas... Cela me permet de remarquer, en passant, que Montaigne et Amyot sont les deux écrivains, antérieurs au XVIIe siècle, qu'il chérit le plus...

— Il lui arrive de donner son opinion sur les écrivains ?

— Oui, sans plus, par exemple :

Mme de Staël est un grand écrivain
Voltaire fut une plume hardie
Corneille éclipsa tous ses prédécesseurs
Mme Deshoulières est un poète aimable...

— Mme Deshoulières !
— J'ignore si elle a laissé une œuvre abondante,
il y a deux vers de cette aimable poète que je
rencontre partout :

Hélas ! petits moutons que vous êtes heureux !
Vous paissez dans nos champs sans soucis, sans
[alarmes...

— Je ne sais plus quel auteur de son temps
disait, devant ce troupeau toujours renaissant, qu'il
avait envie d'aller chercher le loup... Et selon toi,
quel est son écrivain préféré ? Il me semble que
Voltaire...
— Il porté à l'écrivain Voltaire une grande
estime, mais je crois qu'il met Fontenelle au-dessus
de tous les esprits de la même époque. Il dit de lui :
« Les éloges de Fontenelle sont des chefs-d'œuvre » ;
et surtout : « Fontenelle se différencie des écrivains
de son temps par une connaissance profonde des
sciences positives jointe à l'esprit le plus fin et le
plus discret. » Je pense que c'est la meilleure illustration qu'il puisse faire de ce qu'est pour lui un
grand écrivain.
— Tu as très probablement raison... « Il fut
accusé calomnieusement. »... Beaumarchais est-il
souvent cité ?
— Guère plus que Marivaux...
— Tu as dû remarquer, à l'article « calomnie » il

cite toute la tirade du *Barbier de Séville* : c'est sa réponse à tous ceux qui ont clabaudé contre lui.

Frédéric considéra son parent. Chaque jour se confirmait ce qu'il avait pressenti depuis que Papiton, mis au fait de son projet, avait cessé de fréquenter la Bibliothèque : à savoir que lui, Frédéric, réalisait un dessein que son oncle avait conçu avant lui.

— « Il affectionne sa maison de campagne » (page de droite). Au fait, ne devais-tu pas me demander quelque chose au sujet des séjours de Littré au Mesnil-le-Roi...

— Nous en parlerons quand nous aurons vu le « je », si tu veux bien.

Frédéric ne revint pas le lendemain, occupé qu'il fut par une affaire d'amour.

Il faisait quelques courses pour obliger Mamitate. Quand, au moment de passer à table, elle s'avisait que le pain manquait — presque tous les jours — Frédéric était dépêché à la boulangerie. Tant la vendeuse — elle s'appelait Aline ! — lui faisait des grâces, qu'il pouvait s'imaginer qu'il allait à un rendez-vous. Elle lui tendait sa baguette et son petit pain complet (pour Mamitate) avec des clins d'œil très appuyés et lui mettait sa monnaie dans la main en lui grattant la paume de l'index.

— Tu crois, demanda-t-il à Mamitate, que les Aline soient condamnées aux tâches subalternes ?

— Quelle idée ! Tu en auras connu deux, d'accord, mais il doit y en avoir quelques milliers ! Si tu veux faire des statistiques... D'ailleurs, je connais une sœur qui s'appelle Aline (« mais les sœurs ne sont-elles pas des servantes ? ») Celle de la boulangerie, c'est une drôle...

Drôle ? Il ne trouvait pas, mais frétillante, sans conteste. Deux peintres en bâtiment le mirent au courant :

— Elle t'a sacrément à la bonne ! Nous, elle nous fait payer, mais toi j'en suis sûr tu l'auras gratis !

Elle finit par lui glisser un papier : « J'ai ma chambre, n° 28, 5ᵉ étage, au-dessus de la boulangerie. Venez me voir pendant ma coupure, entre 1 h 30 et 3 h. »

Je ne vais pas perdre une heure avec cette fille, se dit-il. Mais dans l'escalier, la pensée de sa bonne fortune lui donna mordant et roideur. Elle l'attendait, en peignoir, et aussitôt, se jeta sur lui, impatiente et dévoreuse.

Il se retrouva nu en un tournemain, parcouru de baisers où quelques morsures s'étaient infiltrées, enfourché, et introduit dans une béance avide ; il n'en revenait pas. Elle lui fit courir trois postes en une heure : il était mort.

— La prochaine fois, je te ferai plein de choses...

Il n'y eut pas de prochaine fois. Alarmée par la rumeur, la boulangère finit par se hisser en soufflant jusqu'au cinquième étage et tomba sur une scène de patronage : Aline figurait une tranche de jambon entre deux maçons beurrés.

Elle en gémissait encore huit jours plus tard :

— Avec deux hommes ! En même temps !

Au narré de ces horreurs, les baguettes viennoises s'affaissaient.

127

Il restait presque un tiers du Dictionnaire à dépouiller, et Frédéric avait déjà relevé 617 phrases commençant par « je ». Quand il vit les listes, Papiton décida qu'il n'en viendrait pas à bout et se contenta de noter, çà et là, quelques exemples. Le portrait de Littré s'affermissait. Économe : « Je n'aime pas à dépenser » ; humble : « Je ne parle point de ce que je ne connais pas » ; pratique : « J'aime les vêtements larges, cela s'endosse plus facilement » ; attaché à sa jeunesse : « J'ai encore tous mes écrits de philosophie » ; d'un bon commerce : « Je m'arrange de tout » ; dénué d'hypocrisie : « Je ne connais qu'une chose, c'est d'agir franchement » ; ennemi de la fausseté : « J'aime que l'on soit sincère avec moi »...

Le Littré qui offrait le plus d'intérêt au regard de l'entreprise de Frédéric, c'était le personnage « de tous les jours », celui qui « détestait l'hiver », qui « avait besoin de se distraire », qui « avait une demi-heure pour se laver, se peigner, se cirer, se brosser », qui « ruisselant de sueur, ne faisait que s'éponger », qui « n'aimait pas le cahot des voitures »...

— Nous revoici à Paris, je vois aussi qu'il s'est fait éclabousser par un fiacre et qu'il est ahuri par la foule et le bruit...

Frédéric soupçonnait son oncle de vouloir lui forcer la main pour qu'il consentît à introduire une évocation de la vie de Paris, mais il ne céderait pas.

— « J'ai fait pour la Patrie autant que je devais », revoici le bon citoyen... Tu as remarqué, il a fait un alexandrin...

— Il y a une rubrique « alexandrins », dit Frédéric en feuilletant le cahier.

— Seigneur! Rien ne t'échappe! Combien y en a-t-il?

— Je ne sais pas, à peine deux cents...

— On dirait des répliques de théâtre, dans le goût de Collin d'Harleville : « Il s'est désabusé des vanités du monde », « La vieillesse chagrine incessamment amasse », « La porte s'ébranla sous les coups répétés »... Celui-ci, c'est du François Coppée, le Coppée du *Siège de Saragosse* : « Les soldats ont reçu des vivres pour trois jours »... Tu devrais t'amuser à les accoupler, par exemple :

> Entêté par des fleurs très odoriférantes,
> On l'écarta du lit de sa mère mourante...

ce n'est peut-être pas du meilleur goût...

Papiton se divertit à faire des assemblages, au besoin en apportant un vers de son cru :

> (Que fait-il donc, voilà deux heures que je sonne.)
> Il s'est claquemuré et ne veut voir personne.

Il revint en soupirant un peu à la foule des autres exemples dont un grand nombre enfermait la vie souffrante de Littré :

> Je suis brisé
> Je suis fatigué, la bête n'en peut plus
> Dans l'état de malaise où je suis, je geins sans
> pourvoir m'en empêcher
> Aurai-je la force d'accomplir ma tâche?
> Je souffre toujours de mon gueux de rhuma-
> tisme...

— Il a dû finir son Dictionnaire dans un drôle d'état! dit Papiton. J'espère que tu seras moins délabré quand tu mettras le point final... Tu n'as pas des choses plus réjouissantes?

— J'ai les sectes...

— Tu relèves aussi les sectes ? Pour t'amuser, je suppose...

— J'ai été étonné du nombre d'hérésies que Littré s'est donné la peine de répertorier, alors je les ai notées...

— Tu sais, c'est facile d'être hérétique, il suffit de prendre une religion, la catholique de préférence, et de la contredire sur un point particulier. Je peux nier par exemple la divinité de Jésus-Christ...

— Comme les artémoniens...

— Ou prétendre soutenir que la nature divine avait souffert sur la croix...

— Comme les théopaschites...

— Tu vois, en deux minutes, j'ai créé deux hérésies... Tiens, il y avait une secte de condormants ? Quelle était leur spécialité ?

— Ils autorisaient la promiscuité des sexes.

— Normal... Suffit pour les sectes. Tu as autre chose dans ton corbillon ?

— J'ai le rossignol... C'est de lui que je voulais te parler. J'aurais aimé savoir si dans sa petite maison de campagne...

— ...qu'il affectionnait beaucoup... C'est lui qui dit « petite » ?

— Oui... Penses-tu qu'il pouvait entendre le rossignol ?

— Certainement ! Curieuse question ! Il me semble que tu devrais savoir cela...

Cette allusion trop précise fit rougir Frédéric et le mit au bord des larmes.

— Excuse-moi, je ne voulais pas t'émouvoir à ce

point... Tu sais, Le Mesnil-le-Roi, au temps de Littré, ce devait être assez arboré...

— D'ailleurs, sa maison était entourée ou ombragée de grands arbres, presque s'en plaint-il : « Ces arbres qui ont crû assombrissent notre habitation. »

— Alors, n'hésite plus ! Il y avait un rossignol ! Tu l'as beaucoup rencontré ?

— Jusqu'à présent vingt-deux fois... J'en ai laissé passer, cela n'est pas douteux, et il me reste encore quatre lettres à dépouiller... Il ne manque aucune occasion de l'introduire ou de citer les auteurs qui y font allusion.

— Jean-Jacques Rousseau doit être du nombre...

— Bien sûr. Il est cité au verbe « renforcer ». Mais l'on trouve aussi Buffon à « reprise » et à « rêve » : il a entendu rêver le rossignol ; Chateaubriand à « doux », Marot à « ramage », « Et rossignols au gay courage Chantent leur joly chant ramage. » Tu vois, ça sert de vagabonder dans l'Historique. Il y a aussi Chénier à « balsamique », Diderot à « tenue », Lamartine à « mélodieux » : « Ce soupir de la nuit pieuse, Oiseau mélodieux, c'est toi... » J'aime beaucoup cet exemple ; et Lamartine encore à « harmonie »... Et d'autres encore à « dégoiser », à « noise », à « nocturne », à « fascination »... j'arrête. Littré lui-même intervient pour préciser que « le rossignol s'assoit sur une branche ». Parle-t-il de gosier : un gosier de rossignol, de concert : les concerts du rossignol, d'œufs : des œufs de rossignol...

— Ce me semble très probant... Va pour le rossignol.

L'émotion qu'il avait ressentie à découvrir l'importance du rossignol dans la vie affective de Littré ne fut rien au prix de ce qu'il éprouva le jour où lui fut révélé le nom de la fille du Maître.

Il avait noté un petit nombre de phrases, une trentaine, qui pouvaient se rapporter à « elle », mère ou fille. La physionomie de Mme Littré ne lui était pas perceptible. Toutefois, il se refusait à croire qu'elle fût disgracée au point de mériter des remarques comme :

> Elle a les mains laides
> Elle est effroyablement laide
> Elles est horriblement laide
> Elle est raisonnablement laide...

qui illustraient, non le mot « laide » mais les adverbes inclus.

Quand il vint à dépouiller la lettre S, il reçut un choc. Le Dictionnaire comportait assez peu de noms propres à l'exception des planètes télescopiques et des sommités qui avaient compté dans la vie de Littré, comme Hippocrate (mais pas Galien). Alors pourquoi, oui pourquoi, mentionner le nom de Sophie ?

— Tu es sûr qu'il n'y a pas d'autre prénom dans le Dictionnaire ?

— Aucun autre à l'exception de ceux qui sont aussi des noms communs comme angélique, marguerite, et à ces noms ne figure pas la mention qu'ils sont aussi des noms propres. Mais à Sophie, tu la trouves, d'entrée : « Nom propre de femme » qui vient d'un mot grec qui veut dire sagesse.

— Il est très naturel, je veux dire naturel à Littré,

que sa fille porte ce nom à la fois répandu, mais chargé de quelque chose qui lui donne une signification particulière, et celle de sagesse est essentielle...

Rien n'aurait pu faire démordre Frédéric : la fille de Littré s'appelait Sophie. Elle se mit à vivre si intensément qu'il dut se résoudre à recommencer en partie son dépouillement, afin de lui procurer tous les avantages d'une existence autonome, faite, dans l'enfance, de tous les jeux de son âge et plus tard de ce qui la distinguait des autres jeunes filles : n'était-ce pas d'elle que le Lexicographe, accablé de douleurs et de travaux, disait : « Elle m'est plus chère que jamais » ?

Ce fut Papiton qui trouva le titre du grand ouvrage. Frédéric avait songé à « Le Rossignol de Littré », puis à « Littré par l'exemple », mais son oncle fit valoir des raisons qui lui parurent décisives.

— Et pourquoi pas « Le Tombeau de Littré », comme il y a le *Tombeau de Couperin* ?

— Ou le *Tombeau de Pierre Louÿs*. Je l'ai vu dans la Bibliothèque. C'est très bien, ce sera *Le Tombeau de Littré*...

Frédéric avait bourlingué pas mal sur l'océan des mots quand des nouvelles lui parvinrent, d'une terre désolante à demi submergée : une lettre de sa mère que Mamitate poussa contre son bol en faisant montre de son inquiétude. Il ouvrit avec une lenteur circonspecte, et dès qu'il eut déplié la feuille, une pluie de points d'exclamation lui gifla le visage.

Mon cher fils,
Je t'envoie cette lettre qui t'étonnera ! Elle vient de ta mère ! Je dois t'apprendre que mon temps d'épreuves va bientôt s'achever ! Joie ! Délivrance ! Dieu m'a envoyé un signe ! Ah ! Il s'est fait un grand débat là-haut ! Mais saint Laurent a intercédé pour moi ! Quelques jours encore et je verrai Dieu face à face et mon âme sera sauvée ! Le plus clair de tout cela est que je dois me préparer à graisser mes bottes avec le miel de l'absolution ! Aussi, avant ce moment suprême, je veux confesser le tort que je t'ai fait en te gardant prisonnier au fond d'une cave ! Tu sais pourquoi je l'ai fait ! Mais tes chaînes étaient légères ! Tu mangeais à ta faim ! Tu avais de la lumière ! Et d'ailleurs tu aurais pu t'enfuir ! On

135

me l'a dit ! Je l'ai lu ! Mais quand même, tu dois me pardonner ! Dieu l'a fait ! Tu peux le faire ! De plus c'était pour ton bien ! Bon, encore une fois, pardonne-moi ! Je ne veux pas partir avec le poids de cette faute ! Même si ce n'était pas une faute ! Tu es bien chez ta tante ! Fais ta vie ! Mais crains le Seigneur !

Je te quitte pour toujours ! Pour toujours ! Mais nous nous reverrons ! Nous serons réunis ! Et nous goûterons enfin le rassasiement éternel dans le sein de Dieu !

A Dieu !

Il remit, machinal, ce message des ténèbres extérieures dans l'enveloppe déchiquetée, qu'il tendit à sa tante sans marquer le moindre trouble. Il se demanda, cependant, si le point d'exclamation était le signe de la passion mystique ou du dérangement de cervelle, et il se souvint d'avoir rencontré, dans le Dictionnaire, la phrase : « Je verrai Dieu face à face et mon âme sera sauvée. » Elle figurait, au passé composé, à l'article « face », simple traduction par Sacy d'un passage de la Genèse. Et soudain, il vit sa mère sous la lampe, respirant la Bible où, chaque soir, elle enfouissait son cœur capucin.

Moins d'une semaine plus tard, Frédéric était orphelin à part entière. Mme Mops avait succombé à une crise cardiaque que « rien n'avait laissé prévoir ». On conjectura qu'elle avait dû se procurer des médicaments contre-indiqués, afin de combattre l'action des sédatifs ; de quoi l'on se satisfit.

Toute circonstance qui exigeait des qualités de chef de guerre trouvait Mamitate à pied d'œuvre.

Elle piqua des deux, vola de l'hôpital à l'église, régla d'exténuantes formalités sans descendre de cheval, et reparut dans sa cuisine sur le coup de huit heures du soir, moins abasourdie que son neveu.

Frédéric exprima, presque à voix basse, le souhait de se rendre seul à l'enterrement, à quoi Mamitate acquiesça sans détour ni soupir. Elle s'attendait à cette demande et elle avait pris les arrangements qui convenaient.

Il se hissa dans le train, la tête pesante de conseils ressassés. Jusqu'à l'instant du départ, il fut assourdi de recommandations et il pensa, avec un rien d'humeur, qu'il eût été plus simple de lui mettre une pancarte au cou.

Avant de plier son imperméable, il tira de la poche intérieure le livre qu'il y avait serré à l'insu de son oncle — *Les Mémoires du comte de Gramont* — et il se cala près de la fenêtre en prenant garde à son pli de pantalon. Quand tu t'assois, déboutonne ta veste : ce qu'il fit.

Dédaigneux du spectacle ferroviaire, il s'installa dans le rôle du voyageur qu'une lecture de circonstance dérobe à l'ennui d'un trajet rectiligne.

Mais jamais livre quelconque ne l'avait distrait. Trop appliqué, trop sérieux, il ne pouvait voir dans tel ouvrage un simple objet de diversion. Et s'il avait emporté Hamilton, c'était d'abord pour s'imprégner d'un auteur dont Littré faisait ses choux gras. Il avait, par la grâce d'une phrase, subi le charme de cette œuvre qui, dès les premières lignes, lui avait procuré le sentiment de la perfection et inspiré le désir, quand le grand travail serait clos, d'écrire un roman du XVIIe siècle. C'était un propos en l'air, né dans l'enthousiasme d'un instant. Qui lui donnerait ce talent plein de hardiesse ténue, cette prose brillante et nombrée, et la divine élégance de ces périodes primesautières qui s'accordaient sans hiatus aux intermittences de l'amour et du trictrac ? Où puiser la matière d'une telle aventure ?

Le comte de Gramont·avait fourni tant d'exemples au Dictionnaire qu'il semblait à Frédéric que les *Mémoires* n'étaient, comme le *Tombeau*, qu'une espèce de restitution. Il rencontrait dans leur contexte naturel les termes savoureux, les expressions réputées hors d'usage que le Lexicographe avait répertoriés : ragot (homme gras et court), grison (valet vêtu de gris employé à des missions de galanteries secrètes), faire une école, tellement quellement (plutôt mal que bien), rompre en visière, traîne-potence... Il retrouvait aussi de longs passages que Littré s'était donné le plaisir d'extraire, quelquefois, cependant, en pratiquant des coupes dont s'avisait la pointilleuse mémoire de Frédéric, par exemple au chapitre 3 où une phrase de huit lignes qui illustrait le mot « légitime » (portion assurée par la loi à certains héritiers) se trouvait amputée d'une dizaine de mots. Il se demanda si les droits que l'Homme du Vocabulaire s'était acquis sur la Langue l'autorisaient à tronquer les textes. Et il décida, avec un sourire intérieur, que lorsqu'il composerait son Dictionnaire, dont il se faisait une idée précise, il montrerait un plus grand respect pour les citations des bons auteurs.

Frédéric était fâché que son plaisir fût sans

conséquence, et de ne pouvoir, ayant omis d'emporter un carnet, noter ce qui lui venait à l'esprit au hasard des pages. Enfin, il craignait de s'absorber au point de manquer la gare.

Quelque chose survint qui le fit se déprendre de sa lecture. Il espérait, étant seul dans son compartiment, n'être pas dérangé jusqu'au bout de son voyage. Mais aux deux tiers du trajet, une jeune femme s'installa face à lui, fraîche, parfumée sans excès, agréable de visage et d'expression, modeste de maintien. Elle croisa ses jambes et mit sous les yeux de Frédéric un fragment délicieux : son genou lisse et pur, et comme tendu de transparence. Il oublia Hamilton et les rares beautés de la cour d'Angleterre coiffées de duègnes verruqueuses. Toute l'attention dont il était capable se concentra sur cet objet charmant qui brillait pour lui d'un insolite éclat. La voyageuse, retranchée derrière un magazine, ne laissait le moindrement paraître si ce regard l'atteignait. Il ferma les yeux, les rouvrit presque aussitôt : toute une femme à recomposer dans le secret de sa tête vaporeuse, c'était trop. Et puis, il devait songer à se donner un masque d'enterrement. Il était parvenu à produire un visage assorti aux circonstances quand le train entra en gare de C... Il se déplia sans hâte, rassembla ses petites affaires, et salua, dans un souffle, sa vis-à-vis, en prenant soin de ne pas lui heurter le genou.

Il monta dans l'unique taxi, qui semblait l'attendre. Demi-somnolent, quelques visions cahotantes l'entreprirent et un cauchemar spontané le plongea, comme une éponge, dans un gouffre plein de soufre. Il descendit devant l'église, clignotant et froissé.

Quelle chose étonnante, quand même, qu'il se rappelât si bien le trajet des convois funèbres ! Mais ce n'était pas qu'il eût passé ses petites années à suivre des enterrements. Au-delà de cette ère de déréliction où il avait été séquestré du commerce de ses semblables, sa mémoire lui retraçait des courses à travers champs, des épopées buissonnières, le hourvari bénin des batailles en plein vent ; et, à mesure que l'appareil de la Mort s'élevait en grinçant vers les hauts du village, il renaissait à lui-même, décelant d'avance le bombement d'un mur dans le creux duquel fulgurait la fleur de chélidoine dont le suc était propre à guérir les verrues ; ou bien, il savait qu'au sortir d'une ruelle salébreuse et pentue on déboucherait sur les lilas de l'orphelinat ; venait alors une voie plus large que l'on ne connaissait que sous le nom de rue du cimetière bien qu'elle perpétuât la mémoire d'un bienfaiteur de la commune (1866-1938) ; enfin, se découvrait un rang de pavillons arrogants et maussades où les rescapés de l'âge industriel effiloquaient sous un pleur de glycine leurs souvenirs attiédis ; quelques pas encore, et la blancheur du cimetière tirait les regards.

Bien qu'il se fût préparé à subir la nivèlerie du peuple badaudois, il n'imaginait pas d'être assailli par la moitié du village, la plupart des habitants n'ayant montré qu'une hostilité sans cesse accrue à l'encontre de sa mère. Mais c'était lui que l'on désirait voir et toucher, à l'église d'abord, où des jeunes femmes qui ne lui étaient de rien l'avaient embrassé, l'une surtout ; ensuite, autour de la fosse, où, cible de tous les regards, il affecta de se recueillir. Quand tout fut prononcé, le flux banal charria vers lui des corps de comptables et de grands morceaux de garagistes et d'employés des Postes. On s'amuse à se faire reconnaître : « Comment je m'appelle, Frédéric ? — Frédéric, tu te souviens de moi ? — Alors, Mops, tu ne me remets pas ? » Il identifia, d'abord par leurs sobriquets, puis par leurs noms de famille, deux anciens camarades avec lesquels il avait battu les buissons, et cet autre, « le fils du Primistère », dont le magasin à l'enseigne coruscante inondait le pavé de la grand-rue d'une lumière d'incendie. Il reconnut aussi deux jeunes filles qu'il n'avait guère fréquentées. Jumelles, elles n'avaient jamais consenti d'être confondues. Elles déjouaient par d'infimes artifices, un ruban, une broche, l'obstination de leur mère à les rendre identiques. Mais elles ne laissaient pas d'être ensemble, et leurs voix, leurs rires, leurs moues étudiées étaient les mêmes. Tandis que, sans égard au lieu, elles s'époufaient dans le cou de Frédéric, il lui souvint qu'un après-midi, pendant la récréation, deux grands élèves avaient expliqué la différence entre les vrais et les faux jumeaux. Il n'avait pas tout à fait compris.

Puis, une jeune fille s'approcha.

C'était la même qui, à l'église, l'avait embrassé en lui pressant le bras à seule fin qu'il la considérât. Qui était-elle et pourquoi cette insistance ? Le cercle se referme : « Alors, Frédéric, tu ne reconnais pas ta fiancée ? » Il avait été fiancé ? A quel âge ? Dieu, que l'enfance est profonde ! Elle s'empare de sa main : « Prends bien soin de lui, Catherine ! » On dirait une conspiration. Le curé se retient de le serrer contre lui. Il trace sur le front du grand orphelin un petit signe de propitiation.

Ils s'en vont par la petite porte qui donne sur un chemin pierreux et déshonoré de crevasses. Par chance, il fait beau, dit Frédéric. Sans quoi, complète la jeune fille, on aurait de la boue jusqu'aux chevilles.

Elle se serre contre lui, sans doute, pense-t-il, pour éviter les faux pas périlleux aux talons hauts. Pourtant, quand ils sont sur la route fraîche goudronnée, elle presse toujours le bras du garçon. Il voudrait bien ôter son imperméable, mais il craint de laisser tomber le comte de Gramont qui poursuit sa vie brelandière dans la poche intérieure. La jeune fille ne cesse de l'observer avec de petits hochements de tête et des demi-sourires.

Il connaît cette route qui conduit « par le haut » à la maison de Catherine. Ah, c'est Catherine ! Catherine Chardin !

— Je t'emmène chez nous comme prévu. Maman a tout préparé. Tu connais maman, elle a dû mettre les petits plats dans les grands.

Habitué à voir tout le monde décider pour lui, il acquiesce du menton, et il sait « qui » a ordonné ces retrouvailles. Ils passent devant la ruine du lavoir municipal ravagé d'herbe folle. Au-delà, dans l'ombre bruissante des peupliers, quatre vaches pie-noir ruminent un rêve de catastrophe ferroviaire.

— Pourquoi tu souris ?

— Je souris parce que je pense... euh... à un exemple de dictionnaire.

— Ah bon ? Quel exemple ?

142

— Les vaches sont sujettes à la nymphomanie.

Elle plisse le front à tout hasard, ne sachant comment nouer la conversation. Sur leur gauche, se dresse une alignée de bâtiments insipides que commande un portail rouge ; on lit le mot CABLERIE.

— C'est là-dedans que je travaille.

— Ah bien... Et qu'est-ce que tu fais ?

— Rien d'intéressant... Cela ne vaut pas la peine d'en parler... Mais toi, à quoi tu passes ton temps à Paris ?

Il ne va pas lui dire qu'il édifie, à coups de phrases empruntées, le mausolée d'un lexicographe dont l'œuvre, en quatre tomes et un supplément, ne figure, peut-être, que dans les bibliothèques des papitons.

— Pour moi, c'est simple. Tout le monde a décidé que ma santé importait à la République. J'ai été reconnu inapte au service des armes et, eu égard à l'état de faiblesse qui me caractérise, on me soigne, on me dodine, on me dorlote. Je me lève quasi à l'aube des mouches, et l'on m'interdit de faire autre chose que de me prélasser comme un bernardin. A grand-peine ai-je obtenu de me promener seul par les rues du quartier...

— Et on t'a laissé venir ici sans t'accompagner ?

— J'ai argué qu'il m'appartenait, à moi seul, de conduire l'enterrement de ma mère.

— J'ai argué que... Ah dis donc tu parles drôlement bien ! Tu parles tellement bien que je ne te comprends pas. C'est pas comme moi. Moi que ce soit en parlant comme en écrivant je fais autant de fautes que lorsque tu corrigeais mes devoirs. Tu te rappelles les poèmes que tu m'as écrits ?

— Je t'ai écrit des poèmes ? Dans quelle langue ?

— Comment ça dans quelle langue ? En français bien sûr ! Tu vas voir comme c'est drôle : il y en avait un où tu parlais de mes incisives. Cela rimait avec, attends... avec furtives... J'aurais dû garder au moins celui-là...

— Je t'en ai écrit beaucoup ?

— Une dizaine, un peu plus peut-être... Quand je dis j'aurais dû le garder, c'est ridicule parce que je ne les ai pas jetés, enfin si dans un sens, je les ai jetés sans le faire exprès... Je les avais mis dans le rabat de mon protège-cahier, le protège de mon cahier de calcul, et un jour comme une imbécile j'ai balancé le cahier avec le protège et tout.

Jadis — ou naguère — quitté le gros du village par les petites voies traversières, quelques maigres fermes et de rares et très anciens pavillons marquaient les limites de la commune, aux lisières des champs de betteraves ou de pommes de terre. Maintenant, où jaunissait l'herbe sèche, croît le refuge transitoire de l'homme des villes, la maison de campagne toujours inachevée.

Ils abordent aux confins où se dresse, comme une borne, la demeure des Chardin. Ils entrent par le jardin modeste, voué aux cultures suaves, la laitue, la tomate, les cordeaux de cerfeuil. Au soleil, deux piquets maintiennent un fil de fer où pend une chemise de nuit. Tout autour, rien ne paraît avoir changé : le bois amical, la terre vague fleurie de hautes marguerites. Ils passent par le sous-sol comblé de tréteaux et d'échelles. Les voici dans la cuisine, parmi les choses familières et l'odeur du poulet qui rôtit. Mme Chardin presse Frédéric contre son cœur. On baigne dans une tendresse fondante, au bord des larmes.

Il se débarrasse enfin, dans le couloir, de son imperméable et se laisse de nouveau prendre la main pour un tour de reconnaissance. Ils montent au premier étage, dans sa chambre de jeune fille sans arrière-pensées où les objets ne paraissent avoir d'autre fonction que de marquer les âges.

— Je ne me souviens pas de cette chambre.

— Tu es venu deux fois ici... non trois fois... je n'aimais pas qu'on vienne dans ma chambre... même toi c'est tout dire... Tu te rappelles quand il pleuvait on restait en bas dans la cuisine... on jouait aux cartes, aux dominos...

— Et quand il ne pleuvait pas ?

— Quand il ne pleuvait pas... voyons tu sais bien...

Il fait mine de se perdre dans la contemplation du petit tableau qui afflige le mur de ses teintes exténuées.

— Je me souviens de cette bergère encapuchonnée. On la retrouve, si la mémoire ne me faut, elle ou l'une de ses congénères, dans une toile suspendue au-dessus du buffet de la salle à manger...

Elle rit ; il s'émerveille de ses dents blanches.

— On descend... on va voir le tableau... Je suis sûre que ça va te rappeler quelque chose...

La toile représente une gardeuse de vaches ployant sous l'averse et poussant vers l'étable trois bêtes inexpressives. Il rit à son tour, croyant revoir une fillette excitant de la voix un troupeau hagard figuré par le seul Frédéric. Ils reprennent la pose devant le tableau : allez mes vaches ! allez la Noiraude ! Ils s'esclaffent de nouveau, elle lui saute au cou. Il s'émeut de saisir, derrière l'oreille ennoblie d'un brillant, une fragrance de chèvrefeuille.

— Je vois que Catherine a réussi à te distraire... c'est bien, c'est bien...

Mme Chardin paraît : c'est l'instant de dresser la table. Tandis qu'il s'empare, pour la poser sur un meuble d'angle, de la plante bisannuelle avec son cache-pot de cuivre martelé, il pense : dois-je m'excuser d'avoir ri ? Le visage sans fard de son hôtesse qui dispose les couverts d'apparat ne trahit aucune improbation ; il se rassérène.

Mère et fille se réjouissent de voir leur protégé faire au repas grand honneur : bouchées à la reine, poulet glorifié d'une sauce forestière, chabichou, cassate... ah ! l'on sait ce qu'il aime !

— Il y aura une surprise à quatre heures, dit Catherine.

— Tu n'aurais dû rien dire, il va deviner tout de suite.

Nulle contrainte, aucune ombre n'a troublé ce repas de rémission. Au-dessus de cette famille agrandie d'un fils de passage, ne règne en cet instant qu'une brume de félicité.

— Vous devriez profiter du beau temps pour faire un tour, on dirait qu'il veut pleuvoir.

Il ne se rappelle plus à quel article — pleuvoir, vouloir — Littré consigne cette expression qui relève de la langue populaire et qu'il retrouve, charmé, dans la bouche de Mme Chardin.

Catherine ne juge pas à propos d'entraîner Frédéric par les rues médisantes de cette cité infime, abandonnée, à cette heure, à de noires bigotines ou

146

à des joueurs de boules débordants d'impiété. Elle prend, une fois encore, la main de son frère d'élection. Quelle impérieuse jeune fille ! et pourtant si prompte aux caresses !

— Nous allons dans « notre » champ.

Qu'a-t-il de singulier ce champ, et de quel trésor puéril est-il la sauvegarde ? Elle s'assoit en épanouissant sa jupe comme la petite Sophie Littré quand elle faisait des « fromages » ; elle n'a pas lâché la main de Frédéric lequel est contraint de s'allonger.

— Tu sais, enfin non tu ne sais pas, ce champ va finir par disparaître... Toute cette surface, c'était comme une insulte aux promoteurs... Mais la municipalité est intervenue... Je crois qu'on va construire des courts de tennis... de toute façon quand ce sera fini je ne serai plus là.

— Tu comptes partir ?

— Oh ! je n'irai peut-être pas bien loin ! Mon fiancé...

— Tu es fiancée ?

— Oui... enfin c'est tout comme... Il est au régiment... Il a des projets... Quand nous serons mariés, nous habiterons en ville, à T... probablement...

— Je le connais ton fiancé ?

— Vous étiez dans la même classe... On a souvent parlé de toi quand tu étais à l'hôpital... il faut dire que tu étais devenu une célébrité...

— Et il s'appelle comment ?

— C'est Christian B.

— Le petit B. ?

— Il n'est pas si petit que ça !

— Excuse-moi, je l'ai un peu perdu de vue. Je me

souviens très bien de lui, nous avons même confectionné un herbier ensemble. C'était un élève très irrégulier, tantôt génial, tantôt béant, si bien que l'instituteur le regardait soit comme un alcyon chu d'un désastre obscur, soit comme une espèce de fiente.

Elle rit :

— Je ne comprends pas la moitié de ce que tu dis mais c'est drôle. Pour Christian, c'est vrai qu'il y a des jours où le monde n'est pas assez grand pour lui, et d'autres jours où il est un peu ratatiné... C'est à croire qu'on ne change pas...

Il se tait, n'aimant pas à prendre en marche un train de généralités qui roule vers l'infini. Il craint, aussi, de passer, à la longue, pour un poseur. Allongé tout contre elle, qui ferme les yeux, il respire ce silence fourmillant de mots contenus. Que voulait-elle qu'il retrouvât parmi cette profusion de fleurs naïves, pâture prochaine du tracteur à chenilles ? Quelques images affleurent, tableautins aux couleurs défleuries où deux ombres se figent. Il a couru dans ce pré avec Catherine, joué à saute-mouton, à la brouette ; ces gaminauderies valaient-elles que l'on fondît d'attendrissement ?

Elle rouvre les yeux ; il lui vient un bout de phrase incongru cueilli à la venvole chez un auteur contemporain : *la cérulinéité de ses châsses.* Mais la bouche dont rien n'accuse le dessin ni n'accentue l'éclat appelle un bonheur d'expression d'un écrivain moins porté au dérisoire : *la lèvre inférieure fournissait à l'autre lèvre l'assise d'un baiser parfait...* Tout est affaire de citations...

148

— On pourrait s'embrasser un peu... comme avant...

Il croit percevoir, émanée des profondeurs, la voix d'une petite fille oppressée d'un désir indistinct, mais il ne peut creuser cette sensation. Subjugué, il devient la proie d'une bouche friande, le fruit d'une langue adorante. Quelque chose traverse sa tête, un « exemple » de Ronsard : « Les baisers colombins ne le défaillent point. » Mais si, il défaille, il sombre, il s'abîme dans l'exquis. Toute l'amoureuse mémoire de Catherine s'infuse dans ce baiser absolu. Comme des flèches de lumière, des sensations très anciennes transverbèrent Frédéric. Elle dénoue l'étreinte :

— Tu as entendu le cri ?

— Quelqu'un a crié ?

— Pas quelqu'un, une corneille... Ce n'est pas la peine d'avoir été élevé à la campagne... Maintenant c'est sûr : il va pleuvoir...

Elle se lève, tirant à soi l'endeuillé abasourdi et débandant.

— Vous avez bien fait de ne pas avoir poussé jusqu'au village. Je crois que c'est mal parti.

Mais l'ondée s'épuise. Dans le sillage de l'averse, le soleil se rétablit.

— Le diable bat sa femme et marie sa fille, dit Mme Chardin.

Ils sortent devant la porte pour saluer l'arc-en-ciel : il y a du présage là-dessous...

La surprise aisément se décèle qui embaume cuisine et salle à manger. Frédéric humant la tarte aux poires retrouve la saveur de certains dimanches tout éblouis d'abeilles.

149

Au moment qu'il s'inquiétait, à part lui, de l'heure du retour, Catherine, pressentant la question, le rassura :

— On ne se quitte plus... enfin jusqu'à demain... Tu dors avec nous, je veux dire dans la chambre d'amis. Il faut bien qu'elle serve à quelque chose...

Elle défroisse dans une douce demi-pénombre la veste de Frédéric ; un tiède rayon se brise sur le fer à repasser. Dans le fauteuil profond, son châle à grandes palmes sur les épaules, Mme Chardin tricote une manche de pull-over. Il ne manque presque rien à cette composition, une horloge à carillon, peut-être, ou un chat mêlant la laine. Qu'il serait simple, Frédéric, et reposant, de faire partie du décor ! Mais à quel titre ?

L'on dîne de crudités, d'une omelette et d'un dessert où domine le fromage blanc. Autour de la table desservie que recouvre encore la nappe festonnée, la conversation du soir entrelace les voix complices, les rires fusants. Je ne devrais pas rire, je suis en deuil. Mais Catherine, encore :

— Tu sais, quand on a cru que tu étais parti, j'étais tellement désespérée, je ne pensais qu'à une chose : m'en aller. Mais je ne pouvais pas partir comme ça, d'abord j'étais trop petite... Alors tu sais ce que j'ai fait pendant des semaines ? J'avais entendu dire que si l'on chantait des cantiques le vendredi comme ça, pour rien, dans la rue, eh bien quelque chose doit vous forcer à partir. Alors, tous les vendredis, le matin, le soir, je chantais des cantiques. Tu me vois, sur le chemin de l'école en train de hurler : « Au Ciel, au Ciel, au Ciel, j'irai la voir un jour » ou « Plus près de toi mon Dieu » !

— Et pendant ce temps, commence Mme Chardin...

La phrase reste en l'air. Une ombre passe, tôt
dissipée.

L'on s'esclaffe de nouveau quand Frédéric se
montre dans le pyjama trop vaste et rayé que ses
hôtesses lui ont déniché.

Il ne pourra s'endormir entre ces murs sans
chaleur que nulle bergère ne hante. Dans le noir
sans fissure, il s'efforce d'ordonner ses impressions.
Quel est le sens de cette journée ? Est-il venu
conduire l'enterrement de sa mère, ou passer quelques heures divertissantes dans une seconde
famille ? Le moyen de savoir « le pourquoi des
choses » — comme dit Mamitate — quand aucune
décision ne vous appartient ? Mais ce qui lui arrive
ne compte pas. Ce qui compte, c'est ce labeur de
chaque jour, inconcevable et vain, mais ignoré de
tous, et qui ne lui sera pas ôté. Quant au reste, un
Frédéric sans caractère précis se laisse conduire par
les événements, docile aux désirs d'autrui et complaisant aux filles de rencontre... Ah ! que vous
disais-je ? La porte s'ouvre... « Elle » paraît, immobile, un long instant, dans l'encadrement, éclairée
par la veilleuse du couloir. On dirait d'une photographie prise à contre-jour. Elle referme doucement
la porte, et s'avance, d'une marche glissée, comme
un poème : « Tes pas, enfants de mon silence... »
Elle se coule contre le garçon, se penche sur son
feint sommeil... Il sent, annoncée par un souffle pur,
l'empreinte d'un baiser au bas de son oreille
gauche, baiser non de sœur ou d'amante, mais de

jeune cousine curieuse d'exercer son empire. Elle se tresse à Frédéric, prend sa bouche... Le voici de nouveau dans le champ de marguerites, tout près de s'évanouir. Elle se redresse pour ôter sa chemise ; d'innombrables doigts s'emparent de lui, le dépouillent, le parcourent de caresses alenties... Il exhale :

— Mais... ton fiancé ?

Elle étouffe un rire :

— Je m'en fiche pas mal !

Elle le fait mourir sous sa bouche, le presse de toutes parts ; il ne peut se contenir et fuse contre sa cuisse. Elle l'oblige à renaître entre ses mains, vient sur lui à califourchon... Elle lui interdit de se retirer et le fait jaillir en elle. Pantelant, liquéfié, il perçoit, comme au fond d'un abîme, des mots murmurés :

— Il fallait que nous allions jusqu'au bout cette fois-ci.

Que veut-elle dire ? Attend-elle depuis huit ans (et demi) de pouvoir aller jusqu'au bout ? Il avait treize ans, elle en avait onze...

— Nous ne faisions quand même pas...

Il n'a pu retenir sa pensée.

— L'amour ? Bien sûr que non ! Justement... Nous nous aimions très fort, tu te rappelles ? Et nous nous amusions... Pas comme des enfants, c'est vrai... Mais c'était merveilleux. Ne me dis pas que tu ne te souviens de rien... ça serait trop triste...

— Pourquoi ?

— Mais parce que... parce qu'on n'a qu'une enfance... Bien sûr, toi à treize ans... Mais avant tu as été heureux, tu as été heureux avec moi... Vraiment tu ne te rappelles pas ?

152

— Je ne suis sûr ni de me souvenir, ni d'avoir oublié. Mais j'imagine, j'imagine très bien...

Sans doute, autrefois, se tenaient-ils ainsi serrés. Elle lui disait les mêmes mots que cette nuit : « Mon amour, mon grand chéri... » Il la sent qui sanglote : « On aurait pu continuer à être heureux... » Je ne crois pas, pense-t-il.

Elle se lève, à nouveau intrépide et moqueuse. Elle allume : il voit des seins petits et fermes, un triangle châtain... Où est-elle, la petite fille ? Elle se penche sur lui. La bouche féconde en baisers profonds parcourt une dernière fois le sexe demi-tendu : « C'est tout pour aujourd'hui. » Il s'émeut de l'entendre rire :

— Ta mère...

— Ma mère elle se lèvera dans... oh ! déjà six heures !... dans trois quarts d'heure... Elle se vante d'avoir le sommeil léger, ce qui veut dire qu'on peut cambrioler toute la maison sans qu'elle s'en aperçoive !

Dans trois heures, il aura, de tout, pris congé. Il se hissera dans l'autocar et s'assiéra à côté d'une vieille lourpidon qui s'excusera de renifler. Il lui donnera son mouchoir. Elle se confondra en remerciements quinteux. Avant d'entrer dans la gare, il se retournera, il contemplera le ciel assombri d'étourneaux. Il fera les cent pas sur le quai. Il sera triste.

Les cahots du retour endorment Frédéric. Train du dimanche qui renvoie vers Paris sa pleine charge de citadins fermés sur eux-mêmes. Il somnole dans son coin près du couloir ; un marmouset chocolaté occupe son flanc gauche. Après ce jour voilé, après cette nuit d'amour funèbre, ne subsiste qu'une phrase scandée par la marche du train : il fallait/ que nous allions/jusqu'au bout/cette fois-ci/...

Il sursaute : le comte de Gramont ! Mais non, les *Mémoires* n'ont pas quitté la poche intérieure de l'imperméable. Il ouvre au hasard et tombe aussitôt sur le balancement qui l'enchante : « Il l'entretint, elle parla. Quand elle parut sur son balcon, il parut dans le jardin. » Que l'amour est charmant quand il se borne à la conquête ! fût-ce en supprimant d'estoc un rival mieux introduit ! Mais lui, Frédéric, de qui s'est-il rendu maître ? De Simone ? D'Aline ? De Bernadette ? De Catherine ? Ah ! Catherine ! impure petite fille, je t'en veux ! La vie près de toi serait simple et lisse. Je reviendrais au village. Je jetterais *Le Tombeau de Littré* au cagnard. Tu prendrais des cours par correspondance. Il y aurait plein de dimanches fleurant la tarte aux poires. Tu me ferais mourir sous tes baisers colombins. Mais je t'en veux sans remède d'avoir exhumé ces misérables secrets. Je t'en veux d'avoir accompli les gestes, d'avoir dit les paroles qui ont scellé notre histoire. Je t'en veux d'avoir changé mon enfance en passé.

Il prit un taxi, comme sa tante le lui avait recommandé. L'amusant est qu'il dut faire un effort pour se rappeler son adresse. Devant la porte de l'immeuble, lui vint un souffle de bonheur qui le fit trembler. Il allait retrouver la paix cellulaire de la Bibliothèque, et le travail rigoureux comme une robe de bure. La table était mise, le potage fumait. Mamitate lui trouva tout ensemble le visage défait et un air de soulagement. L'oncle le prit par le bras :

« Quand tu veux emporter un livre, j'aimerais bien que tu me le dises. » Il éclata en sanglots. Allons, allons, dit Papiton confus, ce n'est rien, ce n'est rien...

Frédéric éprouva que le vague à l'âme n'est pas un état propice au travail d'application. Le regard bleu-voilé de Catherine, sa chevelure d'ondine, son rire de fillette insouciante, le hantaient comme un remords, et surtout, plus qu'une possession, à laquelle seul son corps affriandé aux caresses avait consenti, le goût, l'ineffable goût de ses baisers. Combien de jours, de mois peut-être, en garderait-il la saveur ? Il se sentait coupable, mais de quoi ? et, tout ensemble, son irritation contre l' « amie d'enfance » restait vive.

Il enveloppait Mamitate dans son humeur chagrine, la soupçonnant à bon droit d'avoir ardemment travaillé à ces retrouvailles. Avait-elle eu dessein de lui faire épouser Catherine, fût-ce, au besoin, en pissant sur la tête du petit B. ? Au fait, celui-là, cocu avant l'heure, cocu fieffé, passait-il ses permissions à mourir sur le ventre de sa fiancée, ou bien à pâturer les marguerites ?

Mamitate décela son sentiment par l'une de ces réflexions impromptues qu'elle s'adressait, à voix haute, dans sa cuisine. Papiton, ni son neveu, occupés d'eux-mêmes, n'entendaient rien. Mais ce soir-là, un nom fit sursauter Frédéric : « Je croyais que Catherine allait lui écrire, mais il a dû lui faire peur avec ses mots qui n'en finissent pas. »

Il fut moins fâché d'être confirmé dans ses soupçons que malheureux de décevoir sa tante. Que faire, quand une fois l'on a consenti de ne pas s'appartenir, pour que les autres, du moins ceux que l'on aime, soient de vous satisfaits ?

Tout cela devint bientôt sans importance aucune. Il avait cru ne pouvoir se défaire de Catherine, elle partit d'elle-même, comprenant que l'on ne saurait lutter contre l'Homme du Dictionnaire.

Car Littré devenait chaque jour plus pressant. Il voyait son « biographe » acharné à le faire revivre, et il l'assistait dans ses recherches, lui indiquant, à travers le maquis des citations, celles qui le concernaient en propre, et qu'il fallait retenir ; ou bien, il insinuait dans l'esprit de Frédéric le doute salutaire qui le ferait revenir sur ses pas.

Mamitate eut tant d'occupations, tant de projets à conduire à leur terme, que Catherine n'exista plus. Tout juste pensait-elle, parfois, en voyant Frédéric s'installer à table, au quitter de la Bibliothèque, que ce garçon venu de la campagne n'était pas fait pour se claquemurer ainsi, et qu'une fille honnête... Mais après tout, peut-être avait-il comme une espèce de vocation à s'enfermer...

Le principal, somme toute, c'était qu'il fît quelque chose qui l'occupât tout entier, et le mît à couvert des périls assez indistincts, auxquels elle ne doutait pas qu'il fût, plus que tout autre, exposé. Autre point non négligeable : depuis que Frédéric se livrait à ses vaines recherches, Papiton sortait. Elle les voyait revenir du square, comme deux complices, égayés par des souvenirs heureux. Je ne suis pas Papiton, dit-il une fois, ni lui Frédéric, nous sommes deux associés. Nous tenons un commerce de mots à l'enseigne « chez Bouvard vieux et Pécuchet jeune ». Elle avait souri avec commisération.

Mamitate avait décidé de se séparer de son commerce où elle n'aimait plus à se voir, et de le remplacer par une laverie automatique : c'était l'avenir. Elle consola Bernadette qui faisait montre d'un certain désarroi en lui accordant quelques jours de vacances avant les « soldes pour liquidation ».

L'afflux des chalands qui s'entrebattaient pour les merveilles de *La Nouvelle Héloïse* et mettaient en combustion la rue Rambuteau les rendit écarlates. Il se trouva des acquéreurs très empressés pour les pièces de tissu que les deux femmes déroulaient, naguère, avec tant de dévotieuse affection.

Quand tout fut liquidé jusqu'au dernier rase-pet, Mamitate, après avoir fait ses additions, jugea qu'il était à propos d'ouvrir un compte en banque à Frédéric : savait-on jamais ?

Ils se rendirent tous les deux dans une proche succursale, et, outre une somme assez élevée, Mamitate déposa le montant exact de la souscription. Le responsable demanda si Frédéric était majeur.

— Quel âge lui donnez-vous ?
— Dix-huit et demi, dix-neuf...

159

— Il en a vingt-trois.

Au retour, elle lui dit, sur un ton de feint reproche :

— Il faut que tu te décides à rattraper ton âge si tu veux éviter les désagréments... Te voilà presque à l'aise. Tu pourras disposer de cet argent, je ne dis pas à ta guise, mais librement.

— Tu sais, quand j'aurai besoin d'argent, je continuerai à te le demander.

— Pour le moment, ça va, mais je ne suis pas éternelle...

Elle se réjouit, cependant, de ce que Frédéric fût si peu désireux de récuser le droit de tutelle qu'elle exerçait.

Tandis que Mamitate se démenait avec toute l'autorité dont elle était capable, les choses, pour Frédéric, reprenaient leur cours. Il poursuivait sa tâche avec obstination et continuait de s'entretenir avec son oncle dans l'enclos du square ; les nourrices les enveloppaient d'un regard soupçonneux.

Quelquefois, la pensée de sa mère venait le surprendre. Il se demandait s'il avait été un bon fils, mais cette question n'avait aucun sens. Elle est morte, se disait-il, je ne la ressusciterai pas par mes pleurs. Mais cette réflexion était d'*un autre*.

Deux fléaux, l'incendie, l'inondation, alimentent sourdement le Dictionnaire de leurs flammes toujours renaissantes ou de leurs eaux débridées. On en pouvait suivre le progrès en ordonnant les exemples.

L'inondation :
  les pluies ont grossi la rivière
  les eaux s'épandent dans la campagne
  cette crue subite a emporté tous les ponts
  l'inondation couvrait une immense étendue de pays
  l'invasion de la ville par les eaux débordées
  l'inondation empêche cette ville de correspondre avec la Capitale
  les eaux atteignirent une hauteur considérable
  les eaux occupent toujours les parties les plus basses
  l'inondation enfin écoulée, on visita les lieux
  la rivière décrue laissait à découvert les prairies qu'elle avait inondées...

L'incendie :
  on s'efforçait de désenflammer les draperies qui avaient pris feu

ces matières alimentaient l'incendie
les lueurs de l'incendie frappaient nos yeux
l'incendie gagnait de tous côtés
tout un quartier était envahi par le feu
le feu consuma ce grand édifice en moins de deux
heures
quand la maison du voisin brûle
il n'y avait pas assez de monde pour faire la
chaîne de la rivière au lieu de l'incendie...

Toutes ces « choses vues » inspirèrent à Frédéric
l'envie de se rendre au Mesnil-le-Roi, qui devint
impérieuse quand le mot de la fin commença
d'apparaître. Il fallait savoir si Littré jouissait d'un
point de vue qui lui permît de suivre la montée des
eaux. Quant à l'incendie, ville ou campagne, c'était
tout un : le jour même de la mort du Lexicographe
les flammes avaient dévasté un grand magasin
parisien.

Il n'avait pas marqué autant de curiosité pour les
autres domiciles du grand homme. Certes, il avait
arpenté la courte rue Champollion (anciennement
rue des Maçons-Sorbonne) : aucune plaque ne
signalait que Littré eût résidé au numéro 3.

— Je pense que tu en trouveras une rue d'Assas,
dit Papiton.

Il dédaigna d'y aller voir, trop certain que des
changements sans remède insultaient à la mémoire
du héros.

Mais pour la maison du Mesnil, c'était autre
chose. Supposé qu'elle eût disparu, du moins pour-
rait-il respirer l'air de cette campagne où le Maître
avait ses quartiers de printemps. (Pourquoi au
printemps ? A cause du rossignol !)

162

N'y tenant plus, un vendredi après-midi il prit le train pour Maisons-Laffitte, sous un ciel très bas. Arrivé qu'il fut, la pluie tombait serré. Mieux valait aller en taxi.

— Je vous prie de me conduire à la mairie du Mesnil-le-Roi.

— Ça fait plaisir de charger un client qui cause bien.

Il était tombé sur un babillard qui lui dressa une galerie de portraits, du malingre à l'obèse et du taciturne au crachotant.

— Y en a même qui ne savent pas où ils vont, c'est pour dire. Vous, vous savez où vous allez mais vous avez mal choisi votre jour : c'est parti pour l'après-midi... Vous en avez pour longtemps à la mairie ?

— J'espère qu'il se trouvera quelqu'un pour me renseigner promptement. Je désire connaître l'emplacement de la maison de Littré.

— Littré ? C'est quelqu'un du Mesnil ?

— Il y a séjourné.

— Ce doit être pour ça qu'il a son avenue ! Et il était célèbre ? Qu'est-ce qu'il faisait ?

— C'était un lexicographe.

— Un quoi ?

— Un lexicographe — entre autres. Il nous a donné un *Dictionnaire de la langue française*.

— Je me disais aussi que vous parliez un peu comme un dictionnaire ! J'espère qu'on va pouvoir vous renseigner...

Après avoir arrêté le compteur, il accompagna Frédéric, qui en fut agacé. La mairie était vide et mal éclairée ; le crissement d'une lime à ongles rayait le silence.

— Nous nous excusons, chère madame, de vous arracher à vos raffinements de toilette : nous désirerions savoir où se trouvait la maison de Littré.

— C'est vous qui voulez savoir ça ?

— C'est ce jeune homme.

— Vous êtes étudiant ?

— Je fais des recherches sur la vie de Littré.

— Je vais voir si je peux vous être utile... Je vais demander à ma collègue...

Au premier étage, la collègue laissa s'écouler deux minutes avant de répondre au téléphone. Frédéric trépignait.

— Odette, tu peux me dire ce que tu sais sur Littré ? (Se tournant vers Frédéric :) Attendez, elle va regarder dans le dictionnaire.

— Mais je sais qui est Littré ! Ce n'est pas ce que je vous demande !

— On croit qu'on sait et on ne sait pas ! Voilà, elle y est : « Littré. 1801-1881. Auteur du *Dictionnaire de la langue française* qui porte son nom. Disciple d'Auguste Comte. Académie française. » C'est tout ce qu'il y a ? On ne dit pas s'il a vécu au Mesnil ?

— Nous savons, chère madame, intervint le chauffeur, ironique, que ce grand lexicographe a résidé au Mesnil : nous voudrions savoir où.

— Vous devriez essayer l'avenue Littré puisqu'elle porte son nom ! Mais ça ne veut rien dire : si Victor Hugo avait dû habiter dans toutes les villes où il y a une avenue Victor-Hugo !

La pluie qui avait cessé pendant qu'ils se trouvaient à l'intérieur se hâta de les accueillir dès

qu'ils eurent franchi la porte ; le crachin de la
mélancolie tomba sur l'âme de Frédéric.

— Je crois, dit-il, que nous ferions que sage de '
rentrer.

— Jamais de la vie ! Vous êtes sûr que votre
grand homme a résidé au Mesnil, non ?

— Je suis sûr qu'il y possédait une maison
qu'il affectionnait beaucoup, assez modeste, sans
doute, mais accueillante et ombragée de très
beaux arbres dont l'utilité principale, ce me semble, était de préserver Littré de l'excessive chaleur.

— Il ne supportait pas la grande chaleur ? Et il
venait quand dans sa maison de campagne ?

— Au début du printemps, je suppose. Il devait
la quitter aux premiers jours de juillet.

— Sur quoi vous basez-vous ?

— Je me fonde sur le simple fait, mentionné
par les bons dictionnaires, que « passé le mois de
juin, le rossignol ne chante plus ».

— Je ne vois pas le rapport, il faudra que vous
m'expliquiez. Bon, on y va... ne vous cassez pas
la tête pour la course, c'est pour ma pomme...

Ils roulèrent au pas le long de l'avenue Littré.

— Ça m'étonnerait beaucoup qu'il ait habité
là. Ce n'est pas votre avis ?

— Je pense en effet qu'il avait dû choisir une
voie plus écartée. Il faudrait pouvoir se représen-
ter cette petite ville dormante et bien irriguée
telle qu'elle était au milieu du siècle dernier...

— Ça devait être encore plus boueux qu'aujourd'hui... Bon, voilà ce que nous allons faire : il
ne pleut presque plus, on va continuer à pied...

on prend une rue au hasard, une rue un peu moins... un peu plus...

— Champêtre ?

— C'est ça : une rue où passaient autrefois les tombereaux de fumier et les oies... Tiens, vous qui avez l'air de tout savoir, qu'est-ce qu'elle fait l'oie ?

— Elle cacarde, même sous la pluie.

Mis en verve, le chauffeur tenta de pousser des colles à propos des cris d'animaux. Il dut rendre les armes, ignorant, le malheureux, que le serin gringotte et que trisse l'hirondelle ; et même, comble de balourdise, que la poule claquette quand elle va pondre, caquette quand elle pond, et crételle quand elle a pondu.

— Je suis très content de vous avoir connu... J'en prends plein la gueule mais je suis content.

Frédéric commençait à se demander s'il parcourait les rues de cette petite ville dégoulinante de gaieté à la recherche de Littré ou d'une bronchite glapissante. Mais en pareille occurrence, l'auteur obstiné du Dictionnaire eût-il renoncé ?

— C'est marrant, on dirait qu'il y a pas loin d'ici des dingues qui sont en train de jouer à la pétanque...

Frédéric, imitant son compagnon, s'arrêta. Tout proche, le heurt acéré des boules ébranlait l'espace. Ils avisèrent un quidam pansu, botté, encaqué dans un ciré jaune, qui, seul et plein de détermination, s'exerçait au tir. Au moment où les deux pèlerins arrivèrent à sa hauteur, il eut la coquetterie de réussir un carreau parfait, admiré du chauffeur.

— Vous avez du répondant, l'ami ! Gare aux adversaires !

166

— Pas les adversaires, l'adversaire! Je l'attends, mais il ne viendra pas, je m'en moque, je m'entretiens. Il lui faut du soleil, et moi la pluie ça me botte. Tant· pis pour lui, il y avait un déjeuner à la clé, ce sera pour sa tronche... Vous êtes témoins que j'étais sur place...

— Nous ne savons pas contre qui vous deviez vous battre, mais si nous le rencontrons nous lui dirons que vous avez gagné... Allez salut, bonne continuation...

— Attendez, on va prendre un café, avec un petit rhum... Où alliez-vous?

— Nous recherchons la maison de Littré, ou son emplacement.

— Littré? Celui de l'avenue?

— C'est cela... Vous voyez ce jeune homme? Il sait tout sur Littré.

— Vous savez tout sur Littré? Qui c'était? Un médecin?

— Il aurait pu l'être.

— C'était un lexicographe, dit le chauffeur.

— Ah? Je ne m'en serais jamais douté!

(« Il ne sait pas ce que c'est », souffla le conducteur dans l'oreille de Frédéric.)

Ils entrèrent dans un café, tout embrumé de fumée grise, où quatre joueurs de belote tapaient le carton et emplissaient les cendriers. Au comptoir, une barbe dure soliloquait d'une voix rauque.

— Trois cafés-rhum, commanda le joueur de boules sans même consulter ses compagnons; puis, à l'adresse du tenancier: Il n'est pas venu... d'un sens, il a eu raison, j'avais une de ces pêches ! Tiens, demande-leur à eux deux, j'ai fait trois carreaux de suite !

— C'est vrai (dit le chauffeur) on les entendait de la gare.

Frédéric, après avoir bu son café en se forçant un peu, ne savait comment faire disparaître le petit verre de rhum. Il se résigna à l'absorber par gorgées infimes.

— Vous n'êtes pas d'ici ? questionna le patron.

— C'est un Parisien, il est venu voir où habitait Littré.

— Tiens, c'est drôle, je me suis toujours demandé qui c'était... Un savant ?

— Pas du tout, intervint le beloteur de droite, il a fait un Dictionnaire. Tout le monde sait ça...

— Si tu sais tout, dis-leur donc où il habitait !

— Il n'habitait pas vraiment Le Mesnil (dit le chauffeur), il avait une maison de campagne, avec de grands arbres...

— C'est vague... Mais il y a quelqu'un qui peut vous renseigner : le père Étienne...

— Mais c'est bien sûr ! s'exclama le bistrotier, le père Étienne, c'est la mémoire de la commune... si lui ne le sait pas...

— Il n'a quand même pas connu Littré ?

— Pourquoi pas ? Il est mort quand, Littré ?

— En 1881, dit Frédéric.

— Eh bien, le père Étienne il a quoi quatre-vingt-seize, quatre-vingt-dix-sept... Mettons qu'il est né en 70... l'année des rats.

— Je sais (dit le maître des lieux) : on avait bouffé les chats en 69... Mais s'il vous reçoit...

— Il les recevra, il adore les visites.

168

— Laisse-moi finir ! Je voulais dire que même s'il les reçoit il n'est pas sûr qu'il puisse les renseigner... on m'a dit qu'il ne pouvait plus parler.

— En tout cas, il ne sort plus... vous êtes sûrs de le trouver chez lui... voici quinze ans qu'il vit comme... comme...

— Un cénobite, souffla Frédéric.

— Les cénobites tranquilles, pouffa le beloteur de gauche.

— Je vous remets ça pour la route, dit le mastroquet.

— Ne pourriez-vous me servir un diabolo menthe, murmura Frédéric.

— Après un café-rhum ? Vous cherchez la colique ! Je vais vous mettre un cognac... Du moins au plus.

— Où le trouve-t-on, votre père Étienne ? demanda le chauffeur.

Frédéric n'entendit pas la réponse. Au sortir du café, il fut tout près de remercier le Ciel dont la pluie adorable chassa les fumées de l'alcool. Ils tournèrent à droite et s'engagèrent dans une ruelle gâcheuse bordée de pavillons très anciens, mais dans un bel état de conservation. L'un d'eux s'était peut-être élevé sur l'emplacement de la maison du Maître sans que ses occupants s'en doutassent le moins du monde.

— Heurtons à l'huis, dit le chauffeur. Ça vous plaît comme tournure ?

— Cela me plaît, mais c'est impropre : il y a une sonnette.

Ils furent accueillis par une femme en blouse paysanne, sexagénaire d'apparence, qui leur fit bonne chère, mais s'attrista de l'état de leurs chaussures.

— Nous sommes fort honnêtement crottés, s'excusa Frédéric, qui détailla l'objet de la visite.

Ils attendirent, dans l'entrée, en se débourbant au paillasson, que la gouvernante se fût enquise de l'état du quasi-centenaire confiné au premier étage. Le temps leur parut long, que Frédéric meubla en se laissant dériver au fil des photographies fichées au mur attenant de l'escalier. Toute une vie s'étageait, jaunie, craquelée, solennelle, travailleuse, champêtre, traduite en baptêmes, en communions, en accordailles, en pique-niques, en grèves, en banquets. Où étiez-vous bambins daguerréotypés, fiancées à contre-jour, conscrits surexposés ?

« Dérisoire et pathétique », se murmura Frédéric.

Affable et digne, la dame de compagnie reparut.

— Je n'ai pas réussi à lui faire comprendre ce que vous désiriez savoir : il traversait une écluse... C'est comme cela qu'il appelle ses absences. Il paraît que Briand disait la même chose... Mais il est très heureux qu'on vienne lui demander de se souvenir, il adore remonter le temps... Ce n'est pas la peine d'élever la voix, il entend très bien... Je resterais bien, mais j'ai à faire... Il m'a demandé de sortir le bocal de cerises... Dites-lui qu'elles sont bonnes.

L'antique témoin des heures glorieuses et douloureuses du Mesnil feignait d'agoniser dans un fauteuil planté face à la porte. Dans la pièce — tout ensemble chambre et salon — flottait une odeur de poulailler qui leur fit froncer le nez. Le vieillard se redressa, et leur fit un sourire à sept dents auquel ils répondirent très civilement par un salut de la tête.

« La vieillesse nous édente tour à tour », se cita Frédéric.

— Il paraît que vous avez quelque chose à me demander ?

Il parlait avec lenteur, mais sans difficulté. Frédéric cherchait à présenter sa question dans une forme ramassée, mais le chauffeur le devança :

— Nous sommes venus vous demander si vous saviez où se trouvait la maison de Littré...

— Littré ? Ah ! Littré...

Fut-ce un effet de ce nom fatal ? L'ancêtre sombra dans les eaux-vannes d'où il n'émergea qu'au bout de cinq minutes.

— Inutile de parler si fort... Littré ? Bien sûr, j'ai connu Littré... J'ai même deux fascicules du Dictionnaire... Je l'ai vu deux fois... la même année.

— Vous deviez être tout enfant ?

— Je ne vous entends pas.

— Je disais : vous deviez être tout enfant ?

— Je ne suis pas sourd... C'était en 1877... J'avais neuf ans.

— Il vous a parlé ?

— Il m'a mis la main sur la tête... On aurait dit un curé... Il portait une houppelande...

(« Les habits larges s'endossent plus facilement. »)

« Qu'est-ce que je fais ici ? Qu'importe que vive encore au Mesnil-le-Roi un vieillard sur la tête de qui, un jour de 1877, Littré a posé la main ! Qu'importe que ce qui est vrai soit vrai ! »

— Il connaissait surtout ma grand-mère... Il y a une photographie d'elle avec moi, dans l'escalier... Il lui donnait des conseils pour soigner ses rhumatismes... Lui-même, il souffrait beaucoup... Il disait quelque chose de drôle là-dessus... Je ne m'en souviens pas...

— Mon gueux de rhumatisme, dit Frédéric.

— Il en sait des choses, ce petit...

Du menton, le géronte désigna le bocal de cerises qu'ils eurent grand-peine à déboucher.

— Ne vous privez pas...

Ils ne se privèrent pas de les trouver atroces.

— Je vois qu'elles sont bonnes...

— Excellentes... Mais, pardonnez-moi, dit le chauffeur, nous voulions savoir si vous saviez, ce n'est pas fameux comme phrase, savez-vous où se trouvait la maison de Littré ?

— Je sais une chose... elle n'existe plus... excusez-moi... si je cherche à me rappeler...

Ils sortirent sur les pointes. Au bas de l'escalier, la gouvernante les interrogea du regard.

— Il traverse une écluse. Pourtant, il n'a pas goûté à ses cerises.

— Je vais monter... Vous savez, la seule idée qui le maintienne c'est d'arriver à cent ans. Si Dieu le permet, il les aura le 24 mai 1968.

— Il n'est pas né en 70 ?

— Faites le compte...

— Ses cerises à l'eau-de-vie, vous savez ce qu'elles m'ont rappelé ? Le conte d'Alphonse Daudet, « Les vieux », dans *Les Lettres de mon moulin*... J'ai une édition reliée... Vous connaissez, forcément...

— Je l'ai lu, à onze, douze ans, répondit Frédéric, assombri.

172

Il s'était revu à son pupitre, cela lui avait déplu. Quelque chose d'autre le tracassait.

Dans le train, il se rappela que le but de sa visite au Mesnil-le-Roi, c'était de s'assurer si le Lexicographe était à portée de suivre la montée des eaux, jusqu'au point où « l'inondation empêchait cette ville de correspondre avec la Capitale ». Il pouvait, sans grand risque, répondre par l'affirmative.

Du moins, cette expédition pluviale et par trop alcoolisée — il supprimerait le vin pendant huit jours — ne lui avait pas coûté grand-chose : le chauffeur avait refusé tout paiement.

— Disons que ç'a été un après-midi de congé... J'ai appris des tas de choses : que Littré avait une maison de campagne, qu'il souffrait de rhumatismes, que le père Étienne aura cent ans en 68, et que les poules crétellent comme des dingues quand elles ont pondu...

Tout à coup, Frédéric se frappa le front, ce qui émut son vis-à-vis.

— J'ai dit cénobite au lieu d'anachorète !

— Vous devriez vous pendre, fit l'autre.

— Tu m'aurais demandé où se trouvait la maison de Littré, dit Papiton, je t'aurais appris, d'abord qu'elle a disparu sous un bombardement en 1917, ensuite qu'elle se situait rue de l'Église. Ou plutôt inversement.

Mais si, c'était fini, la moisson était engrangée. Toute la vie de Littré, ressuscitée d'entre les mots, exaltée par l'exemple, éparse, dévoilée, familière, travailleuse, austère, charitable, ordonnée, chaste, tolérante, oui cette vie traversée de chagrins et d'humiliations, comblée d'honneurs, modeste, triomphante, elle était là palpitante et nue, en chemin d'être reconstituée par un jeune homme solitaire qui, sans pleurer les années consumées, s'était voué à cette tâche surhumaine.

Il allait faire renaître l'Homme du Dictionnaire, tel qu'il fut en lui-même. Littré allait marcher au bord de «. la mer qui baigne la Bretagne », « gazonner son jardin », s'enchifrener, devenir catarrheux, rhumatisant, il allait écouter le chant du rossignol dans les arbres du Mesnil-le-Roi.

Frédéric s'attachait tout autant, et peut-être davantage à faire revivre Sophie. Il ignorait si elle avait les cheveux « marronnés » ou « renoués de rubans » : ce serait tantôt l'un tantôt l'autre ; elle serait « plus jolie que belle » ou « régulièrement belle », on verrait ; elle aurait « des grâces natu-

175

relles », « les yeux pleins de feu » ; sa mère « la costumerait en bergère » ; elle n'aurait pas une enfance resserrée mais serait élevée sans faiblesse excessive car « il ne faut pas délicater les enfants ».

Elle aurait des petites camarades, les filles de Barthélemy Saint-Hilaire ou de Burnouf ; elles parleraient parfois un peu fort et M. Littré ferait mine de gronder : « Entendez comme ces petites filles jabotent ! »

Elle jouerait :

au trictrac	au volant
au piquet	au solitaire
aux demandes et aux	au jeu du commerce
réponses	au sorcier
à croix ou pile	à la chouette
à pair ou non	au jeu de l'avocat
au roi dépouillé	à la vérité
à la poussette	à faire des fromages
à la question	au bon vinaigre
à la queueleuleu	à la bête ombrée
à colin-maillard	au grabuge
aux propos interrompus	aux grâces
aux dominos	à la guimbarde
au mail	au nigaud
au loto-dauphin	au gage touché
à la comète	aux pois pilés
au jeu de l'hymen	au jeu des aveugles
à la patte	à cache-tampon
à la pigoche	à pigeon vole
aux 13 allumettes	à l'emprunt
à la madame	à faire courir le petit
à la mappemonde	paquet

au mariage   à la guinguette
au jeu de la belle   au jeu du sifflet
à la charade en action   à pair et impair

— Tu plaisantes ! Tu vas la tuer à force de la faire
jouer !

— Il y a des jeux très calmes comme les jeux de
cartes ou certains jeux de dés qu'une enfant bien
élevée pouvait pratiquer... Je te signale quand
même que j'en avais relevé plus de trois cents !

— Et moi, je te signale que c'est de la vie de
Littré qu'il est question ! Il ne va pas passer son
temps à regarder jouer sa fille !

— Non, d'autant plus qu'il joue avec elle au
trictrac. Elle le bat, il fait la moue : « Je n'ai pas de
chance au trictrac », dit-il.

— Il me semble que Mme Littré, dans cette
histoire, se fait surtout remarquer par son absence.

— Elle s'occupe beaucoup de sa fille ; elle aime à
« la bichonner », à « l'attifer », elle lui met parfois
une flèche d'or dans les cheveux... Elle est l'ombre
douce, attentive à ces petites choses qui sont parfois
de grande conséquence. Elle dissuade son mari
d'aller se promener quel temps qu'il fît : « Sortir
par un temps pareil, vous n'y pensez pas ! » ou
bien : « Ne vous dégarnissez pas si tôt, vous allez
vous enchifrener ! »

— Que penses-tu de ce ménage ? Comment se
sont-ils rencontrés ? mariés ?

— Je pense qu'une « dame fut la négociatrice du
mariage », puisqu'il le dit. Quant à cette union,
pensait-il comme Collin d'Harleville que « l'hymen
le plus doux est toujours une chaîne » ? ou, comme

le dénonçait Bourdaloue « qu'il n'est qu'une affaire temporelle, une pure négociation » ? Je penche à croire qu'il partageait le sentiment de Mme de Maintenon, au regard de qui « les meilleurs mariages sont ceux où l'on souffre tour à tour l'un de l'autre avec douceur et avec patience ». En tout cas, la recherche de l'harmonie conjugale n'était pas pour Littré un objet vain car « un mauvais ménage est l'enfer sur la terre ».

— Je voulais te dire quelque chose... Tu auras peut-être le sentiment, en fin de compte, que ton personnage a mené une vie sans conteste bien remplie, mais assez ordinaire, entre sa femme et sa fille, comme des milliers d'autres qui ont traversé le temps des révolutions, la guerre de 70, la Commune... si l'on oublie, bien sûr qu'il fut aussi un savant, un philosophe, et l'auteur du Dictionnaire qui porte son nom...

De l'homme de science, Frédéric avait retenu — Papiton le lui avait appris — qu'il avait légué au monde une vie d'Hippocrate en dix volumes ; du philosophe, il n'avait cure ; quant à l'auteur du Dictionnaire, merci, il s'en occupait.

— Quand le doute te poindra, ou le découragement, remets-toi à l'esprit cette phrase de Carlyle : « Toute œuvre humaine est futile, mais l'exécution de cette œuvre est très importante. » Ce que tu réalises n'a pas plus de prix que *Madame Bovary*, mais pas moins...

— Je te remercie, je m'en souviendrai. Je ne sais pas qui est Carlyle mais je me souviendrai de ce qu'il a dit : c'est une phrase pour la route. Mais pour commencer, j'ai celle-ci, de Littré lui-même : « Il

n'est rien que les hommes ne soient capables
d'entreprendre. »

Il se mit à l'ouvrage, et pas un instant ne lui vint
la pensée qu'il fût inutile, puisqu'à lui-même il était
nécessaire. Tous ces jours, tous ces mois qu'il allait
consumer à ce travail qui n'importait qu'à lui, et
dans une moindre mesure à son oncle, c'étaient des
jours et des mois gagnés sur les autres. Dans
l'espace clos de la Bibliothèque où sarabandaient
des milliers de mots et d'exemples, il jouissait d'un
temps sans limite, d'une liberté toute ronde que nul
ne pouvait lui ôter.

Et puis, il n'était pas seul. Trois ombres émanées
du Dictionnaire l'assistaient, le guidaient, se pen-
chaient sur ses feuillets. Il mettait sans doute un
peu trop de complaisance à évoquer les ris et les
jeux de Sophie, qu'importait ! Il aimait tant à la
voir s'empourprer de plaisir lorsque, jouant à la
guimbarde, elle abattait la dame de cœur !

Quand surgissait un doute à propos d'un événement historique dont le Dictionnaire portait
l'empreinte, il recourait à Papiton, lequel ne manquait jamais à l'éclairer : « Tout Paris assista à ses
funérailles » — Il doit s'agir du général Lamarque ;
« Assassiné par son garde-chasse » — Pas d'hésita-
tion, c'est Paul-Louis Courier.

Et puis un jour tout s'acheva. Il ne mit pas le mot
« Fin » car il doutait d'avoir jamais commencé. Il
n'éprouva rien de singulier, c'était fini, voilà tout. Il
laissa *Le Tombeau de Littré* sur la table de la

Bibliothèque avec son

tout plein de griffonnages et de mots précipités. Il voulut les reprendre, le lendemain, ils avaient disparu. Tant mieux, pensa-t-il. Il referma ce long épisode de sa vie absente, et jugea qu'il était temps de passer à autre chose. Et d'abord de sortir un peu.

Paris, ville métive où se croisent toutes les dépossessions, les cosaques démontés, les funambules sans ombrelle, les savetiers sans rimes, les banquiers sans raison, voici qu'un de tes fils adoptifs entreprend de te conquérir. Il a fui la Bibliothèque, la resserre fabuleuse où depuis tant de jours, enchaîné à sa tâche, il dispute à la nuit massive du tombeau la dépouille du grand Lexicographe. C'est fini. Il a longtemps hésité : que faire de ces heures vagues, de ce loisir sans borne ? Sitôt que, d'accord avec soi-même, il a résolu de sortir, un projet très ancien l'a de nouveau séduit : connaître Paris, ses rues, ses boulevards, ses passages ; s'égarer prudemment dans ses culs-de-sac (et non pas ses impasses) ; aller au Luxembourg se promener un peu ; nasarder les statues équestres ; s'abreuver aux fontaines à tête de lion... Justement en voici une. Mais il a fallu traverser deux ponts : les bras de la Seine, leçon mal désapprise...

Il lui revint que naguère il était passé par cette place mais l'avait-il vue ? Un après-midi, l'autobus 38 l'avait déposé devant un cinéma ; il avait, en

181

hâte, traversé le boulevard et gagné la rue Champollion... Qu'apprendrait-il, aujourd'hui, de cette fontaine indifférente ? Au lieu de se perdre dans l'in-
fertile contemplation des choses, ne valait-il pas
mieux entrer dans la familiarité des Parisiens eux-
mêmes ?

Au bord du trottoir, d'où il tardait à s'élancer vers
tous ces inconnus devenus ses semblables, une
jeune fille, étrangère, le pria de lui indiquer la rue
Hautefeuille, qu'il s'excusa, en rosissant, de ne pas
connaître. Aussitôt prise en main par un comptable
sec, lequel poussa l'urbanité jusqu'à l'accompagner,
elle se retourna pour adresser à Frédéric un sourire
connivent. Il lui sembla, même, qu'elle esquissait
un baiser.

Flatté qu'on l'eût pris pour un Parisien de la
vieille roche, il regretta cependant de n'avoir pu
renseigner cette enfant du Septentrion dont le
corsage et les hanches enfermaient une promesse de
bonne fortune. Il décida de muser le long du quai,
au ras des boîtes que les bouquinistes, faussement
assoupis sur leurs pliants, surveillaient d'un œil
aigu. Quand il croisait une jeune fille, il l'envisa-
geait avec une hardiesse affectée qui provoquait des
rires à demi complices, ou lui valait d'être moqué.

Qu'aurait-il fait si l'une, poussée au rut par cet
œil téméraire, lui avait sauté au cou ? Où l'aurait-il
conduite ? Il se lassa de ce manège qui l'exposait à
d'humiliantes déconvenues, revint sur ses pas, traversa obliquement la place, et vint s'échouer à la
terrasse d'un café qui jouxtait la fontaine Saint-
Michel.

182

C'était plutôt une brasserie. L'on y servait des plats cuisinés qui ne pouvaient être consommés qu'à l'intérieur. Frédéric quitta la terrasse, où nul ne songeait à s'occuper de lui, et s'installa contre un pilier lamellé de strass, juste en face d'une pancarte qui exigeait en termes secs de renouveler les consommations toutes les heures. Il était bien sûr de ne devoir pas se plier à cette injonction. Trois diabolos menthe plus tard, il n'avait pas désemparé la place. Il se sentait bien. Il n'avait pris langue avec personne, mais il s'intéressait au va-et-vient de la clientèle, aux conversations des étudiants traversées de rires incoercibles, au spleen des buveurs solitaires...

Il quitta la brasserie vers six heures du soir, dans la dernière effusion du jour déclinant. Au dîner, il informa sa parentèle qu'il avait trouvé une manière d'occupation qui l'obligeait à se rendre au quartier Latin. Il dut, mentant sans rougir, préciser qu'il s'agissait de prêter le secours de sa plume à des étudiants qu'il avait rencontrés dans un café où il était entré par hasard, etc. Mamitate hocha la tête :

— Tu devrais t'abstenir de fréquenter les cafés.

Il pensa : « Si elle avait dit hanter au lieu de fréquenter elle aurait fait un alexandrin très acceptable. »

Papiton, le prenant à part :

— Tu n'as l'air, ni le ton qui conviennent pour raconter des craques.

Il aida Mamitate à desservir. Elle lui chuchota, dans la cuisine :

— Tu sais, il est retourné dans la Bibliothèque.

On eût dit qu'elle parlait d'un ex-alcoolique, brusquement relaps. Dans sa chambre, lui revint cette réflexion, qui l'induisit à se demander si Mamitate, qui, en dépit de sa loquèle, ne livrait pas toujours ses sentiments, n'avait pas souhaité que le *Tombeau* ne finît jamais. Tandis que lui, Frédéric, s'emplissait d'exemples, Papiton, du moins, prenait l'air. Il marchait, il s'ouvrait les poumons sous les marronniers, il échangeait avec son neveu des idées qui le mettaient de belle humeur. Mais Frédéric, qu'y pouvait-il ? C'était une affaire close.

Il se leva de bonne heure, comme s'il faisait partie des phalanges du Travail, dépêcha son petit déjeuner, prévint, à tout hasard, qu'on ne l'attendît pas pour se mettre à table, et partit d'un pas conquérant.

Autre vie, autres usages. Il franchit, pour la deuxième fois, le seuil de « sa » banque, et retira une somme importante, ainsi il ne dépendrait pas de Mamitate. Mais qu'allait-elle en penser ? On verrait bien.

Il avait eu raison de prévoir qu'il ne déjeunerait pas chez lui. A la brasserie, c'était le jour du bœuf bourguignon, grande spécialité de la patronne, et qui jetait les consommateurs dans une fureur laniaire : au prix de cette merveille, les « plats cuisinés » des concurrents n'étaient que de la galimafrée.

Le patron avait dès l'abord — cela ne se commande pas — pris Frédéric en sympathie, sentiment qui s'accrut lorsque, ayant fait humer au susdit un vin de belle robe, Frédéric, jamais à court de métaphores, le qualifia de « vin de taffetas ». Il s'en fallut de peu que le patron ne fît afficher cette appellation.

La tendresse du tenancier redoubla le jour où son client — trop assidu à fréquenter cet établissement au dire inquiet de Mamitate — proposa cette devise : « Tout homme de bien aime le bon vin », aussi digne du fronton que : « Il faut manger pour vivre... » le parut au vieil Harpagon.

Aux yeux du garçon principal, Frédéric figurait un personnage de roman. Il lui témoignait un respect diligent auquel ne pouvaient prétendre les habitués de petite extraction et de grande contenance, noyés dans la contemplation de leur vide intérieur, que le maître loufiat accablait d'impertinences :

— Je te remets ça, abruti ?

L'abruti acquiesçait.

Frédéric aurait aimé prendre langue avec quelques clients. Il n'osait aborder les étudiants qui formaient un groupe compact, soulevé de rires. Il fit brièvement connaissance avec un jeune homme qui vint s'asseoir à sa table et s'autorisa à lui offrir une consommation. Le garçon le mit en garde :

— Je vous préviens, c'est un spécialiste de la terre jaune.

Après traduction, Frédéric comprit de quoi il retournait.

— Il est pourtant sympathique.

— Ça n'empêche pas.

Pour parfaire sa connaissance des clients, le garçon lui désigna un consommateur de bonne mine, un peu affecté.

— Celui-là, c'est le chéri de ces dames. Il doit y

avoir trop de concurrence sur les Champs, alors il vient ici, mais le gibier est rare.

Tout changea quand Frédéric se lia de courte amitié avec un personnage qui portait le surnom de Flipenlair.

C'était un ouvrier du bâtiment, peintre ou maçon, adonné à des travaux saisonniers dont il tirait le plus grand profit possible. Il avait à faire dans le quartier, et pendant près d'un mois, on le vit beaucoup dans la brasserie.

Le visage, les manières très libres de Flipenlair, son grand nez, qui remit en mémoire, à Frédéric, deux vers de l'exquise Mme Deshoulières, en rupture de moutons :

Sur tous les autres nez, son nez a l'avantage
Et jamais un grand nez n'orna mieux un visage,

et surtout, l'opulente braguette sur laquelle, de fois à autre, il passait une main friande, tout cela rappelait quelqu'un à Frédéric, mais qui ? Toujours fut-il qu'il éprouva pour cet homme une espèce de coup de foudre qui lui fit rechercher sa compagnie comme un cadeau du Ciel, ce qui le fit déchoir un tantinet de l'estime du garçon.

— Qu'est-ce que vous pouvez bien lui trouver ?

Il s'en fallait de peu que Flipenlair ne fût compté au nombre des abrutis, ce dont il se moquait. Tout consommateur qui exerçait son adresse au billard électrique, ou par métonymie flipper, était regardé comme une espèce de taré, ce qui était le cas de Flipenlair qui ne cessait d'alimenter l'appareil insensible aux injures qu'il lui décochait. Frédéric, fort maladroit, fut convié à mettre des pièces en

186

contrepartie de quoi son ami lui dispensa ses conseils ; il finit par acquérir un peu d'habileté.

Mais la grande affaire de Flipenlair, c'étaient les femmes vers qui il s'avançait, généreusement impudique.

— Je sais pourquoi votre braguette fait une telle bosse, lui fit Frédéric. J'avais d'abord cru que vous y dissimuliez une orange...

— Une orange ? Tout l'oranger, mon pote.

— Mais en fait vous y mettez votre vocabulaire.

Tout le dictionnaire de Flipenlair tournait autour du sexe, le sien, en particulier, qui lui servait d'unité de mesure. L'assurance avec laquelle il abordait les femmes, quels que fussent leur âge et leur condition, laissait Frédéric pantois, et un peu jaloux. Que servait d'avoir tout Littré dans la tête, si vous ne pouviez pas même faire comprendre à une fille qu'elle vous plaisait au point de vouloir passer avec elle quelques minutes d'égarement amoureux ? Tandis que Flipenlair, emmêlé dans ses barbarismes, marchait à la conquête, Frédéric languissait devant son diabolo menthe.

— Elle te plaît celle-là ? Tu veux que je lui parle pour toi ?

— Je vous en prie, ne faites pas le lévrier d'amour.

— Qu'est-ce que tu veux dire ? Tu veux m'interdire de baiser en levrette ? Si tu veux, j'en soulève une et je te la file. Ce n'est pas ma faute, elles se m'arrachent, elles se m'arrachent toutes...

Frédéric avait une arme de séduction : il savait écrire. Il se força un peu pour juger que la jeune fille qu'il avait remarquée, seule à une table où elle venait chaque après-midi, était digne de recevoir ses hommages. Mais argument sans réplique : elle lisait. Il avait la vue trop courte pour discerner le titre. Mais enfin, elle mettait la grâce d'un livre dans le coin qu'elle occupait. Il finit par se persuader qu'il la désirait au point de ne pouvoir ni pisser ni fienter. (C'était une expression ancienne qui lui revenait quand les circonstances s'y prêtaient.)

Il s'ouvrit de son projet à Flipenlair : lui écrire une lettre honnêtement tournée, qui la mettrait au fait de ses intentions sans offenser sa pudeur.

Flipenlair tenta de l'en dissuader :

— Tu crois qu'elle a de la pudeur parce qu'elle a un bouquin dans les mains ? Vas-y franco, crois-moi !

Il persista et troussa un poulet dont la première phrase lui parut des plus élégantes bien qu'un peu recherchée : « Nulle vision ne m'agrée comme fait votre visage sur un livre penché. »

Quand la jeune femme lut le message d'amour que le garçon lui avait glissé, elle commença par sourire, puis par rire, puis par s'écrouler. Tout à coup, écarlate, elle se leva d'un bond, déposa sur la table le prix de la consommation, et se précipita vers la sortie.

— Qu'est-ce qu'elle a ? dit le garçon.

Il alla voir, et poussa un hurlement :

— Elle a pissé ! Cette conne a pissé sur ma banquette !

— Mais qu'est-ce que tu lui as écrit pour qu'elle pique une crise pareille ?

— Je ne m'en souviens pas exactement. Je lui

188

disais pour la mettre à l'aise que je n'étais pas de ceux qui galopent les femmes...

— Ça veut dire quoi ? Que tu n'avais pas envie de la grimper ?

— Mais non ! Galoper une femme signifie qu'on leur fait une cour pressante...

— La prochaine fois, mets la traduction ! Et quoi d'autre ?

— Je ne m'en souviens pas, dit Frédéric, vexé.

Flipenlair n'insista pas.

Qu'aurait-il dit si Frédéric lui avait révélé que la phrase qui devait produire le plus d'effet lui avait été fournie par Hamilton : « Je succombe sous le charme de vos yeux marcassins » ?

Flipenlair arriva un matin plus tôt que d'habitude, tiré à trois épingles et demie, et s'installa devant Frédéric :

— J'ai quelque chose à vous demander.

Il fallait que la circonstance fût exceptionnelle pour qu'il usât du vouvoiement.

— Je vous vois en grand triomphe d'habillement et je crois deviner...

— Allez-y...

— Vous voudriez savoir si vous faites bien de vouloir vous marier.

— Alors là, tu m'épates !

— Et ce qui vous fait hésiter, c'est la crainte d'être cocu.

— Tu lis dans les pensées ! Comment tu as deviné ?

— Vous me rappelez quelqu'un que ce problème travaillait, lui aussi...

— Tu comprends, je me suis farci tellement de femmes mariées, j'ai le droit de supposer que la mienne... Qu'est-ce que tu me conseilles ?

— Rien. Ne prenez conseil que de vous-même.

— Tu parles comme un livre.

Il semblait que la perspective du mariage eût bouleversé l'existence de Flipenlair. En même temps qu'il prenait femme, il changeait d'appartement, d'entreprise, et parlait de s'établir à son compte. Tout à ses projets qui faisaient de lui, par avance, un chef de famille et un responsable, il dépouillait le vieil homme et marquait un dédain superbe pour le billard électrique. Mais il continuait de témoigner sa sympathie à Frédéric.

Il fallut précipiter le mariage. Dans sa hâte à embrasser sa nouvelle vie, Flipenlair avait, selon l'expression de son ami, « pris un pain sur la fournée », et la fiancée ne cacherait plus longtemps ses espérances. Il offrit une tournée restreinte, et donna deux claques sur l'épaule gauche de Frédéric.

— Je vous enverrai des rillettes, et vous serez toujours mon ami, lui dit l'auteur du *Tombeau de Littré*.

— Tu sais qu'il faut te suivre, soupira Flipenlair.

Toute la France s'abîmait dans une torpeur paludéenne. Comblés des bienfaits quasi imaginaires que la Publicité les sommait de conquérir, replets, vultueux, partagés entre la dyspepsie et la myocardite, les citoyens laissaient la tourbe des malversateurs empiéter leurs libertés et leurs droits, et, le pied au plancher, brûlant les feux rouges, écrasant les chats, poussant au fossé les motocyclistes, ils gagnaient leurs maisons des champs où, acagnardés dans leurs transatlantiques, ils acclamaient les aéroplanes qui, à grand renfort de fumée jaune, vantaient l'efficacité sans pareille de la lessive aux enzymes.

Il ne se trouva qu'un journaliste pour, reprenant le mot de Lamartine, s'émouvoir de cette pagnoterie universelle que Frédéric, sous son nimbe de néon, ne se cachait pas de ressentir. Mais qui, sinon lui-même, le contraignait à consumer sa vie en des plaisirs de songe-creux, parmi les greluchons et les bougres ? Ah ! il faut que quelque chose arrive ! Faites que quelque chose arrive !

Aucun faubourg, hélas, n'était près de s'embraser.

191

Il y avait bien eu, au début de l'année, quelques grèves d'un ton nouveau dont le déclenchement et le progrès faisaient pièce, prétendit-on, à l'autorité des syndicats, et que l'on avait, en raison de ce caractère singulier, qualifiées de sauvages. Mais à peine exhalée la crainte qu'elles ne missent en péril l'ordre des choses que tout se rangeait sous la Règle.

Il ne fallait pas compter, non plus, que les petites menées d'un boisseau d'étudiants convulsionnaires eussent la vertu de provoquer une commotion générale. Nul n'était dupe : dans la tumultuaire arlequinade qui secouait l'Université sur ses bases, on devinait trop bien la main de l'étranger. Sous apparence de propager des idées d'avant-garde, des boutefeux stipendiés par un ennemi invisible se faisaient une étude de consommer la ruine du génie français. On savait où l'infection s'était déclarée. Au lieu dit « La Folie », dressés sur un ancien terrain d'épandage, les bâtiments de la faculté des lettres abritaient les conjurations d'un brelan d'apostats que la Bourgeoisie avait exclus de ses sacrements. Ils n'avaient de cesse qu'ils n'eussent, la savate aidant, convaincu leurs condisciples d'embrasser leurs méprisables desseins. Ils interrompaient les cours de leurs clangueurs obscènes et déchiraient les professeurs de haineuses invectives. Les murs — « les murailles sont le papier des fous » — se couvraient d'anathèmes ; l'air retentissait de slogans tudesques. Tout formait prétexte à désordre. Après avoir feint de s'enflammer pour le Viêt-nam, ils s'insurgèrent contre le Règlement. Quelques frénétiques, à jour faillant, violèrent le pavillon des filles où, jusqu'à l'aube, ils menèrent le branle le plus déhonté qu'il se pût concevoir. Dans ce climat de folie vénérienne, les étudiants abdiquaient toute modestie et se répandaient à leur tour en imprécations ordurières. On vit un ministre qui, pour échapper à la fureur castratrice d'un parti d'euménides, fut contraint de plonger dans la piscine qu'il venait d'inaugurer. Revenu dans l'allée centrale, il s'occupait à refaire le pli de son pantalon dégouttant d'urine, en fredonnant deux vers de Béranger : « Faunes, sylvains, bacchantes et dryades, Autour de moi formez vos chœurs joyeux », quand un étudiant roux au visage excessivement rond l'apostropha dans un français mêlé d'acidité prussienne. « Votre livre bleu blanc rouge sur la Jeunesse française, ce n'est rien d'autre que le délire masturbatoire d'un vieux schnoque. Que faites-vous de la misère sexuelle du résident ? Cette agitation qui secoue La Folie et qui, bientôt, emportera votre belle Université, ne voyez-vous pas, pauvre guedoufle, qu'elle est provoquée par la répression qui fait de nous des enragés ? » Le ministre garda superbement son sang-froid. Il répliqua que si son apostropheur ou quelque autre habitant de la faculté sentait d'amoureuses flammes lui arder les roubignolles, il aurait désormais la ressource de se rafraîchir les noix dans la piscine. Il avait eu, ce disant, la prudence de se rapprocher de son automobile encocardée, ce fit qu'il échappa les outrages dont les plus déterminés se disposaient à l'abreuver.

Le ministre, homme des plus rassis, ne demeura pas longtemps à chercher réparation des offenses qu'il avait essuyées. Il réfléchit que s'il parvenait à se concilier l'étudiant roux, il pourrait, de l'influence qu'exerçait celui-ci, tirer quelque avantage. Aussi, lui adressa-t-il, par le canal d'un journal du soir, cette requête que tous les organes répercutèrent :

Ami, notre discord me navre Dieu sait comme.
Je dis qu'un bon ministre est un grand honnête
homme ;
Il doit produire un front débonnaire, et j'entends
Que tu viennes saisir le doigt que je te tends.
Au lieu de nous traiter de singe ou de baderne,
Nous rirons en faisant écumer le falerne.
Amène tes cousins, tes amis, tes nounous,
Cela nous grimpera, le soir, sur les genoux,
Et nous entonnerons à la première invite
Les gaillardes chansons de nos troupes d'élite.
Mais si, par des soupçons faussement égaré,
Tu repousses les bras qui te veulent serrer,
J'irai, mordu au sein par la blafarde envie,
Traîner près du fumoir ma languissante vie,
Et je serai de rage et de rancœur recru
Comme l'on l'est toujours lorsque l'on n'est pas cru.

On pense bien qu'une telle exhortation, un peu rocailleuse sur la fin, devait toucher le cœur d'un garçon de vingt-trois ans qui n'avait eu que le tort de s'être laissé séduire aux grimaces de la puissance. Il prit ses jambes tortes à son cou puissant et tomba dans les bras du ministre en s'exclamant : « Étouffons nos discords sous nos embrassements ! » Puis, devisant et riant, ils entrèrent dans un petit salon où ils se guédèrent de ramequins et de tartelettes aux kiwis ; et ils burent de la fraisette.

194

Que se passa-t-il ensuite ? Quel démon souffla à l'étudiant roux que, moyennant de piétiner son honneur, il pourrait réduire à merci l'Université tout entière ? Dominant de sa petite taille un bataillon hirsute accroupi dans la boue du campus, il ne cessa dès lors, Desmoulins du ruisseau, de lancer ses disciples à l'assaut des dernières bastilles. Mais pouvait-il se satisfaire de régner sur quelques dizaines de fanatiques béants d'idolâtrie ? Il ne lui suffisait plus d'incaguer les appariteurs ou de faire danser la grappignole aux agents ; de brocarder de lardons scandaleux des professeurs irréprochables ; de surgir en habit d'arlequin dans les salles de travaux pratiques ; de prononcer la grève des examens : il voulait porter l'incendie jusque dans le sein de l'Alma Mater...

Il s'en fallait que l'entreprise de subversion du lutin frondeur recueillît l'adhésion du grand public. Toutes ces furieuses embrassades avec les policiers n'avaient d'autre fin que d'évincer les citoyens des problèmes brûlants. Tandis que de prétendus étudiants s'amusaient à la moutarde, l'équipe de France de tennis se faisait piétiner par les Anglais, et le boxeur Jean Josselin volait en éclats sous les coups d'un Italien sûr de lui, et dominateur. Que pesaient quelques échauffourées au prix de ces désillusions ?

Frédéric ne pouvait ignorer le train des événements : il roulait devant la brasserie même, dans un sens ou dans l'autre. Il n'entendait rien à ce charivari et ne comprenait pas quelle nécessité perverse excitait tous ces jeunes gens à se soulever contre leurs maîtres.

Il s'étonnait, chaque fois qu'il traversait le pont, d'être interpellé comme un que sa mine de conspirateur désigne aux soupçons : le prenait-on pour quelqu'un d'autre ? Un matin, il trouva le café clos ; adossées contre la porte vitrée, les chaises en pyramides formaient un rempart de paille tressée. On respirait — mais fallait-il respirer ? — un air chargé de principes délétères. Il avait le choix : rentrer chez lui ou remonter le boulevard au risque d'être englouti. Il n'hésita pas : tout valait mieux que de s'ennuyer.

Je pose mon pavé, et je récapitule. Qu'ai-je à faire de cette barricade, montjoie de pierres usées et de rêves à vif? Je ne suis pas des vôtres, camarades. Mais pas moins, toutefois, que certains que je vois encore obstinés à tirer du sol de quoi nourrir ce rempart insensé. Que vont faire « ceux d'en face », faussement insensbiles sous l'insulte qui s'enfle et détruit leur honneur? Je pourrais fournir aux rebelles tout un répertoire d'injures confondantes. Mais qui s'offenserait d'être traité d'averlan, de lifrelofre ou de gaubregeux? Cela ferait rire...

Les lycéens rentrent chez eux. Ils ont, nous avons beaucoup marché. Cet exercice porte le nom spécifique de crapaütage, du verbe crapaüter. Je ne dispose d'aucune lumière sur l'origine de ces mots qui relèvent, m'a-t-on précisé, de l'argot militaire. J'ai vu un lion de pierre que les cris, les durs slogans mille fois proférés n'ont pas fait tressaillir. Je ne me souviens pas d'avoir donné de la voix.

Rentrez chez vous, poucets frondeurs. On aura, pour cette équipée qui vous a fait les yeux rouges, des mots indulgents, des demi-sourires; pour pénitence, vous devrez prendre votre température.

Il fait doux : un temps à rêver que l'on aime, en respirant l'herbe drue. Je m'abuse : le pavé parisien n'est pas semé de marguerites. Du moins, peut-on chanter ; pourquoi pas *Auprès de ma blonde* ? La tourterelle et la jolie perdrix font la chaîne. Quelques-uns s'abstiennent de reprendre en chœur. Ils me donnent des frissons : visages émaciés, lèvres minces, gestes froids. Sont-ils des professionnels, et Balzac eût-il fait de tel ou tel le type de l'émeutier ?

Je ne connais pas le nom de cette rue que nous transformons en voie vicinale. Le savais-tu, mon âme, que sous le pavé noir riait le vent des plages ?... Il faudra d'autres matériaux pour nourrir cette barricade, des sacs de sable, et de vieux matelas pour arrêter les balles. Mais je doute que « ceux d'en face » nous tirent dessus. Après les sommations, il faudra obtempérer, comme ne dirait pas Voltaire.

Je ne sais pourquoi, je plains ces hommes vilipendés, les C.R.S. Je ne demanderai pas la signification de ces trois lettres : pourquoi ne sont-ils pas des C.R.B., on ne les traiterait pas de S.S. ? (Mais ils pourraient aussi être des C.R.Q.) Ils me font penser à des trompettistes que l'on contraindrait à retenir leur souffle avant d'emboucher leurs instruments.

J'aurais pu partir avec les lycéens, qui m'aurait retenu ? Je reste par curiosité pure : je suis curieux de savoir ce que va faire le nommé Frédéric Mops quand les matraques se lèveront. Mon voisin, qui doit avoir le même âge que moi, est étudiant en médecine. Nous étions côte à côte durant que nous marchions. Il afirme que rien ne pourra faire plier la Jeunesse. Il ne cache pas que, la fièvre montant, un léger gargouillement de panique lui amuse le ventre. Quant à moi, ai-je prétendu, je ne crains rien, sauf l'artillerie. Il s'est esclaffé : « Ils n'en viendront pas là ! — Je le sais c'est une phrase toute faite. »

Maintenant, c'est, dans une rumeur de chamade, l'attente. On va vers la paix, on va vers la guerre, nul ne sait. J'entends la voix de Papiton qui évoque 1939. Que fait-il à cette heure ? Que fait Mamitate ? Que peut-on faire à deux heures passées, quand celui que l'on aime est dans la rue, parmi des jeunes gens en colère ? Que leur dirai-je demain ou plutôt tout à l'heure quand... ? Que se passe-t-il ? Qu'est-ce que... ? Ah ! Mon Dieu ! Ils... ILS...

« Ouvrez-moi cette porte où je frappe en pleurant »...

Dans les récits tendancieux qu'ils ont prétendu léguer à la Postérité, les journalistes gagnés à la cause de la subversion ont voulu faire accroire que le souci primordial des étudiants mués en quarante-huitards était, le pavé aidant, de prendre part à l'avenir que les Maîtres leur dessinaient. On reconnaît bien la perversion singulière de ceux qui font métier et marchandise d'abuser l'Opinion.

Revenons. Il est quatre heures. Le rossignol s'est tu au Mesnil-le-Roi. Les chevaliers de l'Ordre public ont beaucoup prêché. Mais leur haute conscience les pousse encore à évangéliser à tour de bras. Quand ils arraisonnent un subversif, sans doute peut-on juger qu'ils mettent un zèle parfois excessif à vouloir emporter le morceau. Ils saisissent l'hérétique, ils lui macrouillent le râble, ils lui dragonnent l'abdomen, ils lui brésillent la luette, ils lui verjutent la bite. Et alors ? et après ? Après, ils lui sacmentent les fesses, ils lui cancellent le foie, ils le talent, ils le cossent, ils l'épatent, ils lui fressurisent la rate, ils lui vermillonnent la truffe, enfin, ils le ruent sur le plancher d'un car où d'autres spécialistes du droit canon parachèveront l'instruction du catéchumène. Conduits dans un centre des plus hospitaliers, ils seront épouillés, douchés, ébrenés, dégazés, revêtus d'une aube pure, puis, claudicants mais conquis, renvoyés dans leurs familles.

Revenons encore. Il est quatre heures trente. Les corps des derniers manifestants sont noirs de monde. Dans les petites rues, les serviteurs du Bien, animés par leur ferveur apostolique, s'efforcent encore de convaincre quelques impies vomissants.

Mais qui est donc cet individu qui gesticule ? La figure en sang, dûment boutonné, cravaté, il apostrophe, il défie :

— Venez ici, petit céhéresse !

— Keskidi ?

— Viens là ! Je vais te dauber comme aux noces de Baché !

— Celui-là, il est atteint !

— Je vais te débeziller les fauciles !

— Je m'en occupe !

Il s'approche, le céhéresse, mais il reçoit un tel coup, qu'il s'étale, qu'il s'éparpille comme un sac de noix, en restituant deux grandes louches de julienne au vermicelle, et l'âme parmi le potage.

— Venez, venez vous faire morcocasser !

Ils se ruent, les céhéresses, ils vont saisir ce fol, mais son bras les terrasse, sa droite formidable les fait rentrer sous terre. Tant, qu'à la fin, ils s'enfuient, ils caponnent, et lui, toujours dressé, mais las, il se laisse emmener, enlever même, par le disciple qui l'assiste, et les voici tous les deux qui s'envolent, qui disparaissent, qui s'évanouissent...

L'au-delà, c'est une chambre floue peuplée d'ombres folles. Elles vont, elles viennent, et cependant ne bougent. Elles remuent les lèvres et ne parlent point. Quelque chose vous interdit d'ouvrir les yeux, de tourner la tête. L'on croit que l'on s'endort, et l'on tombe, on tourbillonne, aspiré par le bas. Quand on remonte, il y a tout autour des mots-ludions qui sarabandent, d'autres, boursouflés et grotesques ou aplatis comme des môles, une main, est-ce une main, se pose, fraîche, sur votre front, une autre vous saisit au poignet, l'au-delà, c'est un hôpital mais qui est l'infirmière tu le saurais si tu ouvrais les yeux tu peux ouvrir les yeux elle est douce c'est peut-être Caroline il faut lui dire elle saura quoi faire que tu as mal à la tête dis-le-lui...

— J'ai mal à la tête...

— Ouf! j'aime mieux ça, je commençais à ne rien comprendre!

Tu reviens, non pas à toi mais aux autres. Tu périssais au monde, le monde se reforme. Mais qui es-tu? Tu portes la main gauche à ton crâne, ce n'est

pas ton crâne. Que signifie ce turban ? Qui t'a
voulu déguiser ?

— Tu peux parler ?

— Je ne sais pas qui vous êtes ni même qui je
suis.

— Vous vous rendez compte ! il vient juste
d'émerger et il nous pond un alexandrin ! Je m'appelle Denis...

— ... dit « Babiroussa », compléta un jeune
homme vers lequel Frédéric ne put tourner la tête.

— Alors, tu te rappelles ? J'étais à côté de toi
sur la barricade.

— Il me souvient de vous.

— Tu peux me tutoyer.

— Je crois que vous étudiez la médecine ?

— Oui, et c'est une chance pour toi, sans me
vanter... ce merveilleux pansement, c'est mon
œuvre.

— Que m'est-il arrivé ?

— Il t'est arrivé un coup de matraque sur la
tête, comme à beaucoup d'autres. Mais alors, toi,
c'est curieux : tu prends un pain, tu tombes, et
hop ! tu te relèves et tu te mets à faire des mouli-
nets en proférant je ne sais quoi comme si tu
taillais en pièces à toi tout seul une armée de
C.R.S. !

— Combien en ai-je abattu ?

— Mais aucun ! je me tue à te le dire ! Ce qui t'a
sauvé, outre ta dégaine d'extraterrestre, c'est que
tu avais la figure en sang, ils n'ont pas osé t'achever, et j'ai pu t'enlever sous mon aile salvatrice...

Il pensa, en pointillé, qu'il serait ridicule de
demander où il était, d'ailleurs :

204

— ... et je t'ai transporté ici, chez Marie-Véronique, la bonne enseigne.

Il la contempla venir à lui dans sa robe de chambre à ramages, et il fut ébloui de tendresse : la main qui l'avait ramené des ténèbres, c'était la sienne.

— Tu as l'air de lui plaire... Demande-lui comment il s'appelle qu'il entende ta voix...

Elle haussa les épaules, puis sourit. « Vous souriez comme une infirmière », pensa-t-il. Elle se pencha pour redresser l'oreiller, il saisit sa main droite qu'il embrassa sur la paume.

— Je m'appelle Frédéric, murmura-t-il, Frédéric Mops.

— Mops ? C'est un nom curieux, mais facile à retenir.

Elle avait parlé : c'était une voix aux inflexions douces, assortissante au visage.

— Tu peux garder ton nom de famille, dit Denis, nous t'appellerons Frédéric, puisque Frédéric il y a...

— Moi, c'est Jean-Marc, dit le second étudiant en lui tendant la main.

Un élancement, qui lui tira un « ouh » de douleur, l'empêcha d'asseoir son impression.

— Il faudrait peut-être l'emmener à l'hôpital, finalement...

— Je ne crois pas que ce soit nécessaire... Pour plus de sûreté, je vais faire venir Besson...

« Est-ce de moi que l'on parle ? »

Ils partirent ; Jean-Marc dit « au revoir », Denis ne dit rien.

— Il emporte le chat, fit Frédéric.

205

— Quel chat ? s'exclama la jeune fille.

Tout à coup, une flèche traversa la brume :

— Ma tante ! Il faut prévenir ma tante !

— Je vais le faire, donne-moi son numéro.

Il ne s'en souvenait plus.

— Dans la poche intérieure de ma veste, sur un carton, appelez au second numéro, c'est celui du magasin.

— Soit dit en passant, un costume croisé, avec cravate, ce n'est pas l'idéal pour se colleter avec les C.R.S. ... Tu gardes trop d'argent sur toi...

Marie-Véronique posa les billets sur la table. Devait-il lui dire qu'il entendait la dédommager ?

Au magasin, point de Mamitate, il aurait dû s'en douter. Il craignit qu'elle ne fût en train de courir les hôpitaux.

Elle était chez elle. Il suivit le dialogue avec une espèce de détachement, doutant presque d'être la cause de cet échange.

— Ta tante me semble être une personne de grand bon sens... Je crois que nous sommes autorisés à te garder...

— Mais vous ne pouvez vous charger de moi, vous avez sans doute mieux à faire... Quand je pourrai me déplacer, je rentrerai...

— Tu ne vas pas me dire vous tout le temps... Tu as été bien élevé...

— Oui, dit-il d'un ton piteux.

Elle rangea les billets dans un secrétaire : cela valait mieux. Le soir, Denis revint, accompagné du nommé Besson, médecin certifié. Ils trouvèrent Frédéric attablé devant une tranche de foie de génisse.

206

— C'est lui le matraqué ? Ça n'a pas l'air de lui couper l'appétit.

On défit le pansement :

— Bah... une bosse pendant quelques jours, et encore... Au cas très improbable où il reperdrait conscience, ou s'il se mettait à vomir, appelez-moi tout de suite...

— Faut-il refaire le pansement ?

— Si ça vous amuse...

Denis enturbanna de nouveau son patient qui roulait, entre enclume et marteau, un exemple terrifiant : « Il arrive, dans un coup violent à la tête, que les os du crâne se dépriment. »

Ils partirent ; le sieur Besson dit salut, Denis ne dit rien.

— Il emporte le chat, fit Marie-Véronique.

Il se remit entre les draps, puis s'avisant de son incorrection, qu'il aggrava :

— Veuillez m'excuser, je ne vous ai pas demandé où vous alliez dormir...

— Où veux-tu que je me couche ? Je n'ai qu'un lit !

Elle se coula contre lui, l'embrassa derrière l'oreille, se tourna, et s'endormit presque aussitôt. Je complique tout, se reprocha-t-il.

Il s'éveilla le premier ; il sortit, presque à l'aise, d'une nuit sans houle ; quelques épaves l'avaient heurté, mais à bout de course. Il se prit de tendresse pour la nuque de Marie-Véronique où folâtrait une mèche sinueuse, et il résista à l'envie de l'embrasser. Quand il serait en état d'ajuster ses pensées, vaudrait-il la peine de démonter le concours de circonstances qui l'avait conduit là ? Il chassa par avance cette tentation sans fruit.

Le studio n'était pas grand : deux pas de légionnaire du lit au réfrigérateur. Il trouva, dans le buffet, de quoi préparer un petit déjeuner à la convenance de Marie-Véronique : thé au citron, biscottes. Mais, pour lui, point de café. Quelle importance ? Demain, il serait parti. Il mit à bouillir une petite casserolée d'eau et beurra deux biscottes...

— Ça c'est gentil, je vais t'embaucher... Tu ne prends rien ? Tu n'aimes pas le thé ?

— Je préfère de beaucoup le café...

— C'était pour moi les deux biscottes ? Prends-en une... Il faut manger mon petit bonhomme... Demain, tu auras du café.

— Tu sais, demain...

— Ah, très bien ! Demain ?...

— Je ne serai plus ici.

— On verra... Tu veux que je téléphone à ta tante ? Tu veux lui donner de tes nouvelles ?

Elle parlait trop vite :

— Je préfère que tu lui téléphones, rassure-la.

Il se vit en sous-vêtements, tête bandée, dans la glace étroite de l'exiguë salle de bains : image absurde. Il déroula le pansement et présenta son cuir chevelu au miroir, qui refusa de lui répondre ; il haussa les épaules.

Tandis qu'il remplissait la baignoire, il perçut que Marie-Véronique téléphonait. Elle en profite, se dit-il. Il eut honte de cette pensée.

Avec des gestes lents, somnolents, il effaça la sueur des combats illusoires et la crasse des batailles perdues. Il se savonnait avec les mains, n'ayant pas trouvé de gant de toilette, et il n'avait pas osé se servir des éponges dont la vision avait fait surgir une petite fille blonde, rieuse, coquine, qui lui mettait sous le nez ces trésors intimes : l'éponge pour le haut, l'éponge pour le bas... Cette image l'attrista.

— Voici un grand garçon tout neuf, et parfumé... J'en connais qui ne sont jamais matraqués et qui ne se lavent pas beaucoup... Tu as bien fait d'enlever cette bande... Tu as trouvé tout ce qu'il te fallait ?

— Euh... il n'y avait pas de gant de toilette...

— Mais si, dans le petit meuble, sous le lavabo... Il fallait m'appeler...

Il crut se voir nu devant elle, et il se sentit rougir.

— Mais... toi, tu te sers des éponges ?

— Quelle idée ! Elles sont là pour la décoration, enfin, si l'on peut dire.

Marie-Véronique prit une douche rapide, s'habilla prestement, annonça qu'elle allait faire quelques courses et s'enquit de ce qu'il désirait.

— Rien... enfin, un rasoir peut-être, mais ce n'est pas la peine...

— Mais si, et je vais te prendre des sous-vêtements de rechange, et un pyjama... à vue d'œil, taille 3.

— Bien, si tu veux, prends l'argent qu'il te faut...

Elle l'installait dans ses meubles sans lui demander son avis : on ne lui demandait jamais son avis. Et puis, il n'avait pas la force, ni vraiment l'envie de résister.

Elle prépara le repas : bifteck, purée, pommes, et posa un bocal de cornichons.

— Je te donne du travail.

— T'occupe ! Je fais ce qui me plaît.

Denis passa en coup de vent, et fit la moue devant la tête nue de Frédéric, qu'il examina sans rien dire ; il les quitta tout aussi vite. Ils rirent.

— Au fait, pourquoi le surnomme-t-on « Babi-roussa » ?

— A cause d'une expression qu'il affectionne : « Bander comme un babiroussa. » Je m'excuse, tu m'as l'air un peu pudique... C'est du langage de carabin.

Il lui revint quelque chose : tirer son coup en carabin, qui ne signifiait pas que les étudiants en médecine eussent une façon qui leur fût propre de faire l'amour, mais que l'on jetait un mot dans un débat, sans insister et sans le soutenir ; du reste, le carabin en question était un soldat de cavalerie légère au XVIe siècle.

Il se sentit un peu vacillant, et dut s'allonger. Il se fit autour de lui un clapotement de paroles qui le berça.

Ils dînèrent de jambon, de laitue, et de pommes, elle posa un bocal de cornichons.

— Les laitues sont rafraîchissantes, dit-il, machinal.

Elle avait envie de causer.

— Mops, d'où ça vient ?

— C'est un nom d'Argonaute, et aussi de chien bouledogue.

— Ah bon ? C'est drôle... Tu as peut-être conquis la Toison d'or dans une vie antérieure.... Tu as fait des recherches sur ton nom ?

— Nullement : il est dans le Dictionnaire.

— Le *Larousse* ?

— Peut-être, sans doute même, je n'ai pas vérifié. Je l'ai trouvé dans le *Littré*.

Elle le fit parler, sans avoir l'air de rien. Il pressentit qu'il allait lui livrer beaucoup de lui-même.

Ils se couchèrent comme devant. Il est doux d'avoir une femme pour amie, dit Littré ; enfin, presque.

Le lendemain, au début de l'après-midi, Denis survint, avec Jean-Marc. La veille, le premier en blouse blanche, ils avaient défilé sous des banderoles et enjoint au Général de faire ses valises ; à le raconter, leur voix se brisait.

Denis jugea que Frédéric se trouvait en état de les accompagner à la Sorbonne : l'air était doux et le rendrait gaillard. Je vais quand même te remettre ta bande, dit-il.

On eût dit que le turban Velpeau cachait l'une de ces bosses exubérantes que l'on voit pousser sur le crâne de Stan Laurel ou d'Oliver Hardy quand les briques d'une cheminée leur dégringolent sur la tête. Même Frédéric comprit où Denis voulait en venir.

Au moment qu'ils passaient sous la voûte, ils reçurent dans les bras une espèce de gueux qu'on venait d'exterminer du Temple. Débiffé, l'œil au beurre noir, le pauvre diable ne discontinuait pas d'incaguer les étudiants, lesquels s'acharnaient à lui contondre les fesses tout en le déchirant d'invectives. Le misérable avait été surpris à faire la manche, par un comité d'entraide et, de ce fait, livré incontinent à la justice du Peuple qui l'avait jeté dans le concasseur de pois chiches.

— Pourkikététu ? demanda Denis en l'aidant à ramasser ses membres.

— Pour moi.

Ils abordèrent à la cour. La presse était considérable. Frédéric renonça vite à faire station devant l'estrade où un tribun en herbe dénonçait l'aberrante collusion du pouvoir et de la C.G.T. Il alla s'établir sur une marche. On passait devant sa tête bandée, symbole de la barbarie policière, comme devant Napoléon sur son lit de mort, au musée Grévin. Il se faisait l'impression d'être un invalide qui attend qu'on le ramène à l'hospice. Tout auprès,

Marie-Véronique, qui de temps à autre jetait un œil, disputait sur une aire de parlage.

Bercé par le murmure brouheuheux, Frédéric commençait à somnoler quand un homme en complet gris le pria, d'une voix lente et sur un ton fort civil, de bien vouloir répondre à quelques questions. Il crut avoir affaire à un inspecteur de police. C'était un journaliste suisse, déférent, sceptique avec commisération, à qui l'état de Frédéric inspirait des sentiments fraternels. Il se plia à l'interviouve en parvenant à garder les idées claires ; il se soupçonna d'en rajouter. On en vint aux grands principes, et le mot « utopie » lui résonna dans la tête.

— L'utopie, dit-il, c'est la raison poussée à bout.

Qu'avait-il voulu dire ? Il n'en savait rien.

— Vous devriez noter cela, si cette réflexion vous appartient. Les étudiants ont tellement l'habitude de faire des citations qu'ils ne savent plus distinguer ce qu'ils empruntent de leurs pensées personnelles.

Jean-Marc vint à lui :

— Tu parlais avec le journaliste suisse ? C'était intéressant ?

— Il m'a dit, presque d'entrée de jeu : « Les Français ne font la Révolution que lorsque toutes les raisons de ne pas faire la Révolution sont réunies. » Je crois qu'il tenait à placer cette phrase. Et moi, je me demande pourquoi je l'ai retenue...

— Il a dû la placer souvent...

Pour lutter contre l'engourdissement, il fit avec Jean-Marc le tour du grand domaine étudiant. Il tomba en arrêt devant un graffiti qui proclamait sans ambages : « Je suis un con. »

214

— Tout con mérite un qualificatif, dit Frédéric, lequel trouva de quoi écrire sur le mur :

NUL N'EST CON ABSOLUMENT

— Belles capitales, dit Jean-Marc. Tu as dû faire ça toute ta vie. Tu n'as plus qu'à trouver des qualificatifs.

Avant de quitter ce lieu surpeuplé, il se paya le luxe d'un autre graffiti :

FAIS CE QUE VOUDRAS

— Tu as des lettres, dit Jean-Marc.

— Il fait soif, dit Denis.

Ils souffraient d'un flux de bourse. Marie-Véronique, qui se méfiait des tire-laine, n'avait pas emporté d'argent ; Frédéric intervint :

— J'ai de quoi foncer à l'appointement.

Ils comprirent, ayant bénéficié par avance de la traduction.

Autour des demis, ils se mirent à débattre de la suite des événements, oubliant Frédéric qui en profita pour ôter son turban ; après quoi, il apporta son point de vue :

— Vous avez joué à la chapelle, maintenant il va falloir fondre la cloche.

Il avait le droit de s'amuser un peu.

— Tu en connais beaucoup des expressions comme celles-là ?

— Des dizaines.

Ils rentrèrent.

— Je ne vous invite pas à dîner, dit Marie-Véronique, mais vous pouvez rester.

— Je parie que c'est du foie, dit Denis.

— Tu as gagné.

Ils s'assirent sur le lit, et poursuivirent leur débat. Frédéric demanda du papier, elle lui tendit un bloc ; il traça des colonnes qu'il se mit en devoir de remplir avec application.

Denis s'approcha :

— Que fais-tu ?

— Je qualifie les cons.

Jean-Marc s'empara du bloc. Je n'ai pas fini, protesta Frédéric. La liste était déjà bien fournie.

Con		Con	
	atrachèle		oscitant
	cornupète		léthifère
	éléophage		pogonophore
	dendrobate		balanophage
	caliborgne		cucumérin
	praséeux		dormitif
	oryzophage		chalastique
	hoplopode		inexuviable
	dumicole		subintrant
	viscivore		tétrique
	oligotrique		ulotrique
	héliophuge		hydropote
	hypospade		héméropathe
	orbicole		hirtipède
	macroglosse		hippomane
	lentigineux		sabulicole
	caronculeux		crymophile
	némoral		prurigineux
	gynécomaste		anisodonte
	cruménifère		sex-digitaire
			pyrophage

Frédéric boudait :

— Je voulais arriver à 169.

— Quel phénomène, ce gars ! Mais où vas-tu chercher des mots pareils ?

— Ils sont dans ma tête. Et dans le *Littré*.

— Tu leur fais beaucoup d'honneur aux cons, et de plus les mots rares, ça ne cadre pas avec la connerie qui est ce qu'il y a de plus répandu.

— Dans la proportion d'un sur quatre, dit Jean-Marc.

L'allusion passa inaperçue.

— C'est quoi, un con atrachèle ? dit Marie-Véronique.

— Qui a le cou court.

— Et un con gynécomaste ?

— Dont les mamelles sont aussi volumineuses que celles d'une femme.

Il dut encore — c'était une épreuve — préciser que le con dendrobate se tient sur les arbres ; que le cornupète frappe de la corne ; que l'oligotrique n'a qu'un petit nombre de poils ; que l'oryzophage se nourrit de riz ; que le crymophile aime les pays froids ; que le chalastique relâche les parties...

— Ah bon ? dit Denis, il y a des cons qui relâchent les parties ? Infréquentables !

— Ce que tu as fait, dit Jean-Marie, c'est un blason, ou plutôt un contre-blason... Excuse-moi, je suis sûr que je ne t'apprends rien.

— En effet.

— Garde-le encore un peu, dit Denis, il est intéressant.

— Je le garderai autant que je pourrai, répondit Marie-Véronique.

Après l'Odéon pris, les usines occupées, le travail partout suspendu, les familiers de Marie-Véronique furent gagnés par l'enthousiasme réfléchi des bâtisseurs de systèmes. Denis — dit « Babiroussa » — fut incorporé dans l'une des équipes qui s'astreignirent d'arrache-pied à composer un Livre blanc. Il se partageait entre l'hôpital Broussais et la faculté de médecine. Cependant, un soir, il surgit afin d'examiner le cuir chevelu de Frédéric. Une dure excroissance s'était formée, ce qui l'étonna : « Tu vas garder une bosse, mais si tu arranges bien tes cheveux ça ne se verra pas. » Il raconta d'une voix rapide la lutte des étudiants contre l'omnipotence des mandarins, tel que le professeur S., versatile autocrate qui, un matin, fulminait l'exclusive contre l'un de ses assistants, et le réintégrait le soir même. « On va lui foutre une direction collégiale au cul. » Il avait proposé un slogan : « Les grands médecins n'aiment que les grands traitements », qui permettait de jouer sur le sens du mot traitement. Mais l'heure était à l'efficacité sans ambages et l'on préféra : « Les médecins n'aiment que les gros sous », qui détourna des étudiants les praticiens disposés à les soutenir. Tout autre fut l'attitude du doyen, qui abonda dans les mesures prônées par les médecins en herbe. Denis, à cet instant, se souvint qu'il devait siéger le lendemain matin, dans une commission : « Je n'ai même plus le temps de bander », dit-il et il s'en fut. « Il emporte toujours le chat », dit Frédéric.

Jean-Marc, lui, à mesure que la révolution se charpentait, sentait croître avec mélancolie le sentiment d'y devenir étranger. L'ardent, le téméraire combattant des premiers jours que l'adversaire aux longues matraques n'avait pu réduire, c'était le même chez qui la ferveur faisait place au désenchantement. Dans le dessein inavoué d'éprouver sa résistance à la peur, il avait forcé sa nature, et il s'était trouvé au premier rang des émeutiers chaque fois qu'une nuée lacrymogène asphyxiait le quartier Latin. On s'émerveillait qu'un garçon d'aspect si fragile s'élançât toujours tête baissée contre les boucliers de l'Ordre massif. Un photographe l'avait saisi dans l'attitude du lanceur de javelot. On le reconnaissait à son casque rouge et blanc et au foulard multicolore dont il se couvrait le bas du visage. Il avait fixé un agrandissement au-dessus de son lit, et il lui arrivait de se demander qui était cet enragé intrépide et coquet...

Et puis, il avait beaucoup marché. Et maintenant, il s'agissait de marcher encore, de quitter l'imprenable Sorbonne pour se rendre aux portes des usines sceller l'invincible alliance. On partit, un soir, sous une banderole promise aux manuels d'histoire : « Les ouvriers prendront des mains fra-

giles des étudiants... » Mais le pacte n'avait pas été
ratifié. On fit le tour des bâtiments en s'efforçant de
croire que toutes les murailles allaient crouler. Ils
revinrent, le lendemain soir, précédés de leurs
chefs, et de nouveau ils avaient été récusés : le
dialogue était impossible, tout séparait le jeune
bourgeois frotté de trotskysme du métallo façonné
dès l'apprentissage à la lutte des classes, etc.

Jean-Marc dut convenir que les lendemains de
bataille, quand la parole maîtrisée supplante le
pavé sans maître, ne répondaient pas à ses désirs.
La Fête s'exténuait en palabres. Toutes les portes
affichaient les programmes des Commissions. On
analysait, on réformait. Il avait, naguère, élaboré un
mémoire ambitieux sur « la fonction épistémologi-
que de l'orthographe » où il souhaitait que s'instau-
rât une pluralité orthographique. Mais l'orthographe « cette mandarine » n'intéressait personne.
Et lui se fichait pas mal que le latin fût proscrit ou
que l'on étudiât Robbe-Grillet de préférence à
Giono. Combattant désœuvré, il attendait que
l'obstination du Pouvoir le contraignît à reprendre
les armes. Il pouvait y compter : il y aurait encore
des jours de larmes et des nuits de dévastation.

Ils restèrent seuls, mais non pas calfeutrés. Toutefois, ils évitèrent le boulevard où florissait le grand
marché de la Parole, et par des rues sans voix, ils
gagnèrent le quai des Grands-Augustins. Marie-
Véronique tenait la main de Frédéric, et l'on eût dit
des fiancés, l'un plutôt pâle. Ils descendirent le quai
à pas inégaux ; des gens tous inconnus leur adressaient des sourires et des gestes de tendre amitié ;

221

une jeune fille rousse embrassa Frédéric. Accoudés au parapet, ils laissèrent leurs pensées s'abîmer dans l'eau grise. Il lui sembla qu'une ombre, le souvenir d'un souvenir ternissait le regard de Marie-Véronique. Il lui caressa les cheveux, elle se détendit, flatta la joue du garçon... Ils se penchèrent pour admirer, sur la berge, les corps abandonnés au soleil. Ailleurs, peut-être, entre les rives d'un siècle d'airain, une autre Seine s'obstinait à charrier le sable coquillier et le dur anthracite... Ils se remirent à marcher jusqu'au moment où ils avisèrent, au milieu du fleuve, une avancée de terre caparaçonnée de béton où la nacelle d'un square offrait à de blanches oaristys l'asile de ses ombrages complaisants. Un banc les attendait, ils descendirent. Tout de suite, Marie-Véronique posa sa tête contre l'épaule de Frédéric, et il sentit le poids de sa tendresse. « J'ai un quatrain qui me démange, dit-il, aurais-tu de quoi écrire ? » Elle sortit du sac fauve qu'elle portait à l'épaule son paquet de cigarettes à bout filtrant et un petit crayon-gomme : « Écris-le là-dessus, ça deviendra une œuvre d'art. » Il s'exécuta.

> *Pourquoi faut-il qu'on se souvienne*
> *au fil des fleuves sans aveu ?*
> *Je voulais regarder la Seine*
> *longtemps à travers tes cheveux.*

— Signe-le.
Il signa.
— C'est charmant. Mi-Apollinaire, mi-Aragon. Avec un sens spontané de l'allitération. Je t'enlève deux points pour délit d'effraction mentale. Si

222

j'avais su qu'en plus de te vautrer dans le *Littré* tu étais aussi poète, je me serais méfiée.

— Mais je ne suis pas poète ! J'ai écrit des vers autrefois, il y a des siècles...

— Au berceau alors ? En somme, je t'inspire...

— Ce doit être cela.

Elle l'embrassa dans le cou, il frissonna d'émotion.

Ils rentrèrent par d'autres rues assourdies d'ombre muette. Aussitôt arrivés, elle tira de son sac le paquet de cigarettes honoré du quatrain de Frédéric et le rangea dans le tiroir de la commode.

— Je vais préparer le dîner. Après, il faudra te mettre au travail.

Il se demanda, tout en mâchant son foie de génisse, ce qu'elle avait voulu dire. Elle desservit puis posa devant le garçon une main de papier quadrillé et un stylo à niveau d'encre visible.

— Voilà. Tu n'es pas de ceux qui parlent, tu es de ceux qui écrivent. Je veux tout savoir. Tout. Et attention ! pas de faux-fuyant ! Tu as tout le temps... Écris les choses comme elles te viennent...

Elle lui donna sur la tempe gauche un baiser quasi avunculaire, et se retira.

Il demeura un long moment dubitatif et creux. Attendait-elle qu'il racontât sa vie ? Mais quelle vie ?

Il soupira et se laissa aller à sa fantaisie.

« Je suis né à Vatan, d'un père bragard et d'une mère sourdine. Où diable voulait-on que je m'enracinasse ? Trop jeune pour prendre le parti de voyager, je me retranchai d'abord en moi-même dans le

223

propos de débrouiller la confusion dont il me semblait que mon être fût la proie. Mais j'échouai. Alors, je m'occupai d'étudier mes parents. La vie de ma mère, hélas, faisait pièce au mystère. Adonnée au quotidien, elle négligeait de cultiver la part secrète de son âme. Je ne l'ai jamais surprise en état de vacance non plus qu'à publier des projets hors du sens commun. Pratiquante, elle se donnait garde de verser dans des macérations qui l'eussent signalée à l'attention du siècle. Elle n'était pas un vase d'élection mais plutôt un récipient de cuisine où trempaient quelques légumes sans malice. Autant dire que je n'avais pour elle nulle estime.

« J'aurais pu, en récompense, m'affectionner à mon père. Vivant d'aubaines et de chape-chutes, il donnait incessamment l'apparence d'être marqué au sceau du caprice. Je ne croyais guère à une connivence si persistante du hasard grâce à quoi notre maison était comblée de disparates antiquités. Quelques affaires qui avaient réduit la gendarmerie à quia vinrent donner de la substance à mes soupçons. Mais, jusqu'à sa mort, mon père ne cessa pas de jouir, en possesseur paisible, de ses bénins chapardages. Il attribuait la grâce particulière dont il était partagé au fait que, ses travaux avouables l'ayant conduit à fréquenter chez des religieux, les bénédictions du monastère lui étaient perpétuellement acquises. Il rapportait les mutandes des cénobites que ma mère, pieusement, rapetassait, et des tavaïolles destituées de leur usage où elle festonnait des napperons... »

— Ah non mon petit bonhomme ! Je vais t'en fiche des tavaïolles ! Tes exercices de somnambulisme appliqué garde-les pour l'Oulipo ou le Collège de pataphysique ! C'est là que tu finiras ! Mais moi, je veux savoir qui est ce Frédéric Mops qui porte un nom d'Argonaute ! Je veux la vérité sur Frédéric Mops !

Elle avait, par surprise, saisi la page où Frédéric donnait carrière à son goût du travestissement.

— Et de plus tu es un menteur sans remords ! Pas une rature !

Elle feignait de s'emporter, mais sa voix restait douce. On ne l'imaginait pas, faisant chorus, au côté d'un meneur tonitruant. Dans sa bouche, des slogans comme « De Gaulle démission ! » ou « Dix ans ça suffit ! » seraient devenus de câlines remontrances.

Elle vint derrière lui, l'entoura de ses bras qu'un frais parfum rendait légers.

— Je veux que tu me dises tout, mon petit garçon. Il y a un mystère Frédéric : je veux le connaître... Tu sais pourquoi ?

Elle l'embrassa sur la bouche : oui, il savait pourquoi.

— Je me couche. Quand tu auras fini réveille-moi.

Il soupira une nouvelle fois : ce ne serait donc jamais fini ? Mais après tout, que lui importait ? Quelqu'un qui avait de la tendresse pour lui l'exhortait à désensabler de misérables moments qu'il doutait d'avoir jamais vécus. Orphelin sans mémoire, ce qui entrait en jeu c'était sa faculté de reconstituer les choses : là-dessus, il ne craignait personne.

« Je suis né d'une mère très chrétienne et d'un père cheminot. J'ignore ce que fut leur vie avant que la guerre ne les déjoignît. Prisonnier docile, on l'échangea, au titre de la relève, contre trois jeunes hommes très déterminés à purger l'Occident du bolchevisme. Il rentra au village sous une pluie battante et les applaudissements d'une poignée de contadins. Ma mère avait vu partir un guerrier transi, empêtré dans ses bandes molletières, et tant que dura son absence, elle se souvint d'un homme vergogneux et réservé de la braguette. Elle vit revenir, et fondre sur sa chair ébahie, une espèce d'égipan, un pandour altéré d'humeurs vaginales, qui se revancha de ses nuits au bromure par une enfilade de coïts précipités. Je fus conçu dans la fureur de ces étreintes batraciennes. Dégrisé, mon père prit le maquis, laissant sa femme abasourdie et déjà grosse à pleine ceinture. Il se conduisit avec assez d'audace pour mériter la mort qu'une rafale de fusil-mitrailleur lui décerna. Je venais d'apprendre à dire papa, cela ne me servit de rien. La victoire célébrée, on ensevelit mon père sous les citations, et sa veuve prit enfin le deuil qu'elle avait différé de porter et que, dès lors, elle ne quitta plus.

La fureur érotique où mon père s'était abîmé avait creusé de noirs stigmates dans le cœur de ma mère. Je la surprenais souvent, penchée sur mon demi-sommeil, comme pour épier le signe avant-coureur d'une idiotie galopante. Elle m'entoura d'une affection circonspecte où perçait son obsession. Après le bain qu'elle me donna jusqu'à douze ans passés, elle examinait mes parties honteuses avec un air de défiante sévérité qui m'intriguait beaucoup. J'emportais dans mon lit ce regard obstiné auquel je ne m'offrais pas sans complaisance, et que la magie du rêve changeait en caresse. Je grandissais, studieux et chaste.

J'avais le devoir d'accompagner à l'école, sur la demande de sa mère à laquelle, par exception, la mienne était liée, une fille de deux ans ma cadette dont la maison, en contre-haut, se trouvait très isolée. Catherine m'attendait, le cartable au pied, comme un setter, au bout du sentier qui naissait presque à sa porte et que je gravissais à pas chantants. Je me laissais embrasser sans crainte de me faire moquer. J'aimais le babillage dont elle relevait l'ennui du chemin, ou plutôt sa voix, et l'incisive ébréchée que découvrait son sourire. Au retour, nous donnions carrière à notre exubérance. Elle prenait mon bras, qu'elle lâchait pour une pâquerette ou une piéride du chou. Derrière sa maison, croissait un fouillis d'herbes folles illuminées de coquelicots. Elle sautait, frisait la jambe, tentait des équilibres. Je la soupçonnais de ne se livrer à ce batifolage qu'à dessein de m'exposer son fond de culotte, d'autant plus qu'elle me priait de la tenir aux chevilles quand elle s'exerçait au poirier.

Nous devînmes inséparables. J'allais chez elle le jeudi ; le dimanche, sa mère me conviait à des goûters de tarte aux poires. Catherine disait : " Nous nous aimons parce que nous sommes uniques. " Je ne pense pas qu'elle jouait sur les mots, n'ayant guère de malice dans ce domaine. Je l'aidais pour ses devoirs de français, et tandis qu'elle tâchait de percer des règles opaques, je me perdais de tendresse pour son oreille gauche.

Uniques, nous entendions le demeurer. Je n'étais pas un frère de convention, j'étais l'élu. Où avais-je lu que Marguerite d'Écosse avait épousé à onze ans le dauphin Louis ? Nous avions l'âge des enfants royaux mais leur exemple n'était pas nécessaire. Elle décida, un après-midi de juillet, que nous étions unis. Je devinais chez elle une grande impatience de se montrer nue. J'étais moins pressé, craignant d'exciter son dégoût. Mais, fille unique, sa connaissance des garçons se bornait à quelques regards subreptices et elle trépignait de détailler mes articles. Il me souvient d'avoir fermé les yeux tandis que ses doigts pressants faisaient descendre d'un seul coup short et sous-vêtement jusqu'à mes pieds. Nous passâmes le reste du jour à nous émerveiller de nous-mêmes.

Il fallut bien, le lendemain, venir au fait et au prendre. Elle avait, dans la nuit, sous l'empire de l'excitation, appris les gestes, les caresses à quoi la solitude se faisait complaisante. Elle brûlait que ma main les lui dispensât. Je m'accordai à ses exigences et la fis mourir ; en retour, à califourchon sur mes cuisses, elle trouva ce qui convenait pour me rendre heureux. Mon plaisir à la fin fusa entre ses doigts. Elle s'émerveilla de ce phénomène et de l'avoir provoqué. Je n'avais pas de mouchoir, elle m'essuya d'un bouchon d'herbe.

Elle se complut à gouverner ma jouissance, la retardant à son gré ou la précipitant. Elle m'enduisit le ventre, la poitrine, de ma substance : " Te voilà beurré, disait-elle, je vais te mettre au four. " Il y avait beaucoup de légèreté dans tout cela.

Quelquefois, hors de souffle mais non pas rassasiés, nous suspendions nos assauts. Habillés pour un temps, nous donnions avec outrance dans les ris et les jeux puérils. Un baiser, un simulacre d'enlacement nous rejetaient dans les transes. Il fallait pour que nous quittions la partie que la volupté se fît douleur. Elle me flattait une dernière fois des lèvres et de la main. C'est tout pour aujourd'hui, disait-elle.

Nous ne tremblions pas d'être découverts ou foudroyés par un châtiment fabuleux. Nos cris impurs, ni nos soupirs d'ahan ne troublaient aucun écho. Quand un bruit de vélomoteur se faisait entendre, annonçant le retour de la mère, nous jouions dans le jardin aux dames, aux dominos, aux sept familles. Nous nous sentions enveloppés d'un regard de tendresse qui nous absolvait de nos égarements. Je crois bien que si elle avait soupçonné ce qu'elle n'était pas en état de surprendre, sans doute se serait-elle efforcée d'en faire le moindre cas tant il semblait acquis que nous dussions un jour nous marier tout de bon.

Forts, sous le soleil, d'une quasi-impunité, la pluie nous réduisait à l'abstinence. Catherine ne souffrait pas que l'on entrât dans sa chambre. Je compris, par la suite, qu'elle voulait préserver de tout regard une part d'elle-même restée naïve et pure, et qu'elle enfermait dans les objets disparates qui jalonnaient ses âges successifs.

J'avais grand besoin que le mauvais temps me

vînt en aide. Les honteux stigmates de la masturbation creusaient mon visage ; je me surprenais à trembler ; le bon élève, orgueil des cours complémentaires, cédait la place par degrés à un cancre hébété.

Mais elle, à peine si une ombre lilas fardait sa paupière. Elle prétendait que l'éclat de ses yeux s'en trouvait renforcé.

Nous ne désignions point ce grâce à quoi nous parvenions à l'acmé du plaisir. Mais un jour elle tomba sur le mot " attributs " et s'en fit fête. Il semblait qu'à prononcer, sur le chemin du retour, comme une antienne : " Je vais m'occuper de tes attributs ", son excitation fût déjà presque à son comble. Dès lors, plus de ces préliminaires par lesquels, avant de nous étreindre, nous nous donnions l'illusion de découvrir un jeu nouveau. Elle me débouclait avec l'impatience d'une amante saisie par la fureur du rut. Il fallait que quelque chose arrivât : ce fut le cachot.

Je ne crois pas que ma mère ait jamais rien soupçonné quant à la nature de mes relations avec Catherine. Elle ne s'inquiétait ni ne faisait mine de s'offenser de mes retards qu'elle portait au compte de mon humeur buissonnière. Jusqu'au jour où je m'attachai à cette singulière petite fille, j'avais été un libre coureur des bois, habile à débucher les bêtes rousses ; ou bien, hutté dans mon wigwam de feuillage, je devenais l'Enfant à la balustrade. Cette part de ma vie était indifférente à ma mère, mais non pas ma santé morale qu'elle entretenait à coups de citations édifiantes, extraites, pour la plupart de l'*Imitation de N.-S.J.C.* Elle gardait la Bible pour son instruction, et chaque soir, sous le lustre de la salle à manger, elle s'embaumait l'esprit de quelques versets.

Mais si elle ne pouvait concevoir que j'entretinsse avec Catherine des rapports si pervers, mon visage déshonoré de cernes, mon hébétude, mes notes abyssales, le vertige de sommeil qui me faisait presque choir dans mon assiette, tout proclamait que j'abusais de moi-même. Elle avait depuis peu cessé de m'examiner, et je crois qu'elle prenait en dégoût cet enfant que la puberté changeait en petit homme. Il fallait, pour mon salut, mortifier la chair que le Diantre avait incendiée ; ce qu'elle fit.

Je la vis, un soir, se dresser devant moi, comme l'Ange à l'épée flamboyante. Elle me saisit par le poignet, avec une détermination qui me glaça, et m'entraîna dans la cave : " Tu resteras ici. Tu ne verras plus personne. " Puis, en refermant la porte : " Tu sais pourquoi jc le fais. "

Je le savais : c'était pour mon bien.

Il semblait que ce réduit fût destiné à servir de cellule. Au centre, une table nue, une chaise de paille ; au sol, un matelas. Toutefois, un amas de choses hétéroclites l'encombrait que je me réservai de détailler à loisir. J'allais vivre là, par décret maternel, soustrait au monde. Je ne pensais pas que ce fût un bien grand châtiment.

Je me convainquis d'abord que tout accès avec l'extérieur m'était interdit : la fenêtre était condamnée, qui donnait sur le jardin ; plus haut, inaccessible, un œil-de-bœuf ouvert, dont je me réjouis. Je m'allongeai, et dormis ma réfection.

Il n'était pas dans l'intention de ma mère de me

priver de nourriture. Je pensais être autorisé à déjeuner dans la cuisine : le prisonnier consentant se croit fondé à définir les conditions de sa détention. Mais j'étais au cachot, il n'en fallait pas démordre, et jusqu'au moment où ma mère fut emmenée, elle se contraignit, trois fois par jour à m'apporter mes repas. Quant aux " nécessités ", n'étant pas un corps glorieux, il fallait bien me ramener dans l'appartement, ce qui se faisait à la discrétion de ma mère. J'entrais dans une vie bien réglée.

Je plongeai, n'ayant rien d'autre à faire, dans le bric-à-brac qui encombrait ma cellule. Toutes sortes de choses moisissaient là dont la plupart avaient appartenu à mon père. Absent de la maison, il n'existait plus que parmi ces détritus. C'était par superstition que ma mère les avait conservés.

Il y avait de vieux vêtements, une pendule à coucou disloquée, et quelques autres objets qui avaient eu leur utilité et qui étaient réduits à rien.

Deux livres presque intacts.

Et des chaînes.

Il y a dans le monde des millions d'armoires, mais une seule est destinée à recevoir la septième femme de Barbe-Bleue. L'attente des choses. Je ne me demandai pas pourquoi ces chaînes étaient là, ni ces livres : ils m'attendaient.

J'entourai le matelas de ces liens d'acier, et passai des anneaux à mes chevilles, puis à mes poignets. J'ajoutai au châtiment quelque chose qui m'était propre et qui rendait dérisoire la punition que l'on avait prétendu m'infliger ; ce que ma mère comprit fort bien.

Dans les chaînes, je pus lire. C'étaient deux livres anciens, illustrés de gravures saisissantes, auxquels, d'abord, je ne compris presque rien. Il fallait qu'il en fût ainsi : je devais déchiffrer ces deux tomes ou plutôt les assimiler, les incorporer à ma substance ; et je disposais de ce qui fait défaut à tout le monde : le Temps.

Ainsi s'écoulèrent six années de ma vie. Je ne me plaignais pas, je ne jugeais pas que ma mère méritât d'être punie ; et d'ailleurs, elle m'était trop indifférente pour que son sort, quel qu'il fût, m'intéressât.

J'avais achevé ma longue lecture ou, ce qui serait plus juste, elle m'avait achevé, elle m'avait reconstruit, elle avait fait de moi quelqu'un d'autre. J'augurai de cela que j'allais changer de destin.

Je crus, pendant plusieurs jours, qu'ayant atteint une sorte d'aboutissement, ce qui devait m'advenir, c'était la Mort.

Il se fit, une fin d'après-midi, un grand tumulte. On emmenait ma mère, je ne bronchai pas. Puis, ce fut le Silence, l'absence de toutes choses. J'eus soif, j'eus faim, je devins une bête, puis une pierre. Quand arrivèrent mes prétendus sauveteurs, venus sans doute piller la maison, je les trouvai très importuns. »

Il alla se coucher : tout était dit. Marie-Véronique se leva en se gardant de l'éveiller, et tout aussitôt, se prit à lire la « confession » de Frédéric. Quand il vint près d'elle :

— Je m'excuse, tu ne déjeuneras pas ce matin, d'ailleurs, il est trop tard. Il y aurait des choses à reprendre sur le plan de la composition. Tu t'étales

sur tes amours enfantines avec pas mal de complaisance, et tu liquides l'essentiel en deux pages. Je ne
te donne pas tort, cependant... je dois avouer que je
ne m'attendais pas à cela. Pourquoi l'avoir écrit ?

— Parce que je t'aime. On doit tout dire à celle
que l'on aime.

— Il y a un détail curieux, je ne sais plus lequel...
je le retrouverai... J'ai un petit doute, mais je te
crois dans l'ensemble... Et après, que s'est-il passé ?

Il lui fit un récit condensé, mais qui, cependant,
prit du temps : l'hôpital, Rousseau, Mamitate et
Papiton, *Le Tombeau de Littré*, il n'omit presque
rien. Elle l'écouta, songeuse, puis, l'ébouriffant :

— Tu es un drôle de petit bonhomme !

Ils ne sortirent presque plus. Ils vécurent de
biscuits, de coquillettes, de thé, de café, de biscottes
chichement beurrées, de riz safrané et de cornichons.

D'eau presque fraîche.

Et d'amour.

Et l'amour n'était plus cette chose enfantine et
malsaine, ni ce corps à corps dérisoire où deux êtres
affrontés travaillent à s'anéantir. L'amour, c'était
l'évidence même.

Une fin d'après-midi, de nouveau, la clameur
noire et rouge emplit le quartier Latin. De Gaulle
parla, une huée d'insurrection lui répondit. Ils
eurent une pensée pour Jean-Marc, et quelques
autres. Puis, ils fermèrent la fenêtre. Il fit très
chaud, ils ôtèrent tous leurs vêtements. L'incendie
gagna le centre des affaires, le temple du Capital
disparut dans les flammes, c'était la guerre.

Ne faites pas la guerre, faites l'amour.

— Tu m'épuises, expira-t-elle.

— C'est dans ma nature, j'ai du goût pour les travaux exhaustifs.

Quelque chose de tranchant réveilla Frédéric. Loin de l'excitation générale et mêlée d'incertitude qui, depuis la veille, mobilisait les esprits, il avait cependant ressenti qu'un épisode fabuleux prenait fin. Cette pensée brutale : « Je dois partir », l'avait fait se dresser. Depuis quand cette résolution le travaillait-elle, et quel rapport avec les événements ? C'étaient des points sans importance.

Il se pencha sur sa compagne et découvrit avec un élan de tendresse qu'elle dormait les mains presque jointes sous sa joue droite. Il prit un bain et se rasa avec une excessive minutie. Dans la glace, un jeune homme à l'âge incertain le considéra sans indulgence. Mais si, je dois partir.

Marie-Véronique ne s'étonna pas de le voir debout et quasi conquérant. On allait vivre un jour décisif, un jour de farandole ou d'abdication. Il est prêt, pensa-t-elle.

Il la contempla qui s'appliquait à beurrer ses deux biscottes. Que lui resterait-il de ces gestes menus, pathétiques, et fallait-il qu'il s'en souvînt ?

— Tu as pris les nouvelles ?

— Euh... oui en me rasant... J'ai retenu que Chardonne était mort.

— Chardonne ? Ah bon... ça ne fera pas beaucoup de bruit... forcément... Tu l'as lu ? Tu connais ?

— Non, non, pas du tout... Mais je suis sensible à la mort des écrivains.

Elle sourit, elle découvrit une fois encore sa blanche incisive ébréchée.

— Je dois avoir un roman de lui, *L'Épithalame*, ou... Je te le chercherai tout à l'heure.

Au cours de ce mois charmant voué aux extrémités de la déraison, Frédéric n'avait pas ouvert un livre : les jours trop pleins, les nuits trop rouges... Le studio ne comportait pas de bibliothèque. Fixées au mur du fond, deux étagères supportaient des magots de terre cuite parmi lesquels, abandonnés par le propriétaire, des ouvrages atrocement réduits expiraient en silence. Rebelle à s'installer, Marie-Véronique entassait au bas de l'armoire la centaine de livres qu'elle entendait conserver. Elle en sortit *L'Épithalame* : « Je l'ai acheté d'occasion », s'excusa-t-elle.

Ils accomplirent en badinant les gestes quotidiens. Elle annonça qu'elle comptait, dès le début de l'après-midi, se mêler à l'attente générale. J'en ferai autant, dit-il, mais plus tard. Allons, tout s'accordait à son dessein.

Aussitôt dépêché le très succinct repas, Marie-Véronique courut aux nouvelles, lui laissant la vaisselle à ranger, ce dont il s'acquitta avec un soin machinal.

Puis, il ouvrit *L'Épithalame*.

Au bout de quarante pages, il s'avisa qu'il ne lisait

238

pas. Il planait, étranger à lui-même, au-dessus des phrases, dont aucune ne le tenait captif. C'était un livre à respirer en plein air, avec lenteur, au milieu d'un jour paisible. Il prisait les textes serrés qui sollicitent l'attention, et sans dialogue, ou presque — bref, les *Confessions*. Il poursuivit quand même par révérence pour Marie-Véronique. Un jour, peut-être, ils se retrouveraient. Il l'entretiendrait de sa lecture, dans cette chambre vague, cependant qu'au-dehors l'exaltation gagnait. Il fut récompensé par des bonheurs qui parlaient à son âme : « La striduleuse rumeur des grillons » ; « un arôme sucré comme une odeur de soleil » ; « la maison pleine de fraîcheur et de mansuétude »... Parvenu à la dernière phrase de la page 129 : « Elle ferma les yeux, et Albert se pencha sur elle », il jugea qu'il ne pourrait aller plus avant et il referma *L'Épithalame*.

Il s'assura que la porte était close, déposa la clé sous le coin droit du paillasson, et descendit, poursuivi par un parfum de gibelotte qui embaumait tout l'escalier. Qui donc à cette heure fricassait du lapin ?

Une rumeur foisonnante emplissait le boulevard sur un fond de musique tiède. Il avança vers un groupe et fut apostrophé par un hypermétrope :

— Alors cette fois c'est le départ ?

— Comment savez-vous... (Mais non voyons, il ne s'agit pas de toi !)

— Comment je le sais ? Je le sais comme tout le monde ! D'où sortez-vous ? IL PART ! C'est fini de Gaulle ! FI- NI ! Il nous a compris.

Rompant les chiens, Frédéric plonge sur un petit

cercle de conspirateurs où l'on ne paraît pas donner dans la jubilation. Quatre mots foudroyants lui font comprendre pourquoi : les chars encerclent Paris. De Gaulle pouvait céder à la Jeunesse mais pas aux revenants de la Quatrième, d'où le recours à l'armée d'Allemagne, etc. Tout à coup, Frédéric s'absente : en ce moment même, Marie-Véronique participe tout près de lui à ces débats spontanés. Que trouverait-il à lui dire si... ? On le regarde s'enfuir avec un brin d'effarement : « Il doit courir aux abris », lance un gamin.

Mais à hauteur de la Sorbonne, il s'arrête. Agroupés aux pieds d'Auguste Comte, les trublions, encore maîtres du pavé, attendent avec des visages de fièvre que le vieux chaman rende publique sa décision de résigner le pouvoir. Cependant, un doute subsiste. Qui savait si le Général, à l'instant d'être dessaisi de ses prestiges éventés, n'allait pas tirer de son bissac étoilé un décevant subterfuge ? Que signifiaient cette absence, ce ressourcement à Colombey, tandis que la panique désarroyait les plus fermes ? Un étudiant a composé le discours d'adieux. Il en donne lecture, parmi les rires : « Françaises, Français. Incapable de ressaisir une situation qui m'a échappé depuis longtemps, je dépose aujourd'hui le fardeau du pouvoir. Je me retire à Colombey avec ma prude épouse, mon aide de camp, et le chat Traîne-patin, fils naturel d'Essuie-plume... »

Mais l'heure de l'abdication a sonné. La voix du combattant défait va retentir. Elle s'élève dans le silence universel : « Françaises, Français, étant le détenteur de la légitimité nationale... » Frédéric comprend aussitôt : ce n'est pas un vaincu qui s'exprime. Il faut fuir, il faut devancer la parole tranchante... Il aborde le premier pont ; sa marche précipitée ne détourne personne des postes à transistors. « Je ne changerai pas le Premier ministre dont la valeur, la solidité, la capacité... » Qualités, défauts, adverbes, adjectifs, tout, dans la langue française, va toujours par trois. Deux lycéens le heurtent, perdus dans leur vain désespoir : « On aurait dû l'empêcher de parler. » Il leur lance, sans s'arrêter : « Vous y penserez la prochaine fois. » Mais sait-il encore ce qu'il dit ? « Je dissous aujourd'hui l'Assemblée nationale... » Le Général lâche un alexandrin — de treize pieds pour faire bonne mesure. Frédéric passe au galop devant le palais de justice, mais sur le trottoir d'en face. Toujours casqués, matraque au poing, bouclier à l'avant-bras, formant auprès des gris véhicules une masse de fureur et de haine ravalée, les piétons de l'Ordre sacré boivent la parole jupitérienne : « ... à moins qu'on n'entende bâillonner le peuple français tout entier... » Quelques phrases encore, durement assenées, et l'enivrante parenthèse se refermera, les pavés recouvriront la plage... « La France, en effet, est menacée de dictature... » Il arrive au deuxième pont. « Après quoi ces personnages ne pèseraient pas plus que leur poids... » : il est au milieu. « Vive la République ! » : il a traversé. « Vive la France ! » : il est de l'autre côté.

Quelque huit cent mille fidèles, sans compter les sous-diacres et les enfants de Marie, moutonnaient dans la divine avenue, armés de slogans jaculatoires qui vouaient les trublions à la fosse d'aisances, François Mitterrand aux fourches patibulaires, les communistes au chaudron et Daniel Cohn-Bendit à l'expiation crématoire. Levés au premier chant du coq gaulois, ils avaient, faisant la figue aux pompistes, sauté dans les autocars et gagné sans coup férir une Ville abandonnée aux nourrissons de l'anarchie. Jusqu'à l'heure de l'Allocution, contenus à grand-peine dans les contre-allées, le répertoire des chants patriotiques avait nourri leur ferveur. Maintenant, les yeux au Ciel, ils marchaient à la gloire derrière leurs députés extatiques, et un grand frisson les soulevait à la pensée de ce bonheur suprême : Michel Debré allait chanter *La Marseillaise.*

Derrière une fenêtre de son palais, le Souverain, raffermi sur son trône, percevait, sans marquer aucun sentiment, la vibrante cacophonie du triomphe. Il songeait, peut-être, à cet après-midi d'un mois d'août où, dans la joie universelle, il avait descendu les Champs-Élysées : ce n'était pas la foule, c'était la mer... Une ombre sacristine s'approcha : « C'est pour Vous, cette ardente procession... C'est comme une messe, comme un Te Deum... — Je sais, répondit le Général, les Français sont dévots. »

Aux vitrines des librairies, le mois de mai faisait florès. Toute une menue tourbe de proctologues et d'entomologistes débattait à pleines ventrées de l'Événement adorable. Il n'était si pâle chroniqueur qui ne prît avantage de son insignifiance pour procurer la bonne leçon des faits. Tout cédait au démon de l'analyse. Rien, dans la forme, ne distinguait les adversaires de la veille et la même encre grise nourrissait le libelle contempteur et le pamphlet contre-révolutionnaire. Où trouver la « dimension lyrique » dans cette fatrasserie ?

La mémoire à vif, Frédéric souffrait mille atteintes. Un slogan mal délébile, un titre entr'-aperçu à l'éventaire d'un kiosque lui tirait des frissons ou des larmes. Dans ces moments où son cœur s'effarait, il portait, sans y prendre garde, la main gauche à sa bosse. Cette fière pétrification qui sous la pulpe des doigts semblait croître et durcir davantage, Mamitate hésita d'abord à croire qu'elle fût authentique. L'étonnement lui ôta la parole, puis la jeta dans un débordement de soupirs, et Frédéric, connaissant par là toutes les angoisses qu'elle avait

243

endurées, se sentit pénétré de remords. Papiton, lui, ne voulut pas toucher cette excroissance. Mais il hochait la tête avec consternation. Ils laissaient lire dans leurs regards obliques la crainte que cette chose rapportée ne se nourrît de la raison de leur neveu, et l'hérédité poussant... Ils l'entourèrent de prévenances et de soins exquis. Il consentit d'abord à se laisser bercer, trouvant bon d'être dépossédé de lui-même et que l'on semât sur sa vie quelques fleurs de béatitude.

Mais il ne cessait d'être hanté par Marie-Véronique. Tout un travail de recomposition s'opérait qui lui restituait, comme à plaisir, les sourires tendres, les clins d'œil, la douce pression des mains adorantes. Obsédé de tristesse, il revivait par éclairs ces purs instants dérobés au tumulte où l'amour avait entremêlé les hasards de leurs vies. Qu'est-ce qui l'avait poussé à croire que le temps de leur aventure dût se confondre avec le temps de la « révolution » ? Tout était joué, et si proche de son amie, il savait qu'ils ne se rejoindraient plus.

La presse conservatrice ne tarissait pas de sarcasmes contre les fauteurs de la « révolution introuvable ». Elle acclamait au retour de l'Ordre souverain dans ces lieux dédiés à l'Esprit que des hordes algonquines avaient souillés de leurs immondices. Quand une opération de police menée, cela s'entend, avec le plus grand doigté, débarrassa le théâtre de l'Odéon de ses larves éructantes, l'on vit sortir une créature hallucinée, suivie d'une fillette de huit ans qui depuis le premier soir vivait dans cette fosse d'aisances. L'on connut alors que la volonté de perversion des rebelles n'avait pas épargné les enfants, et il se murmura que les poupons de la crèche, celle de la Sorbonnne, manipulés par des filles perdues, s'adonnaient sans trêve ni merci aux délices émaciantes du touche-pipi.

Frédéric ne pouvait que ce fumier de mensonges ne l'atteignît. Ils jetaient sur son amour une ombre de dérision et d'obscénité. Il résolut de se soustraire au monde. Mamitate, pour une fois, consentit qu'il s'enfermât. Amaigri, nerveux à l'excès, et comme pressé par les larmes, il était grand besoin qu'on lui refît une santé. Elle se réjouissait d'avoir un bon prétexte qui lui permît de s'absenter de la laverie, laquelle fonctionnait à pleine capacité. Papiton raillait : « Après chaque révolution, c'est fou ce qu'il y a comme linge sale ! »

Frédéric passa de mauvaises nuits ; un cauchemar très ancien l'obséda. Un matin, il s'éveilla, tout bourdonnant d'un vers mal désappris, le premier du « Pervigilium Mortis » : « Ouvre sur moi tes yeux si tristes et si tendres... » Il se sentit gros d'une envie d'écrire qui se cherchait un aliment. Il posa avec une minutie machinale une feuille blanche au milieu de la table qu'illuminait un rayon lancéolé ; la page vide absorbait toutes choses dans sa candeur insondable. Pour sortir de l'engourdissement, il se contraignit à tracer quelques lignes « au hasard ». A la fin, deux vers d'Apollinaire s'offrirent à lui :

> *Adieu faux amour confondu*
> *avec la femme qui s'éloigne*

dont il murmura la suite :

> *avec celle que j'ai perdue*
> *l'année dernière en Allemagne...*

Il connut qu'un poète avait, par avance, transfiguré en fiction son « aventure amoureuse ». Deux mots se détachèrent en lettres capitales, envahirent la page et tout l'espace de la chambre : AMOUR CONFONDU. Il se vit, jetant sur le papier quatre vers automatiques :

> *Amour confondu*
> *dont le cœur s'affole*
> *avec l'ombre du*
> *bonheur sans parole...*

Il resta perplexe : où le conduisait-on ? Il se croyait fait pour l'alexandrin ou l'octosyllabe, ou le poème en prose (nargue à Voltaire !). Le vers de cinq pieds lui semblait être l'apanage de Béranger, ou juste propre à délasser un grand esprit :

> *Ni vu ni connu*
> *Le temps d'un sein nu.*

La suite lui donna raison. Un alexandrin se présenta, qui exigeait un développement :

> *Te voilà revenu chez toi rue Saint-Merri...*

Cette rue où il avait trouvé la paix de l'esprit, Apollinaire, encore, et Robert Desnos — deux locataires du « rayon du bas » — l'avaient célébrée, et Frédéric, par manière d'hommage, et pour faire coïncider le « réel imaginaire » et la vision poétique, avait déposé une plume de pigeon à l'endroit désigné par Desnos :

Au coin des rues Saint-Martin et de la Verrerie
Une plume flottait à ras du trottoir...

Il oublia tout. Le poème s'accomplissait avec
lenteur, lui donnant à peine le sentiment d'avoir
besoin de lui.

Te voilà revenu chez toi rue Saint-Merri
Du linge noir voiles d'Iseut pleure aux fenêtres
Le ciel creusé d'oiseaux perd ses plumes d'indien
Que de pâles guerriers brandissent dans les cours
Te voilà revenu tes larmes sont éteintes
Les poings serrés des murs pressent ton front désert
Un orchestre au plafond bourdonne de vieux airs
La mort est un refrain toute douleur est feinte.

Il ne quittait sa chambre qu'à l'instant où Mamitate l'appelait par le téléphone intérieur, et il venait
s'asseoir sous des regards compatissants et croisés
qu'il ne voyait pas. Où était-il quand sa pâle
enveloppe s'emplissait des nourritures consistantes
et rehaussées d'amour que Mamitate lui mitonnait?
« Il a une blessure secrète », se disait-elle à voix
haute. Elle aimait cette expression, « blessure
secrète », qui, sonnait comme un nom de parfum, et
elle embaumait les cœurs douloureux de cette
essence de mélancolie.

« Amour confondu » s'acheva de lui-même, sur
une note de limpide tristesse qui lui parut ne plus
correspondre à son état présent :

Ce soir encore il fera beau rue Saint-Merri
Que veux-tu découvrir en toi qui te désole?

Il relut, l'œil clair, cette œuvre sourde qu'il ne
reconnaissait pas : était-elle de lui? Il la rangea

dans un tiroir de la commode où il serrait ses papiers de toute venue, mais non pas *Le Tombeau de Littré*, ni son DEBRIBUS qu'il n'avait pas retrouvés. En compensation, il remit la main sur une feuille de carnet très ancienne où il avait écrit l'adresse de deux petites filles qu'il avait connues, un après-midi, sur la Rivière enchantée. Cinq ans (et demi) plus tard, espéraient-elles encore recevoir les photographies qu'il leur avait promises ? Et pour la première fois, l'illusion d'avoir vécu plusieurs vies l'empoigna.

Après quoi, vide, absent, incurieux du lendemain, pur de toute ambition, il vécut au bon hasard des choses. Mamitate fut rassurée par son bel appétit : « l'instinct de conservation », pensa-t-elle.

Il promena sa vaine silhouette, à l'aventure, par les rues du quartier. L'aventure, il la rencontra, vénale et racoleuse, sous la tête d'homme essorillée de la rue La Reynie. Deux écoles s'affrontaient au sujet de cette grotesque protubérance : les uns assurant que son excision provoquerait l'effondrement de la façade où elle était implantée, les autres, au rebours, que son maintien serait la cause d'une dégradation irrémédiable de l'immeuble. Quoi qu'il en fût, l'on ne redoutait pas qu'elle s'écroulât d'elle-même, et un lot de tapins bavasseuses se pelotonnaient sous sa protection, tout auprès d'un entrepôt de fromages d'où fluaient des odeurs de pont-l'évêque, ce qui n'arrangeait pas leurs affaires.

Il fut hélé par une écuyère qui avait gardé entre les jambes la forme du cheval et qui attendait le palefrenier en mangeant des dattes.

— Tu en veux une ? demanda-t-elle à Frédéric.

— Je préfère les figues, répondit-il niaisement.

— Ça tombe bien, j'en ai une belle entre les cuisses, si tu montes, tu pourras te régaler !

Il déclina cette poisseuse invite, et se dirigea, sans savoir pourquoi, vers une petite crapoussine dont la robe à fleurs n'attirait que les mouches.

— Je vois ! Monsieur préfère les intellectuelles ! Elle va te gâter, mais pas comme tu penses !

Incapable d'approfondir son impression, il appela le dictionnaire à la rescousse : « Elle est raisonnablement laide. » Elle était à son compte, et faisait le bonheur des affamés dans un studio tout proche. Ils montèrent ; dans l'escalier il fut assailli de réflexions. Il n'avait pas, comme Jean-Jacques, une horreur sacrée des filles publiques, il ne les voyait pas. Qu'est-ce qui l'avait poussé à suivre celle-ci ? Quelques sinistres notations quant aux dangers encourus par les amateurs de délices tarifées lui revinrent en mémoire. Je risque de me retrouver à Naples sans passer les monts. La racine de lobélie, il s'en souvint, était, selon Littré, souveraine contre les maladies vénériennes, il suffisait d'en trouver. Un autre remède consistait à provoquer une abondante sudation. (Mais comment le savait-il ?)

Ils entrèrent et il comprit pourquoi elle faisait figure d'intellectuelle : le sol était jonché de feuilles de papier pleines de pattes de mouche.

— J'écris, c'est mon vice.

Elle vit que son client était très éloigné de hisser les voiles, alors :

Elle lui brimbale la zuchette,
elle lui pâture le boulingrin,
elle lui galipote le dalot
                  en vain,
elle lui brandille la coloquinelle,
elle lui billebaude les caramboles,
elle lui décoiffe l'agaric champêtre,
elle lui cotit les mirlicotons,
                  en vain, en vain,
elle lui patrouille les grassanes,
elle lui polit le parazonium,
elle lui déguenille la lépiote,
elle lui sillonne le godet crottinier,
elle lui décommet la gumène,
                  en vain, en vain, en vain
                  rien n'émeut l'aboli bibelot.
Elle renonce, hors de souffle :
— Tu es un cas désespéré...
— Je le sais depuis longtemps, répondit-il.

Le temps passa, dont il ne fit grand usage. Il se laissa conduire aux événements sans dissimuler que certains le navrèrent beaucoup. Ainsi, par une fin d'après-midi, Papiton dut répondre à la sommation du Grand Bibliothécaire. Maître du lieu que Frédéric, à bout d'ouvrage, avait désemparé, il s'était à nouveau retranché parmi les livres, et il ne paraissait plus guère qu'aux heures des repas. Son neveu le soupçonnait d'accomplir à son tour un grand dessein d'érudition que *Le Tombeau de Littré* avait laissé en suspens. Absorbé par ce labeur infini, Papiton produisait un visage hagard et des pensées très acerbes, et Frédéric, qui avait rangé quelque part le mot hypocondrie, se hâta, pour cette unique occasion, de le dépoussiérer. Ce ne fut pas pour longtemps. On s'alarma, un jeudi soir, de son absence au moment du dîner. Quelle que fût l'exigence de la tâche, il s'était fait une religion d'être ponctuel. Frédéric monta, l'angoisse au cœur. Dans la pièce pleine de nuit, il devina son oncle, foudroyé sur sa chaise. Il alluma : le visage du pauvre homme, rétracté par une amère grimace, gisait, de profil, sur une page du Livre — encore, et toujours, le Dictionnaire. Il était mort, entre le mot obélion qui désigne un point singulier du crâne situé sur la suture sagittale au niveau des trous pariétaux, et le mot obisie, familier aux entomologistes. L'avant-bras gauche et la main crispée couvraient quelques feuillets où l'amateur de nomenclature avait, d'une écriture minutieuse, mais aérée, calibré les réflexions issues de ses dépouillements. Frédéric n'aurait su dire combien de temps il demeura là, interdit, devant cette représentation de la mort familière. La suite lui fut étrangère. Par un trait invétéré de sa nature, ce qui l'atteignait en profondeur le précipitait au néant. Incapable de rien résoudre, il s'abîmait dans une prostration hébétée d'où n'émergeait que son être machinal. Mais il semblait, en compensation, que Mamitate se fût dès longtemps façonnée au malheur. Tout, jusqu'au cimetière, se trouva réglé sans que Frédéric pût s'en apercevoir. Il ne lui resta, de ces jours douloureux, que quelques piteuses sensations, comme la peur, à l'église, de laisser tomber le goupillon.

La disparition de cet homme taciturne et massif fut plus cruelle à Mamitate qu'elle ne consentit à le laisser voir. Elle savait l'estime où Frédéric tenait son oncle, qui était comme l'hommage d'un disciple au maître méconnu. Elle n'avait eu aucune part dans les indicibles travaux où les deux complices avaient quasi sombré. Mais cette espèce de fraternité, étrangère aux liens de famille, l'avait émue, ce dont, plusieurs fois, elle avait failli s'ouvrir à Frédéric.

Qu'aurait-il pensé, Papiton, de la ruine méthodique du quartier où il avait toujours vécu ? On avait résolu de livrer aux démolisseurs un vaste quadrilatère compris entre les rues Rambuteau et Beaubourg, le boulevard de Sébastopol, et cette rue Saint-Merri à laquelle Frédéric s'était affectionné. Il se répandit qu'un projet, qualifié de grandiose par les zélateurs, devait prendre corps à l'instigation même du président Pompidou. Mais beaucoup, qui ne pouvaient concevoir qu'un dessein magnifique s'accordât avec l'apparence maquignonne du président, beaucoup voyaient leur quartier soumis aux exigences du Mercantilisme érigé en raison d'État. Il se forma un comité de défense auquel Mamitate ni Frédéric, solitaires et méfiants, ne consentirent d'adhérer. Depuis qu'elle était veuve, Mamitate paraissait avoir abdiqué sa merveilleuse énergie à tel point qu'elle pria Frédéric, stupéfait, de l'assister dans les démarches qu'elle était obligée d'accomplir. La présence de son neveu la dissuadait d'assentir à des propositions qu'une moue, un renfrognement de Frédéric rendaient nulles. Elle récusa, approuvée d'un sourire, le charme vite lézardé des grands ensembles, entre des murs sans mémoire, dans des immeubles dédiés aux sectateurs du Parallélépipède. Il fallut, le temps pressant, procurer aux deux irréductibles une merveille de vétusté, quatre pièces, rue Pierre-Lescot, plus une chambre indépendante sous les combles. Ils acceptèrent avec transport.

Ils abandonnèrent les derniers le vieux navire destiné aux canonnades de la gueuse de fonte. Il était temps : des pillards faméliques et débagoulants se répandaient dans les étages, et Mamitate, craignant — et espérant — les voir surgir, ne s'endormait plus qu'entourée de projectiles utilitaires et contondants.

Quatre étudiants des Beaux-Arts relevèrent avec exactitude les ornements d'architecture que Frédéric rougit de n'avoir pas remarqués. Il apprit que le guide de Paris — celui de Francis Ambrière — signalait, à titre de curiosité, la porte massive et l'escalier monumental. Quant à l'immeuble, il avait servi de quartier général aux insurgés lors de l'émeute dont les obsèques du général Lamarque avaient fourni l'occasion. Cette parcelle d'histoire allait être anéantie, et Frédéric, chez qui l'amour du passé n'était pas le trait dominant, ne laissait pas, par sympathie, de ressentir une certaine nostalgie.

Il revint, chaque jour, s'informer de l'avancement des travaux ; mais il quitta la partie quand les maisons fracassées furent réduites à l'état de déblais dérobés à la vue par de hautes palissades. Il semblait acquis que le désir régalien du citoyen de Monboudif allait se réaliser. Où s'élevaient, parfois de bizingue, les témoins insalubres de l'Histoire de France, le temple de l'Art moderne bientôt surgirait, et le plateau Beaubourg qui, pour l'heure, servait de parcage, deviendrait un « lieu d'animation » qui le dédommagerait d'avoir été abandonné aux ivrognes et aux contrebandiers du sexe.

Mamitate recouvra toute sa pugnacité quand il fallut débattre de la valeur de son fonds de commerce. Elle avait conscience de défendre l'héritage de Frédéric — qui ne s'en souciait guère. Quand les

254

parties se furent accordées, elle se mit aussitôt en rapport avec un spécialiste qui lui conseilla des placements insensibles aux fluctuations. Assurée, non de son avenir — j'ai fait mon temps, disait-elle — mais de la survie de Frédéric, inapte, selon elle, à gagner sa subsistance, elle se détermina à revoir « sa » rue où, par manière de protestation, elle n'avait pas reparu depuis son déménagement.

La rue Rambuteau, du boulevard de Sébastopol à la rue Beaubourg, était partagée entre ceux « qui restaient » et les autres, exilés de leur mémoire et qui, ombres vaines, persistaient à hanter les gravats. Au sixième étage d'un immeuble encore debout, mais tout aveuglé de plâtre, une fenêtre intacte disait le refus, l'obstination d'une vieille locataire aheurtée à ses souvenirs. Rebelle aux mises en demeure comme aux exercices de séduction, elle repoussait de sa main diaphane les plans des beaux studios fonctionnels où rien n'eût fait obstacle à ce qu'elle devînt centenaire. Le soir, sa lampe à pétrole brillait comme une pentecôte au plus haut de ce dérisoire navire attaqué par les rats. Mamitate admirait cet esprit de résistance qu'elle se reprochait, sans raison, d'avoir déposé. Mais la vieille femme finit par céder, s'effrayant, soudain, de rester seule au milieu des périls. On la relogea dans l'arrondissement.

La pièce du fond, bien éclairée, fut réservée à la bibliothèque. Frédéric mit près d'une semaine à trouver un classement que l'on pût qualifier de rationnel. Papiton ignorait la notion d'œuvres complètes, et les auteurs qu'il pratiquait avec l'affection

255

la plus flagrante n'étaient représentés que par les titres qu'il révérait. Frédéric s'était imaginé que toute la littérature était contenue dans les rayons. Il se rendit compte que l'éparse curiosité de son oncle se désintéressait de quelques grands noms — Bossuet, Fénelon, Marivaux — écrivains dont, pour dire le vrai, il n'était pas friand bien que Littré marquât pour Bossuet une dilection singulière.

Il disposa les volumes du Dictionnaire au centre de la bibliothèque et distribua les siècles tout autour. En fin de compte, il reproduisit l'ordre initial, à ceci près qu'il enterra Voltaire, ses romans, sa correspondance, derrière Jean-Jacques et Montesquieu.

Restaient deux caisses pleines des papiers personnels de Papiton qu'il se faisait scrupule de mettre en ordre. Il finit par s'y résoudre malgré la crainte de céder à la tristesse qui, cependant, l'envahit à mesure qu'il étiquetait les dossiers. Dans une chemise à sangle était serré le manuscrit du *Tombeau de Littré* — qu'il avait toujours douté d'avoir perdu. Il demeura stupéfait en découvrant que son oncle avait souligné chacun des mots du Dictionnaire inclus dans les exemples, comme pour conformer le propos de Frédéric au plaisir pointilleux d'un lecteur au reste fort improbable. Dans un éclair, il vit son oncle absorbé par son labeur de fourmi, et il ne put retenir ses larmes. Mais la tâche primordiale à quoi s'adonnait le chartreux de la rue Saint-Merri, c'était dans les feuillets ultimes qu'on en trouvait la substance. Frédéric, dans sa douleur machinale, les avait recueillis en se refusant à les parcourir. Avant d'en prendre connaissance, comme s'il allait vivre une minute historique ou plonger dans la mer, il ouvrit la fenêtre, s'accouda sur la barre et aspira deux grandes bouffées d'un crépuscule adouci de nuages roses. Puis, il fit la lumière et se concentra sur sa lecture.

Aux défenseurs étroits des valeurs littéraires, il semble extravagant, absurde, condamnable, que Littré ignore Balzac « au profit » du très obscur Charles-Bernard Dugrail de La Villette, dit Charles de Bernard.

Disciple, ami, rival de Balzac, Charles de Bernard (1804, Besançon — 1850, Neuilly) connut de son vivant la faveur d'un public empressé à goûter ses ouvrages et l'active bienveillance d'une critique séduite par l'élégance de son style. Ainsi, M. Louis Alloury rendant compte, dans *Le Journal des débats* du 20 mai 1839, du recueil de nouvelles intitulé *Le Paravent*, professe d'avoir « tout lu, tout goûté ». « Lecteur, achève-t-il, vous ferez comme le critique. »

Thackeray le juge supérieur au démiurge de *La Comédie humaine*, et Sainte-Beuve, sans doute pour faire pièce à Balzac, lui a consacré un « lundi » très élogieux. On voit que si la postérité a mis Balzac dans l'empyrée et précipité Charles de Bernard aux enfers, Littré ne montrait pas d'être plus aveugle que ses contemporains.

Mais posons que le Lexicographe soit coupable d'avoir jeté l'indignité sur le géant et comblé le vermisseau d'un excès d'honneur : qu'en résulte-t-il du point de vue de la Langue ?

J'ai relevé 236 citations de Charles de Bernard, extraites de la plus grande part des ouvrages de fiction publiés de son vivant :

La Femme de quarante ans
Le Persécuteur
Le Paratonnerre
Un homme sérieux
Le Gentilhomme campagnard
La Peau du lion
L'Anneau d'argent
Les Ailes d'Icare
La Chasse aux amants, etc.

Je pourrais fournir la liste complète des exemples que Littré a puisés chez notre Bisontin. Mais je ne vois aucun linguiste dans mon voisinage que cette nomenclature intéresserait. Aussi bien, et pour la seule nécessité de clore mon propos, me contenterai-je de quelques observations.

Je remarque, tout d'abord, que Littré ne demande rien à Charles de Bernard avant la lettre C, l'expression « cartes sur table » étant la première qui nécessite un recours à l'auteur du *Paratonnerre*. On en conclura ce que l'on voudra.

L'on imagine bien que Balzac est très capable d'entrer en concurrence avec son contemporain (il le fait au mot « dandy »). Cravache, cuistre, coupe-gorge, chouanner, entregent, dilettante, escamotage, raout, officieux sont, un rien de mémoire nous en instruit, dans Balzac. Alors, pourquoi Charles de Bernard ? Patience.

J'ai, un moment, formé l'hypothèse assez absurde que ce nouvelliste méconnu était parvenu à se glisser dans la bibliothèque familiale à celle fin de distraire Mme Littré et sa fille, lesquelles, en retour, se trouvaient à même d'extraire pour leur grand homme quelques citations modernes. Passez-moi cette indigente fantaisie.

Beaucoup plus vraisemblable, et qui, je m'en flatte, vaut d'être retenue, me paraît la conjecture

258

suivante. Charles de Bernard, comme la plupart des romanciers de son temps, y compris, et surtout, Balzac, publiait ses nouvelles et romans, en feuilletons, dans les journaux et revues de l'époque. Mais à la différence du grand homme — grand pour nous — Charles de Bernard était « reçu » dans les meilleures maisons, au lieu que Balzac se donnait à qui voulait le prendre. Pour l'un, c'était *La Revue des Deux Mondes* ou *Le Journal des débats*, pour l'autre, c'était *L'Artiste* ou *L'Écho de la Jeune France*. Nul besoin, pour Littré, de se pourvoir chez les libraires, il lui suffisait de feuilleter les revues où lui-même écrivait.

L'on peut noter, à l'appui de ce que je viens d'énoncer, que les rares citations de Th. Gautier proviennent soit du *Journal officiel*, soit du *Moniteur universel* ; celles de George Sand de *La Revue des Deux Mondes* ; de même pour A. Theuriet. (Littré qui juge que « *La Mare au diable* et *La Petite Fadette* sont de charmantes idylles » ne fait pas à George Sand l'honneur de la nommer au mot « champi ».)

Aux yeux de Littré, Balzac n'est qu'un néologue fieffé. Il suffit de se reporter au mot « pâtiments » où se rencontre une appréciation de Stendhal pour s'en aviser. Balzac, quand il est cité, le « doit » presque toujours au Dictionnaire de Poitevin ou bien à un ouvrage qui porte le titre suivant : *Les Excentricités du langage* : c'est tout dire.

Le jugement de Littré sur Balzac est d'autant moins fondé que l'auteur du *Père Goriot* archaïsait volontiers et Littré, qui demande, sans succès, à l'Académie de redresser l'orthographe de « sens dessus dessous », aurait pu trouver l'appui de Balzac qui écrit « cen dessus dessous ». Le cher Honoré lui aurait, pour le plaisir, fourni une multitude d'exemples pour le verbe « harmonier » ou « s'harmonier » qu'il emploie à tire de pages. De même, une lecture plus assidue de Gautier lui aurait procuré un exemple au mot « ardélion » que Littré qualifie d'inusité.

Balzac, sur un point, émerveille Littré. C'est avec les *Contes drolatiques* dont je ne sache pas que les balzaciens fassent grand cas. Le Dictionnaire se donne la peine de citer le titre en entier.

Je crois, pour finir, ou presque, que l'« éloignement » de Littré pour Balzac tient à une raison plus personnelle : il ne lui pardonne pas de porter le nom d'un auteur qu'il révère, Guez de Balzac, qui « n'avait pas son pareil en France pour bien arrondir une période ».

Mais une raison invincible le pouse à récuser les grands auteurs de son époque : ce sont des romanciers et Littré exècre le roman. La condamnation circonstanciée du genre on la trouve au mot « alarmant » : « Dans la plupart des romans, ce ne sont que conversations tendres, que sentiments passionnés, que peintures séduisantes, que situations alarmantes pour la pudeur. » Aux yeux de Littré, le roman est sans valeur morale ou didactique ; et puis, il avait une fille...

Cela se vérifie. Littré cite B. Constant : *Adolphe* ? non, *Wallstein* ; Fromentin : *Dominique* ? non, *Les Maîtres d'autrefois* ou *Un été au Sahel*. Ne cherchez pas trop les romanciers du XVIIIᵉ siècle. Trouvez-moi l'Abbé Prévost, et je vous paye des cuignes ; Choderlos de Laclos, et je vous emmène à la Fête des allumoirs. Comme souvent, pour prononcer l'éloge ou la condamnation, Littré en appelle à un écrivain. Il fait condamner Rabelais par La Bruyère, et Diderot (où sont, dites-moi, *Les Bijoux indiscrets* ?) fait l'éloge de J.-J. Rousseau. Daudet, au mot « veulerie », exécute l'Abbé Prévost : « Ils [Manon et des Grieux] ont la même veulerie de sentiment, les mêmes bassesses. »

Je l'imagine Littré...

Il termina sa lecture dans les larmes. Que de fois s'était-il murmuré : « Je l'imagine Littré » ! La phrase de Papiton resterait à jamais suspendue au milieu de la dernière page, en témoignage de ce qui avait terrassé l'homme qui écrivait.

Il semblait que son oncle avait voulu fournir un complément au *Tombeau de Littré*, qui n'était plus pour Frédéric qu'une chimère évanouie. Littré les avait bien occupés tous les deux, « Bouvard vieux et Pécuchet jeune » ! Mais pour lui, c'était une affaire close, à jamais.

Il avait aussi retrouvé son DEBRIBUS et, le parcourant, il allait de surprise en surprise : qui avait écrit cela ? Il décida d'extraire ce qui lui paraissait devoir être conservé ; mais plus tard.

Il restait un devoir à remplir, que Frédéric avait longtemps différé. Il alla se recueillir sur la tombe de son oncle, dans ce cimetière suburbain où l'on exile les Parisiens sans notoriété. C'était un bel après-midi ; la grâce de l'automne enveloppait toutes choses d'un regard doré. Au milieu des larmes, il se sentit presque heureux.

Rarement, désormais, entrait-il dans un café, où le spectacle des compétiteurs poussant des cris d'outarde violentée autour du billard électrique lui était insupportable. Quand il croyait se revoir, il se hâtait de chasser cette image importune.

Il alla un peu au cinéma, selon l'inspiration. Un jour, il remarqua l'affiche de *Poil de carotte*. Il lui parut que le metteur en scène, en choisissant, contrairement à l'usage établi, un jeune acteur très dodu, avait désiré que le spectateur évoquât, en passant, un autre « queue de vache » très célèbre : Daniel Cohn-Bendit ; le film n'infirma pas cette impression.

Mamitate ne sortit presque plus. Elle assista, de sa fenêtre, à la démolition des pavillons de Baltard. On se rua sur les boulons, ce qui leur sembla très dérisoire. Pour hâter la destruction, on manda le général Custer lequel, sous le commandement de Marco Ferreri, fit donner le canon mais fut atrocement déconfit par Sitting Bull dans le « trou des Halles ».

Ils se fêtèrent leurs anniversaires : les soixante ans de Mamitate, les trente ans de Frédéric...

C'était une vie toute simple.

— Il faut, dit Frédéric, songer à reteiller nos chènevotes.

Mamitate, dès longtemps, avait renoncé à savoir le sens précis des expressions que son neveu semait à plaisir. Elle se satisfaisait d'en saisir la portée générale sans jamais demander qu'on l'éclairât davantage. Elle se trompait quelquefois, ce qui n'avait pas la moindre conséquence.

Elle comprit ce qu'il fallait comprendre : Frédéric jugeait que leur train de maison était trop élevé, ce qui était vrai si l'un et l'autre aspiraient à passer le cap du centenariat. Ils ne sortaient pas, ne recevaient pas, ne nourrissaient ni chat, ni canari, ni poisson japonais, et buvaient de l'eau minérale. Mamitate, tisonnant ses souvenirs, regrettait que l'on ne trouvât plus, dans les pharmacies, les sachets de lithinés dont elle faisait usage, autrefois, pour gazéifier l'eau du robinet. Quand elle s'arrêtait au temps de l'Occupation, elle invoquait la sainte trilogie que des millions de Français avaient célébrée pendant quatre ans : rutabaga, topinambour, cancoillotte. Frédéric s'étonna du discrédit qui frappait la cancoillotte, que l'on trouvait toujours, en vente libre, dans toutes les bonnes fromageries. Il en acheta une part pour rappeler à sa tante ce temps trop tôt révolu. Elle haussa les sourcils et secoua la tête de gauche à droite.

— Ce n'est pas la même cancoillotte, celle-là elle a l'air mangeable... L'autre, si tu l'avais vue, elle était toute grise et bien plus molle. Je la mettais au four pour qu'elle durcisse un peu, et tu vas rire, neuf fois sur dix je l'oubliais... Pire que du charbon !

Bien sûr, elle avait acheté un poste de télévision. C'était pour voir *Les Rois maudits*. L'histoire de France, quand on se donne la peine de la raconter en couleurs, c'est beau. Frédéric n'osait gâter son plaisir en la priant de baisser le son.

On pouvait, en insistant, trouver excessive la dépense de bouche. Depuis qu'elle jouissait d'un temps sans borne, Mamitate se donnait à la cuisine avec une application extrême. Elle confectionnait des plats dont la préparation exigeait qu'elle se pourvût chez des commerçants dûment labellisés. Frédéric y était sensible ; un dimanche, pour lui complaire avec exactitude, Mamitate mit à la broche une poularde de Bresse qu'ils déconfirent au déjeuner. Ils burent du vin de Graves et achevèrent le repas avec de la confiture d'oranges. Ainsi festinèrent, la nuit de leurs noces, M. et Mme de Versy, comme le rapporte Brillat-Savarin. Frédéric, dont rien, d'évidence, n'eût altéré la ligne, dévorait tout et ne laissait rien des sauces. Mais Mamitate, au même régime, épaississait beaucoup.

Tout cela ne justifiait pas les craintes soudaines de Frédéric. Comme souvent, Mamitate l'avait remarqué, il dissimulait son vrai dessein sous un artifice de vocabulaire.

Bref, il avait résolu de travailler. L'oisiveté lui était fâcheuse. Il entrait dans une troisième ou quatrième vie qui impliquait un nouveau Frédéric. L'ancien, le liseur absolu, le dépouilleur de lexiques n'existait plus. Il n'ouvrait plus le Dictionnaire : à quoi bon ? Il n'empêchait : des milliers de mots lui tenaient encore compagnie, dont il n'userait jamais.

L'arpenteur méthodique des rues de Paris avait, un temps, survécu. Il avait parachevé sa connaissance du quartier qui, selon lui, mourait aux portes dont l'une glorifiait la rue Saint-Denis, et l'autre la rue Saint-Martin. Quand il apprit à Mamitate que la porte Saint-Denis était l'œuvre du sculpteur dont une rue proche pérennisait le souvenir, elle ne se retint pas de marquer son inquiétude.

— Tu es allé rue Blondel ?

Il finit par comprendre que l'expression : « Aller rue Blondel » signifiait que l'on était « monté » avec une fille. Il la rassura, il n'avait pas vu les filles : dehors, il ne voyait personne.

Il aurait aimé être abordé plus souvent par des inconnu(e)s à la recherche d'une rue peu passante, mais lui-même donnait le sentiment d'être égaré. Quand on le priait d'indiquer telle impasse, par exemple l'impasse des Peintres, il faisait un peu la moue, pour la forme.

— Vous trouverez ce cul-de-sac à hauteur de la station de métro Étienne-Marcel.

Rue Cunin-Gridaine où, parfois, il venait goûter l'ombre des arcs-boutants moussus de l'église Saint-Nicolas-des-Champs, il se vit attaqué sans préalable par une femme hors d'âge, en pleine fermentation, qui lui éructa dans les vapeurs de muscadet : « Donne-moi cinq francs ! », et comme il restait interdit :

— Tu voudrais que pour ce prix-là je te donne mon cul eh bien regarde-le...

Elle se retroussa, mit à l'air son « comment a nom », et compissa Frédéric. Cette mésaventure, qui lui permit de vérifier la justesse du proverbe ancien :

> *Femme safre et yvrognesse*
> *De son cul n'est plus maistresse,*

le dissuada pour longtemps de s'engager dans cette rue.

Mais à quoi était-il propre ? Qui se hasarderait à embaucher un garçon de trente-trois ans, sans diplôme, sans expérience, orphelin, ayant vécu six ans dans une cave, « réchappé » de mai 68, et pourvu d'un vocabulaire exubérant ? Qui engagerait l'auteur du *Tombeau de Littré* ?

Mamitate, que cette fantaisie nouvelle mettait en belle humeur, lui acheta les journaux les plus abondants en petites annonces, et l'aida de ses conseils éprouvés. Il eut ainsi, une fois de plus, l'occasion de s'aviser que les qualités pratiques de sa tante, qui oncques n'avait lu Littré, étaient très utiles aux chimériques de son espèce.

Il écarta les offres d'emploi où de rares vertus étaient exigées qu'il savait ne posséder pas ou ne posséder qu'à son seul usage : dynamisme, sens de

266

l'initiative, qualités de synthèse et d'analyse, goût du commandement... Fallait-il, pour être embauché, faire montre de capacités militaires ?

Il choisit de répondre aux seules annonces qui faisaient appel au « savoir-écrire » ; trois sur quatre émanaient de compagnies d'assurances qui demandaient des rédacteurs.

Il fut arrêté par cette injonction : « Envoyer C.V. » Que signifiaient ces initiales ? Cheval-Vapeur ? Mamitate s'étrangle de rire :

— Mais non, cela veut dire... attends que je ne me trompe pas... Curriculum Vitae, c'est une expression latine... on peut traduire par le « cours de la vie »... Cheval-Vapeur ! Toi alors !

— Il faut que je raconte ma vie ?

— On te demande seulement d'indiquer ton âge, ton... Disons pour simplifier, ton état civil, tes diplômes, ton expérience professionnelle, c'est-à-dire où tu as travaillé, ce que tu as fait... Il va y avoir des blancs dans ton dossier...

Il ne se formalisa pas du scepticisme railleur de Mamitate, décida, puisqu'il ne pouvait produire aucun certificat, de circonstancier sa demande, et vint à bout d'une lettre de candidature dont le ton lui convint.

Monsieur,
Allons, d'abordée, au cœur des choses. Je n'ai jamais travaillé. Je ne possède aucuns diplômes, que j'eusse toutefois obtenus si un événement de caractère privé n'avait mis un terme décisif à mon ascendante scolarité. Je dois, de plus, confesser que j'ai davantage goûté le serpolet des poètes que l'aloès des faiseurs de barèmes. Mais

j'ai trente-trois ans : c'est un âge assez propre à bien tenir un emploi. Faites de moi un rédacteur.

Je suis, comme vous l'exigez, libre de tout engagement, professionnel, s'entend, ainsi qu'il appert de ce qui précède.

Veuillez croire, monsieur, etc.

Mamitate, pâmée de rire, dut d'abord reprendre souffle.

— Tu ne vas pas me faire croire que tu as envie de travailler ! Dis plutôt que tu veux faire rigoler ! C'est sérieux, les assurances !

Qui fut surprise ? Il reçut bel et bien une réponse : un rendez-vous lui était assigné, au siège d'une compagnie, boulevard Haussmann.

— Ils ont envie de voir le farfelu qui leur a envoyé cette lettre, dit-elle.

Il dut quand même se bien persuader qu'il désirait travailler et devenir l'un de ces insectes sombres qui se laissent engloutir par les bouches du métro.

Devait-il passer par l'entrée « réservée au personnel » ? Il poussa la porte et vit un couloir où deux employés ne pouvaient marcher de front, et il ne balança plus à franchir le seuil principal. D'instinct, il remit sa convocation au personnage ramassé qui, derrière sa table, surveillait le hall d'un œil atone.

— Je vais vous faire accompagner, dit-il, en appuyant sur une sonnette.

« N'abusez pas des sonnettes », pensa Frédéric, qui avait souvent des renvois de citations, dont il s'accommodait.

Un grouillot à petit fessier le conduisit chez

M. Simon, psychotechnicien, dont le bureau était occupé par une secrétaire-tricoteuse.

— Vous aurez de la chance si M. Simon peut vous recevoir. Nous sommes en pleine effervescence. Enfin pas moi, les cadres.

Il n'osa demander quel était le motif de cette agitation, ni s'asseoir. L'on n'eut pas le front de le faire lanterner : l'examinateur entra dont il admira la blouse immaculée.

— Vous êtes monsieur Mops ?

Ce « monsieur » plein de déférente suavité l'étonna.

— Allons dans une autre pièce, nous y serons plus tranquilles... Voilà un test élémentaire... Je vous prie de m'excuser, je reviens tout de suite... Vous disposez de trois minutes...

L'exercice consistait à barrer le plus grand nombre possible de « n » dans une grande feuille couverte de lettres. Grâce au dépouillement du Dictionnaire, il avait acquis la faculté d'extraire vivement les mots seuls qui lui importaient : il voyait surgir les deux jambages, qu'il rabattait d'un coup sec.

Il avait terminé depuis plusieurs minutes sans que le psychologue eût reparu. Devait-il en profiter pour reprendre l'exercice ? La sensation d'être épié qui, de toutes, lui était la plus fâcheuse, le transissait. Il se leva et resta planté comme un terme derrière sa chaise ; le pas rapide de M. Simon le libéra.

— Je crois que cette prise de contact va se réduire, de ma part, à vous faire des excuses. Nous vivons une espèce de révolution de palais dont cette maison n'est pas coutumière... Il s'agit d'instaurer l'horaire flexible, ce qui contraindra les cadres à pointer, et ils se refusent à introduire un carton dans une machine comme un employé de basse catégorie. Je suis cadre moi-même, et croyez-le bien, cela ne me dérangerait pas, mais je suis minoritaire...

Il se demanda ce que pouvait être cet horaire à visage de bambou, et en quoi consistait, plus précisément, l'opération du pointage.

— Je vois que vous n'avez pas profité de mon absence pour réparer vos oublis. (Il montra deux « n » non barrés.) Aucune importance... Cette épreuve fait partie d'une série, cela nous prendrait trop de temps... Il vaut mieux que nous ayons un bon entretien. Vous avez piqué ma curiosité, et dans un sens très favorable. Votre lettre témoigne de qualités inhabituelles, du moins dans notre domaine. Pour le style et le vocabulaire, nous en reparlerons... Mais vous avez de l'imagination (« où a-t-il vu de l'imagination là-dedans ? »), et l'on aurait tort de croire que l'imagination est un luxe superflu dans les assurances. Pour remplir des polices et rédiger la lettre d'envoi, il suffit peut-être de quelques formules et d'un barème à jour ; mais pour dénouer des litiges ? remonter à la source ? entrer dans les vues de la partie adverse pour mieux la confondre ? déjouer les subterfuges des clients abusifs ?... Je suis sûr que vous serez à votre affaire, nous trouverons ce qui vous conviendra le mieux... Nous nous reverrons demain après-midi, disons, à quinze heures.

Frédéric prit congé, un peu titubant. Tout soudain, il eut envie de voir de près l'appareil qui enregistrait les heures d'entrée et de sortie du personnel asservi à cette obligation.

— Vous voulez vous familiariser ? lui dit le préposé. C'est simple, prenez le couloir

Il fut glacé : cartons bleus pour les employés, rouges pour les agents de maîtrise et, au milieu, l'angoissante petite horloge. Il décida sur-le-champ que cette société qui se glorifiait d'être centenaire l'avait assez vu.

Tout près de l'immeuble, était un café sombre où il entra à dessein de se réconforter. Il sortit presque aussitôt : la salle, il s'en avisa, était pleine de rédacteurs qui venaient là, clandestinement, parler travail.

Il remonta vers le boulevard des Italiens, en cherche d'un endroit plus rayonnant ; une brasserie, sur le trottoir de gauche, l'appela de toutes ses fluorescences.

— Je vais me soûler, trancha-t-il, farouche.

Il entra, se laissa choir sur une banquette, et commanda un diabolo menthe. Vint à lui, pour le servir, un binoclard enchifrené, qui l'apostropha :

— Savez-vous qu'à la place même où vous êtes benoîtement installé, le peintre Claude Monet avait coutume de s'établir pour observer le mouvement de la foule qui badaudait sur le boulevard des Italiens ?

— Je m'en bats l'œil !

— J'ajouterai que devant la toile qui résulta de cette contemplation, le critique Leroy, oui monsieur, celui-là même à qui l'on doit, si je puis dire, le nom d'impressionnisme, le critique Leroy, disais-je, s'exclama qu'il ne voulait pas ressembler

271

aux lichettes noires qui, selon lui, peuplaient le tableau.

— Quand vous mettrez votre nez dans mon cul, n'oubliez pas d'ôter vos lunettes !

— Il est inutile d'être grossier... Je ne voulais pas vous importuner, mais vous paraissiez, de prime abord, être ouvert à la Culture, et je voulais que vous sussiez que l'on peut être garçon de café et avoir le sentiment des arts.

Frédéric entendit l'amateur de peinture se faire admonester : « Je t'ai interdit cent fois d'emmerder les clients avec ta culture à la con ! », et il s'en voulut de sa mauvaise humeur. Après tout, il avait appris quelque chose. Que nuit toujours savoir et toujours apprendre, fût-ce d'un sot, d'un pot, d'une moufle, d'une guedoufle, d'une pantoufle ? Il savait *qui* lui avait soufflé cette réflexion.

Il demeura un long moment captif de sa mélancolie, insensible au brouhaha des consommateurs qui se renouvelaient sans qu'il y fît le moindrement attention. Devant lui, de dos, tête penchée, sans doute sur un livre, une jeune femme était assise, dont on ne voyait que la nuque où sinuait une mèche torsadée. « On dirait la nuque de Marie-Véronique », se surprit-il à penser. Comme atteinte par ce regard et par cette pensée, l'inconnue se retourna : c'était Marie-Véronique.

— Que te dire de plus ? J'ai vécu, voilà tout. Ou plutôt comme dirait Zazie, j'ai vieilli...

Marie-Véronique avait conservé tous les « écrits » de Frédéric. Le quatrain, repassé à l'encre noire, continuait de palpiter sur le paquet vide, et les cons, dûment blasonnés, un peu pâles, s'alignaient toujours sur deux colonnes. Ces dépouilles opimes, avec la « confession », étaient serrées dans une chemise à sangle, rangée au fond d'une commode.

Elle était venue à exhumer ces vestiges en lui faisant visiter son appartement.

— Rien ne m'appartient, tout est à moi.

Elle voulait signifier que si elle n'était pas propriétaire des meubles, elle en avait la jouissance pleine et entière.

Tout cela appartenait à un homme d'affaires qui voyageait beaucoup, et qu'elle dépeignit comme un chevalier d'industrie de haut vol sur qui pesaient des menaces de toute sorte.

Il y avait dans sa voix, cependant toujours douce, des accents sarcastiques qui émurent Frédéric ; elle avait la raillerie mordante. « Les blessures de la vie », aurait dit Mamitate.

Avait-il, par son départ panique, ce dernier jour

d'un mai lointain et englouti, contribué à ouvrir une plaie ? Il préférait n'y pas songer.

D'ailleurs, ils n'en parlèrent jamais. Elle s'efforça cependant de renouer les fils en lui donnant, au hasard de la conversation, quelques nouvelles de Jean-Marc et de Denis, dit « Babiroussa ». Le premier enseignait le français en Argentine ; il s'était réconcilié avec sa famille. Le second exerçait dans un dispensaire d'un style particulier, dans une banlieue pauvre ; les « instances médicales » lui faisaient des misères et il perdait ses cheveux.

— Pas toi, dit-elle en passant sa main dans la chevelure de Frédéric, coiffée par le vent. Comment fais-tu pour n'avoir jamais l'âge que tu as ?

— Je vis sans soucis (il voulait dire : sans mémoire) pour l'instant ; un jour, proche ou lointain, mon âge me rattrapera.

— Pas tout de suite, s'il te plaît. Tant de gens sont abîmés, tant de choses ; c'est bon de retrouver quelqu'un qui n'a pas changé... Tu as toujours ta bosse ?

Il se laissa tâter le cuir chevelu ; la bosse avait presque disparu : c'était un accident de l'Histoire.

On eût dit que Marie-Véronique tâchait à revenir au point de départ, où il n'avait pas la moindre envie de se retrouver. Toutefois, il aimait qu'elle s'attendrît : la mélancolie a les mains douces.

Dans la confortable insécurité qu'elle devait à son compagnon, Marie-Véronique coulait des jours anodins, et l'avenir lui était indifférent. Elle avait quelques amis, et de temps en temps, une liaison

274

furtive et sans conséquence aucune. C'était une vie étrange aux yeux de Frédéric; il le lui dit.

— Mais... avant, que faisais-tu ?

— J'ai travaillé chez un éditeur de romans policiers qui voulait monter une collection de luxe, une sorte de club... J'avais quelques idées, il me les a prises et me payait assez mal. Je suis restée jusqu'au jour où j'ai rencontré mon ami...

— Il est jaloux, ton ami ? demanda Frédéric, qui ne voulait pas savoir comment cette rencontre s'était faite.

— Tu as peur ? Crois-tu que je pourrais vivre avec un homme possessif ? D'ailleurs, il n'a pas le temps d'être jaloux... S'il te voyait ici, avec moi, il te demanderait si tu veux un whisky, ou autre chose, il te poserait des questions en changeant de chemise, et il n'écouterait pas tes réponses...

(C'est du cinéma, pensa Frédéric.)

Elle prépara un dîner, avec des plats cuisinés sous cellophane. « Si nous avions eu des surgelés, autrefois... » Elle se renvoyait à elle-même, entraînant Frédéric.

Il fit un peu « son Littré » pour la faire sourire, elle sourit, il en fut heureux.

Ils se couchèrent, et firent l'amour gentiment, sans excès. Elle le serra très fort comme un enfant; il lui sembla qu'elle pleurait.

Il lui vint une idée, qu'il lui soumit :

— Que dirais-tu, si la chose est possible, de partir quelques jours, pas très loin, en Normandie, par exemple...

— Pourquoi pas ? C'est une bonne idée...

Elle ralluma :

— Oui, c'est bon de retrouver quelqu'un qui est resté fidèle au souvenir qu'il vous a laissé... Tu es...

— Rafraîchissant ?

— Ce n'est pas le mot que je cherchais, mais celui-ci convient pas mal... Oui, c'est vrai, tu es rafraîchissant...

Ils louèrent un appartement banal, meublé selon l'ordonnance, avec une échappée de vue sur les courts de tennis où bûcheronnaient, sous un soleil dur, des gamins colériques et immaculés. Frédéric, sitôt installé, se laissa tomber sur le lit, ce qui lui valut quelques brocards.

— Je ne supporte pas la forte chaleur, s'excusa-t-il, elle me jette dans des abattements auxquels je ne peux résister.

Marie-Véronique lui lança un oreiller :

— Tu fais encore ton Littré !

— C'est exact, pardonne-moi. J'aurais dû dire, niaisement : la chaleur me tue... Je peux citer autre chose de Littré : « La beauté des pâturages de la Normandie. » Tu les as vus, les pâturages : une succession de plaques de fer rouillées et chauffées à blanc...

Trois heures durant, toutes vitres baissées, ils avaient roulé sur les charbons ardents de la Séche-resse qui, depuis des mois, lacérait la terre de ses griffes d'incendie. Assoupi sur son siège, Frédéric s'était retrouvé emmaillé dans un récit très ancien.

Il avait vu des poissons béants se réfugier dans les arbres, et de funestes corbeaux choir dans les brûlis tandis qu'une voix proférait : « Ils tombent par manque de rosée. » Les églises regorgeaient de fidèles de circonstance qui se désaltéraient d'eau bénite. Dans les campagnes, de longues files de pénitents élevaient au Ciel les reliques enchâssées des saints locaux.

Il ne s'en fallait guère que la réalité ne s'inspirât du roman. Dans plusieurs villes, l'eau vint à manquer, et les habitants se ravitaillaient aux camions-citernes. Tout citoyen, ou prétendu tel, surpris à laver sa voiture se mettait dans le cas d'être lapidé. L'air des campagnes vibrait de cantiques et d'implorations.

— Il faudrait, dit Frédéric, mêler à ces incantations trop chrétiennes quelques formules empruntées aux religions polythéistes. Quand on n'a qu'un seul Dieu, comment savoir si c'est le Dieu du Soleil ou le Dieu de la Pluie ?

— Tu te fatigues la tête, dit Marie-Véronique, allonge-toi.

Elle se faisait un devoir de se baigner deux fois par jour. Abandonné sous un parasol jaune et bleu, il l'admirait qui marchait à la mer. Dans l'album qu'il feuilletait en esprit, il conserverait cette image de Marie-Véronique. Il l'avait connue attentive et nue, émerillonnée en petite culotte, grave en pantalon, elle devenait taquine en maillot de bain. Quand elle le rejoignait, elle était sèche. Elle jetait son bonnet sur la poitrine de Frédéric qui feignait d'en être agacé, et adentée sur sa serviette, elle exposait son dos au feu boucanier du ciel. Un coup de soleil la rappela au bon sens; il lui pommada les omoplates avec tendresse.

— Tu desquames, donc je t'aime.

Elle proposa quelques promenades instructives; le Sahara avait fait son nid dans la voiture, et il pensa mourir. Ils visitèrent les galeries d'Honfleur, établies dans les greniers à sel, dont la fraîcheur leur fut douce. Le soir, ils échangèrent des badineries efflanquées au bord des vaguelettes.

Ils se levèrent dès la pointe de l'aube, elle courut à la mer et, une fois de plus, voulut l'entraîner.

— Je crains la lubricité de l'eau de mer, dit-il, mais ne te prive pas : la nage est un exercice salutaire.

Elle lui jeta du sable et des coquillages :

— Tu n'es qu'un corps de citations, mais tu ne t'en tireras pas toujours.

Un matin, cependant, il l'accompagna.

— J'ai quelque chose à te dire...

— Tu pourrais peut-être me le dire sur la plage...

— J'aimerais commencer ici dans cet élément nouveau pour moi.

Mais elle lui fit boire la tasse, et il battit en retraite. Allongés, côte à côte, il lui tint un long discours :

— J'ai beau ne pas croire à la Fatalité, je dois admettre qu'elle semble me tirer par ses petites ficelles. Toutefois, j'ai toujours fait librement ce qu'elle voulait que j'accomplisse...

— Comme tout le monde... J'ai entendu presque la même chose dans une pièce de boulevard.

— Soit, alors abrégeons... Le hasard, ou ce qui en

tient lieu, avait des vues sur nous deux quand il nous a de nouveau réunis. J'ai su cette nuit ce qu'il attendait de moi...

— Tu m'intéresses...

— Il veut que je fasse quelque chose pour l'amour de Marie-Véronique...

— Dis-moi vite...

— Il veut que j'écrive un roman pour toi...

— Je ne comprends rien du tout...

— J'ai reçu une illumination, Littré...

— Je me disais aussi...

— Littré m'a dit : « L'écrivain est celui qui écrit pour d'autres. » Donc je vais écrire pour toi... et il te suffira de mettre ta signature.

— Il y a là-dedans une foule de choses très spécieuses. J'y réfléchirais si le soleil ne commençait pas à taper dur...

Ils s'entretinrent, presque toute la nuit, de cette fantaisie, parmi les zombissements des moustiques. Frédéric n'en démordit pas et elle parut se rendre à ses raisons ; au reste ce caprice la divertissait.

Quand ils rentrèrent, la Sécheresse durait toujours.

Marie-Véronique ne cachait pas d'être intéressée, et flattée, par le projet de Frédéric. Elle se coulait dans la peau d'une écrivaine cajolée par les médias, et avant même qu'une ligne de « son » roman ne fût écrite, elle se prit à éprouver le désarroi des élus, suant l'angoisse sous l'œil désert des projecteurs. Dans le dessein de saisir la tournure d'esprit du Maître piégeur, elle se procura les œuvres complètes de Bernard Pivot. Il lui fallut tout un après-midi — elle lisait lentement — pour en venir à bout.

Elle s'astreignit à suivre l'émission de ce humeur de livres, et Frédéric était contre elle le soir où quelques oiseaux de petit plumage furent conviés à caqueter sur le thème des gros mots. Étaient réunis : un chroniqueur, l'air gitan, et portant une boucle d'oreille ; blanchi sous le faix des syntagmes de douteux aloi, le grammairien Pierre Guiraud ; enfin, deux jeunes chercheurs qui avaient colligé les expressions enfantines marquées d'obscénités. L'on venait de voir une pièce de Sacha Guitry et, d'entrée de jeu, le chroniqueur dénonça la vulgarité de cette œuvrette où, sous le couvert des mots d'auteur, rampait la fièvre du rut. Il poursuivit que les films de pure pornographie ne contrevenaient pas à la bienséance langagière, et Frédéric releva sans malice qu'il s'emplissait la bouche du mot fellation. On laissa les chercheurs dérouler la guirlande des cacaboudins ; l'un fit observer que les enfants n'usaient pas, pour désigner leurs attributs, des mots qu'ils pouvaient cueillir dans les dictionnaires, tels que pénis, verge ou testicules. « Mésalor, demanda l'animateur, suavement hypocrite, quels mots emploient-ils ? » Sautant sur leurs chaises comme des cabris auxquels on parle de l'Europe, les jeunes gens proférèrent d'une seule voix : « Mais bite, voyons ! pine ! couilles ! » Cette flambée d'éréthisme verbal inspira Frédéric : « Je crois que l'on s'abuse sur la fonction de ces monosyllabes. Ils ne sont rien d'autre que des onomatopées de l'érection. » Marie-Véronique applaudit, et, en dépit de leur méconnaissance des langues étrangères, ils se demandèrent si l'anglais des talus ou l'allemand dévergondé comportait ces mots jaillissants. Elle retrouva un « kuk », sans doute d'origine suédoise, lancé, un soir, par un étudiant dans les brindes. Ils se promirent de soumettre cette question au premier linguiste qui passerait, avec ou sans imperméable...

L'assertion selon laquelle les personnages des films à forte dominante sexuelle se gardaient de lâcher des mots de mauvaise compagnie les avait étonnés. Ils décidèrent d'aller voir. On donnait *L'Essayeuse* dans une salle écartée, le titre leur plut, ils entrèrent. Frédéric tremblait pour sa compagne.

Il redoutait que, mis en combustion par des images spumescentes, quelques frénétiques ne se ruassent sur Marie-Véronique. Mais les spectateurs digéraient cette chiennerie avec un calme proche de l'indifférence. Quelques-uns dormaient comme ils eussent dormi à *La Chinoise*. Il se pouvait d'ailleurs que le film n'eût pas une grande efficace. C'était l'histoire d'une jeune femme friande de perversions, et n'ayant de cesse qu'elle n'eût persuadé une disciple, d'abord hésitante puis enthousiaste, de s'y adonner. Toutes les formes de l'acharnement sexuel, du particulier au collectif, du « naturel » au « contre-nature », défilaient sur l'écran. Mais il s'y insinuait un relent de métaphysique qui décontenançait les fidèles. L'emmêlement final était troublé par une figure énigmatique qui donnait à imaginer que la trappe de l'Enfer allait s'ouvrir sous les corps incandescents. Le langage interdit florissait dans toutes les bouches : l'homme à la boucle d'oreille avait dû se tromper de cinéma.

Au deuxième rang, le manège d'un spectateur attirait le regard. En butte à des sentiments contradictoires, il se déchirait la poitrine ou se frappait les joues. On l'entendait qui se décochait à soi-même de violentes injures. Marie-Véronique voulut savoir à quoi rimait cette agitation. Ils abordèrent le personnage devant la porte : c'était une grande endive chaussant du quarante-cinq.

— Vous êtes bien ? demanda Marie-Véronique qui s'avisa, rougissant, que sa question pouvait faire croire qu'elle s'inquiétait de l'état mental du sujet.

L'autre haussa les épaules sans d'abord répondre. Soudain :

— Je vais tout vous dire, allons prendre un verre.

Ils entrèrent dans un salon de thé, sur le boulevard des Italiens, où, selon l'opinion de Marie-Véronique, l'on servait des pâtisseries ambrosiaques. Toujours habité par ses démons, l'agité du deuxième rang demeura contemplatif. Brusquement :

— Vous savez qui a composé la musique d'*Un été 42* ?

— Pas du tout.

— Et quelle est la première phrase prononcée par Michèle Morgan ?

— Nous ne sommes rien moins que cinéphiles, s'excusa Frédéric.

— Passe-moi le camembert.

— Pardon ?

— Passe-moi le camembert : c'est la première phrase prononcée par Michèle Morgan. Bon, n'insistons pas, vous êtes ignares. Mais moi je sais, je sais tout, tout (explosa le frénétique en projetant des bribes de millefeuille au nez de Frédéric). Tout ce qui est cinématographique est mien. Je possède 36 227 fiches sur le septième art. J'enterre tous les « Monsieur Cinéma » du monde. J'ai vu mon premier film à deux ans et sept mois et je m'en souviens encore. Et que croyez-vous que je fasse aujourd'hui ?

— Vous continuez.

— Oui, je continue, très bien, je continue. Mais qu'est-ce que je vois ?

— Des films pornographiques.

— Voilà, je vois des films pornographiques. Plus de cinémathèque, plus de cinéma d'essai, je vois du porno. Savez-vous qu'en ce moment passe une merveilleuse chose d'une réalisatrice belge que cent dix-sept spectateurs ont déjà vue, et je ne serai pas le cent dix-huitième ? Et savez-vous ce qu'il y a d'admirable dans ce film ?

— Ma foi...

— On voit Mme Seyrig faire son lit et trier des lentilles. Et je ne le verrai pas.

— Mais enfin, ce ne sont pas les films pornographiques qui vous en empêchent !

— Mais si, mais si ! Je ne peux plus voir que du porno ! Et vous savez depuis quand ? Depuis que le hard a remplacé le soft. Ne paniquez pas : le soft, c'est quand les acteurs font semblant et le hard c'est quand ils baisent pour de bon.

— Tout de bon, corrigea Frédéric.

— Si vous voulez... Bref, y a rien à faire, je suis possédé. Et en plus, ça ne me fait rien, mais rien. Tous ces gros plans de biroutes écumantes et de moules voraces me laissent de marbre. Je devrais me faire analyser...

— Ce serait une solution, hasarda Marie-Véronique.

— Mais je tiens à mon vice, j'y tiens, mon vice c'est moi...

Rompant les chiens, le pauvre fol se dressa d'un bond et se précipita vers la sortie : « Laissez passer le maniaque ! Je suis hanté ! Le cul ! Le cul ! Le cul ! Le cul ! »

— Drôle de corps, dit Marie-Véronique.

— Et de plus il écarte la dragée, ajouta Frédéric

qui expliqua que cette expression était synonyme de
postillonner.

Quelques jours plus tard, ils apprirent qu'à la
suite d'une plainte déposée par des mouvements de
jeunesse et une association d'aveugles*, le film
L'Essayeuse serait détruit jusqu'à la dernière copie.
« Tu te rends compte (dit Marie-Véronique), ce film
n'existe plus sauf dans notre mémoire. Nous
sommes les dépositaires d'une œuvre abolie. » Ils
convinrent assez vite que le patrimoine filmogra-
phique ne souffrirait pas outre mesure de l'efface-
ment certain, dans leurs têtes, de cette chose mau-
dite. Mais Frédéric conserva longtemps la vision de
ce chaos de corps écartelés qu'une ombre lucifé-
rienne enveloppait d'un regard complaisant.

Cependant, elle doutait qu'il eût vraiment envie
de produire un roman. Elle concevait sans peine
qu'il eût résolu de lui en faire cadeau. C'était bien
un dessein conforme au caractère de ce garçon qui
ne laissait pas de la surprendre avant que, par
sympathie, elle n'entrât dans ses raisons. Mais elle
ne discernait pas un romancier en Frédéric.
Elle se trompait. Il travaillait, à sa façon, qui
semblait ne rien mouvoir. Ils en parlèrent, un soir,
chez elle.

— Tu as cru que c'était un propos en l'air ?
— Pas tout à fait. J'ai cru que ce n'était pas ton
affaire que d'écrire des romans...
— Pour l'instant, il ne s'agit que du premier.

* Autenthique.

286

Mais tu as raison : je ne me vois pas faisant concurrence à *La Comédie humaine*... Tu penses donc que je ne peux pas créer des personnages, conduire une intrigue...

— Je ne sais pas... T'abandonner à une fantaisie qui te surprend toi-même, ça je t'en crois très capable...

— Mais m'abstraire de moi, nourrir des êtres que la passion des mots ne fait pas délirer, les engluer dans l'ordinaire des jours, ce n'est pas de mon ressort...

— Ce qui serait de ton ressort, ce serait d'écrire ta propre histoire, il me semble qu'elle en vaut la peine. Tu en étonnerais plus d'un...

— Je ne crois pas qu'il existe encore un lecteur qui puisse être étonné. Quant à retracer l'histoire de mes jours, n'y compte pas.

— Tu ne l'as pas déjà fait ?

— Tu veux parler de la pseudo-confession que je t'ai laissée ? Sans intérêt... Je crois me souvenir que je t'ai résumé la suite...

— Déniaisé par une infirmière...

— Major... Comme dans un roman de... bah, ne nommons personne...

— Puis, une fois à Paris, « séduit » par une vendeuse dans une cabine d'essayage...

— Comme dans un roman encore plus nul... Je pourrais poursuivre ce récit d'aventures nosocomiales et mercantiles sur le mode picaresque. Mais il y a une raison invincible pour que je n'en fasse rien : je ne m'inspire pas. Ce qui m'inspire, c'est l'idée même d'écrire un roman pour Marie-Véronique.

287

— Valéry a dit quelque chose d'approchant.
« Ce que l'on aime inspire. » Faut-il en
conclure que Frédéric n'aime pas Frédéric ?

— Je ne me suis jamais posé cette question...
Je ne conçois pas que l'on se raconte. Je crois
bien que cette pensée m'est venue la première
fois — lointaine — où j'ai ouvert les *Confessions* : comment peut-on se raconter ?

— On peut. De plus, ton Rousseau ne se
raconte pas : il se justifie, avec une très grande
indulgence pour lui-même. Et puis, il triche, il
joue de ses trous de mémoire, il sublimise ses
amours avec Mme de Warens. Il oublie de préciser qu'il s'est vanté de sa bonne fortune et
que ce pauvre Claude Anet en est mort de
chagrin, et pas du tout en allant cueillir du
génépi...

Il fut très étonné de cette sortie. On eût dit
que Marie-Véronique, à bout d'agacement, avait
longtemps mûri le désir de contrarier l'attachement de Frédéric pour Jean-Jacques, et qu'elle
s'y abandonnait à la première et plus mince
occasion ; de quoi l'on pouvait inférer qu'elle
avait toujours espéré revoir son amant du mois
de mai, ne fût-ce que pour le réduire à quia.

Elle sourit, tendrement, de la mine confuse
de Frédéric.

— Laissons cela... Il y a quand même tes
recherches sur Littré.

— Ce n'étaient pas des recherches.

— Ne joue pas sur les mots. Il demeure que
tu as entrepris et mené à bien quelque chose à
quoi personne n'avait jamais songé.

— Et qui n'intéresserait personne. Tu en connais beaucoup, toi, des fanatiques du *Littré*?

— Oh, il y en a! Les correcteurs des maisons d'édition...

— Ils ne consultent que le *Robert*!

— Je suis sûre que non. Mais il n'y a pas que les correcteurs.

— Seulement...

— Pardon?

— Il n'y a pas seulement les correcteurs, ou mieux : les correcteurs ne sont pas les seuls.

— Puriste!... Littré condamne?

— Avec la dernière énergie. C'est peut-être même la condamnation la plus circonstanciée qu'il ait prononcée. Je me rappelle qu'en cette occasion, il s'avoue d'un certain Deschanel qui tenait une rubrique dans *Le Journal des débats*.

— Ta mémoire me tue! Justement, j'y reviens, j'y insiste : scrs-toi de ta mémoire pour écrire le roman de Frédéric, remonte à la source...

— Je ne me souviens pas de moi.

— Menteur!

— Je ne veux pas me souvenir de moi. Je ne m'intéresse pas.

— Tu es dur! Là, je suis d'accord : si tu ne commences pas par le commencement, personne ne comprendra pourquoi le personnage Frédéric s'est retrouvé sur les barricades.

— Bravo pour le « s'est retrouvé »! Tu sais bien que j'étais là par hasard. Je ne suis pas de ceux qui, aujourd'hui, se bercent de l'illusion qu'ils ont participé aux « événements ». Toute ma participation a consisté à recevoir avec beaucoup d'effusion un

coup de matraque sur la tête, à la suite de quoi je
me suis retrouvé — et ici « retrouvé » est bien venu
— dans le lit d'une fille.

— Merci pour la fille !

— Ce n'était pas péjoratif... Je pourrais restreindre mon histoire à cette histoire d'amour, mais je ne
trouverais pas les mots : ce n'est pas mon domaine...

— Et c'est quoi ton domaine, sur le plan romanesque ?

— Je voudrais, ou plutôt je vais écrire une histoire — que je prétends te faire endosser...

— On verra...

— A propos de laquelle, si le public en a connaissance, les mots qui viendront à l'esprit seront :
dérisoire et pathétique.

— Comme la vie ?

— Oui, la vie est une chose dérisoire et pathétique. Et remarque, en quelque sorte je m'accorde à
tes vues, ce sont les deux ajectifs qui s'ajustent le
mieux à mon histoire personnelle, ce qui fait que ce
roman aura quand même quelque chose d'autobiographique.

— Dans la forme...

— Dans le fond de la forme.

— J'espère que tu n'y mettras pas tout le Dictionnaire ! Le public n'est plus habitué aux excès de
vocabulaire.

— Je sais. Il lui faut du « naturel », de la sobriété,
sujet, verbe, complément, bref un style de circulaire, quelques adverbes en -ment, quelques expressions figées, et une grande liberté de ton : « Il
s'éveilla frais et dispos et, sans un mot, encula
Marie-Véronique. »

290

— Tu peux te brosser !... J'hypothèse que « mon » roman est en train de se construire...

— Il se construit... tout seul.

— Bien entendu, tu n'en diras pas plus ?

— Si. Je peux te dire, mais les choses ont le droit de changer, qu'il y aura des enterrements, assez gais dans l'ensemble, un célibataire de quarante ans couvé par une mère nécrophile, mais mortelle, une jeune fille assez pâle, et de nombreuses manifestations populaires. Tout cela pourrait être réuni sous le titre : *Les Beaux Prétextes.*

— Je ne sais pas si ce sera dérisoire, mais ça risque d'être pathétique ! Et tu as déjà écrit quelque chose ?

— La première phrase, que voici : « Passé la quarantaine, les gens qui vous ont vu naître, on se tue à les enterrer. » Attendons la suite...

— La suite viendra quand ?

— Dans l'instant, je me donne à quelque chose dont le caractère d'urgence s'est déclaré. C'est assez curieux... Tu sais que j'ai tenu, disons un journal pour faire court, où je notais...

— Ton DEBRIBUS... Tu l'as conservé ?

— Pourquoi m'en défaire ? Il m'arrive même d'y jeter encore quelque chose. Je ne note que ce qui me vient sous une forme... ah bon, voilà que je ne trouve pas le mot...

— Bien fait !

— Sous la forme d'une sentence... ce n'est pas le mot... Quand je me relis, je me surprends : qui a écrit cela ? Il y a une phrase, « de moi », qui m'a longtemps laissé perplexe avant que je comprisse qu'elle était la conclusion, la morale, d'un apologue,

291

d'un conte qui n'avait pas été écrit : « Il est dans la nature de Dieu de décevoir. »

— Donc, toutes affaires cessantes, tu vas te mettre à ce conte ?

— Il est dans ma tête. Je sais comment débuter et comment finir. Quelquefois je me demande pourquoi les romanciers se donnent la peine de mettre en forme des histoires dont ils savent déjà tout. Cela prouve que l'on écrit toujours pour quelqu'un...

— Tu l'as dit, Littré : « Écrivain : celui qui écrit pour les autres. » Au fait, le mot que tu cherchais, ce ne serait pas aphoristique ?

— C'est possible, dit-il, vexé qu'un mot si banal se fût dérobé.

La banalité, à vrai dire, n'était pas toujours son fort.

Ils ne se virent de cinq jours, au bout desquels se dénoua cette histoire pressante. Il courut la porter à Marie-Véronique avant que son goût mortel de la perfection ne l'induisît à tout recommencer. Au lieu de lui demander d'en faire la lecture, elle s'isola, si l'on peut dire, dans un coin du canapé ; figé à l'autre extrémité, il s'attendrissait de la voir relever d'un doigt machinal la mèche qui, par intervalles, venait ombrager son front.

DESCENDS, JÉSUS

Jésus était seul. La profonde agonie ruisselait sur sa Face. À sa droite, le voleur conquis au Bien s'éteignait sous le souffle des Anges. Mais le larron impénitent disputait encore son âme à l'avidité des flammes. Il se sentait pressé de questions amères, et il n'espérait pas de réponses, et il mourait d'une détresse infinie. Quelle éternité de délices aurait pu le dédommager d'être né ? Façonné au Mal, jeté en proie, dès l'enfance, à des hommes d'immonde espèce, il avait, pour survivre, floué des commerçants simoniaques et rançonné des changeurs engraissés par l'usure. Il avait détroussé des escrocs, il s'était joué des thésauriseurs, et il avait saigné à blanc des hommes de bien qui ne songeaient qu'à monnayer leurs filles. Et cet Homme qui avait franchi le seuil de la femme adultère et fouaillé les marchands du Temple, le Fils de Dieu n'avait rien lu dans son âme.

Atterrées contre la croix, les Femmes douloureuses attendaient que tout s'accomplît. Et le disciple bien-aimé confondait contre son cœur leurs visages de cendre. Les soldats ne jouaient plus, ni les prêtres ne disputaient. Tout près, un personnage marmonnant ne cessait de lever ses regards vers le supplicié. Et, parfois, l'on percevait ses paroles d'adjuration : « Descends, Jésus. » « Il ne descendra pas », dit un soldat.

Jésus vivait cette atroce minute où l'agonie rameute tous les hasards de la vie. Mais sa vie lui avait-elle jamais appartenu ? Avait-il été cet enfant qui, sous le regard attendri de Joseph, s'émerveillait d'enrouler des copeaux autour de ses doigts ? Avait-il, fort d'une science infuse, confondu les Docteurs ? Qui avait armé le bras de cet homme en fureur, chassant à coups de corde le lucre et la vénalité de la Maison du Père ? La Maison du Père...

« Père, Père, pourquoi m'as-tu abandonné à ma mémoire, à cette chose en moi, qui m'est étrangère, et qui me fait mourir deux fois ? »

Du Ciel obscurci de symboles, rien ne vint

consoler l'Homme en croix. Il lui fallait jusqu'au bout subir le sort commun, suer l'angoisse, être percé de regrets, et sentir sous la couronne d'épines l'accablement des choses que l'on n'a pas faites.

« Toi qui fis courir les paralytiques, Jésus, descends de ta croix. »

Où était-il, l'homme qu'il avait sauvé d'une vie immobile ? Quelle affaire d'importance l'avait détourné de se joindre aux derniers disciples ? Où étaient-ils les lépreux purifiés de leurs plaies, les aveugles rendus à la lumière, les possédés affranchis du Malin, les lazares ressuscités ? Ils étaient demeurés silencieux et craintifs, parmi la foule qui hurlait de libérer Barabbas. Et le Père avait voulu qu'il endurât pour eux cet ignoble sacrifice...

« Toi qui marchas sur les eaux, Jésus, descends de ta croix. »

Mais il y avait eu aussi des heures de tendresse et de triomphe. Il y avait eu sur ses pieds la sombre caresse d'une chevelure de femme ; des palmes avaient jonché sa route ; des enfants aux regards célestes avaient tendu leurs mains...

« Toi qui multiplias les pains, Jésus, descends de ta croix. »

Il fallait encore appeler le pardon du Père sur ces insensés. Ils ne savent pas ce qu'ils font...

Jésus poussa le dernier cri, le dernier pourquoi ? Alors, le Voile se déchira, les cieux vomirent une effroyable tempête, et sur le mont subjugué d'éclairs, le chœur des fidèles fut déchiré de lamentations. Mais le plus désespéré, ce fut cet homme qui adjurait le Christ de se soustraire au supplice.

« Ils ont tué le Fils de Dieu ! Ils ont tué le Fils de Dieu !

— Tu n'as pas cessé de " lui " crier : descends

de ta croix ! et tu as bien vu qu'il n'est pas descendu. Comment peux-tu dire maintenant qu'il était le Fils de Dieu ?

— Parce qu'il m'a déçu. »

— J'aime bien : « La profonde agonie ruisselait sur sa Face. » Quand j'étais jeune, en première ou en seconde, j'avais un carnet où je notais les bouts de phrase qui me tiraient des soupirs d'émerveillement. Je me souviens de celle-ci, de Villiers de L'Isle-Adam : « La clarté déserte de la lune... »

— Je ne connaissais pas...

— Ah ! Il y a des trous dans ta culture livresque ?

— Des abîmes.

— Tant mieux ! Je t'apprendrai peut-être quelque chose, en toute modestie... Pour commencer, je vais te prêter les *Contes cruels*, je suis sûre que tu apprécieras... C'est curieux chez toi, je reviens à *Descends, Jésus*, ce besoin, ce n'est peut-être pas le mot, de considérer la mémoire comme une étrangère...

— Notre mémoire nous surprend comme une voleuse. Et il me déplaît d'être surpris par mes souvenirs, par toutes ces choses d'une vie engloutie qu'un rien ramène à la surface. On dirait que la mémoire profite de nos moments d'inattention, ou pis encore, de notre agonie, pour nous renvoyer à ce qui n'est plus nous, au machinal de la vie...

— Eh bien ! Tu ne m'en as jamais tant dit ! Le machinal de la vie... Je retiendrai. Je ne partage pas mais je retiendrai... Et tu crois que l'on peut tuer son passé ? Comme disent les chroniqueurs judiciaires...

— Il faut essayer de se refaire... Pense à tous ces

malades du passé qui peuplent les hôpitaux psychiatriques !

— Merci bien ! Un autre jour s'il te plaît !...
J'espère que *Les Beaux Prétextes* n'auront pas pour
cadre l'un de ces établissements.

— Il m'est venu un autre titre, que je crois que je
vais retenir : *Les Amours foraines.*

— Pourquoi foraines ? Ça se passera dans une
foire ?

— Forain ne vient pas de foire mais du bas latin
foranus qui veut dire étranger : un forain, c'est
quelqu'un « du dehors ».

— Amours foraines, amours du dehors... Je vais
me tuer à expliquer le titre...

Il sourit : Marie-Véronique s'était faite à l'idée
d'être l' « auteur » d'un roman dont elle ignorait
tout. Frédéric, à vrai dire, n'était guère plus avancé
qu'elle.

Il avait songé à un autre titre, dont il s'était gardé
de faire état : *La Vie séparée*, qui pouvait trop bien
convenir à l'histoire même de Frédéric Mops...

— Tu te rappelles ce que tu disais autrefois : « Je
te paierai une chopine de tripes » ?

— Autrefois... au mois de mai ?

— Cela va de soi...

— Je ne me souviens pas d'avoir lâché ce genre
de promesse...

— Je vais tout t'avouer : c'était pendant l'horreur
de ta profonde nuit. Tu étais entre deux eaux, tu
délirais... Personne dans la chambre n'était capable
de comprendre ce que tu disais, moi non plus
d'ailleurs... J'ai quand même retenu cette phrase. Je
suppose que tu sais ce qu'elle signifie...

— Oui, je sais ce qu'elle signifie... mais où veux-
tu en venir ?

— Il y a tout près de chez toi un restaurant
renommé jusqu'au Monomotapa pour ses tripes à
l'ancienne...

— Ah ! « l'esculence des tripes à l'ancienne ! »

— Littré, toujours ?

— Brillat-Savarin... En somme, tu veux que nous
allions y déjeuner ?

— C'est cela même... On y va tout à l'heure... J'ai
réservé, j'ai donné ton nom...

— Alors, si je suis devant le fait accompli...

Mamitate leur souhaita une bonne dégustation ; il restait, de la veille, du rôti de dindonneau dont elle saurait se satisfaire.

— Je l'aime bien ta tante...

— Elle est aimable.

Ils franchirent sans émotion perceptible le seuil de cette maison fondée du vivant de Littré où, venus de toutes parts, se coudoyaient des gourmets bien endentés. Frédéric se nomma ; ils furent installés non loin d'un homme de faible corpulence, objet d'attentions exquises, que le nom de Mops avait fait sursauter, et qui, dès lors, ne cessa d'attacher sur Frédéric des regards charmés.

— Je te signale que tu as une sacrée touche... le bonhomme à côté... C'est curieux, tu devrais voir le manège des serveurs, on n'aurait pas plus d'égards pour le prince de Galles...

Frédéric haussa les épaules, et s'assombrit. Quand il se savait observé, il tombait dans une espèce d'hébétude qui le rendait aveugle et sourd. Toutefois, il se ressaisit pour être à l'unisson de Marie-Véronique dont la « jouissance gustuelle » était vive.

Ils étaient au dessert quand l'insistant personnage, achevé son repas, quitta sa table avec une prestesse surprenante, et se planta devant eux. Frédéric s'étonna, de prime face, de ne pas prendre en antipathie ce quadragénaire petit-moustachu, aux cheveux plaqués, qui mettait la meilleure grâce du monde à se justifier.

— ... Je conçois que vous en ayez eu de l'agacement... Votre nom est bien Mops ?

— Je porte ce nom en effet... Mais il ne me semble pas que vous vous soyez présenté...

— Il me faut de nouveau m'excuser... Je vous porte un si bel intérêt que je manque au savoir-vivre, et pourtant le savoir-vivre est toute ma vie... je suis le Prince Pelée : ce nom vous dit quelque chose ?

— Je crois (dit Marie-Véronique) que c'est le nom d'un célèbre footballeur brésilien.

— Le roi Pelé, vous avez raison. Pelé, sans e final... Mais votre ami et moi-même avons quelque chose en commun que nos noms mettent justement en évidence. Je suppose que vous savez qui était Mops ?

— Un Argonaute, dit Marie-Véronique.

— Du grec Μόψος ; du latin Mopsus, qui était un nom de berger. Il existe aussi un chien Mops, c'est une espèce de bouledogue, ajouta Frédéric.

— Peste ! vous êtes ferré !... Nous avons donc en commun d'être deux Argonautes, car Pelée, vous l'ignoriez peut-être, faisait partie de l'expédition... Je ne saurais soutenir que nous étions prédestinés à nous rencontrer, mais puisque nous voici face à face, je puis vous assurer que vous répondez à mes vœux secrets : il me semble vous connaître depuis toujours... Vous m'obligeriez à l'extrême si vous consentiez, votre amie et vous, à me rendre visite... On vous remettra ma carte à la caisse.

— Il a dit « votre amie »... moi qui croyais que nous avions l'air d'un bon vieux ménage...

— Ce doit être parce que les maris n'ont pas

coutume d'emmener leurs femmes dans ce restaurant.

Ils s'assurèrent, d'un regard panoramique, de la justesse de cette observation : aucun des couples ne leur donna l'impression d'être légitime.

— Au fait, tu sais le grec maintenant ?

— Non, mais j'aime la forme des lettres grecques. Quelque jour, peut-être...

— Tu sais à qui il me fait penser ? à Hercule Poirot.

— Tu parles du Prince Pelée ? Préviens-moi ! Je ne me souviens pas comment l'obèse Agatha décrit ce détective aux cellules éminemment grises.

— Zut ! j'aurais parié que tu ne savais pas qui était Hercule Poirot !... Il y a un autre personnage auquel j'ai pensé quand je l'ai vu en train de te percer de regards...

— Percer de regards...

— Tu m'embêtes ! l'écrivain c'est toi... J'ai pensé à Charlus, quand il ne peut détacher ses yeux du narrateur, devant le casino de Balbec... Tu ne trouves pas ça un peu envahissant, un peu chiant, tu vois quelqu'un qui dévisage ton ami au lieu de penser : qu'est-ce qu'il veut celui-là, sa photo ? ses fesses ? tu penses à Charlus. Je suis sûre, cet été, s'il y avait eu des nuages dans le ciel de notre plage normande, je ne me serais pas dit : bon, il va pleuvoir, j'aurais pensé à Boudin...

— Ce doit être ça la Culture...

L'addition avait été réglée par le Prince, dont la carte leur fut remise à la caisse. Il leur parut impossible de se dérober à l'invitation.

Le Prince Pelée régnait sur la province d'Auteuil ou plutôt sur le Hameau de Boulainvilliers dont il était l'ornement glorieux et magnétique. Il donnait, toutes portes closes, des fêtes noires et blanches où se mêlaient des corps singuliers. Dans le voisinage, on jugeait sans indulgence, et ces mascarades claquemurées, et l'interdiction qui était faite aux invités de humer, fût-ce a giorno, les délices d'un jardin fabuleux dont l'insolite luxuriance excitait l'admiration. Que si le Prince Pelée était prié de déceler la source de son inspiration, tantôt il renvoyait le questionneur au Domaine d'Arnheim — et l'on concluait qu'il fallait y voir une allusion à son énorme fortune — tantôt il assurait que la Nature, abandonnée à son souverain caprice, pouvait, seule, produire ce rigoureux et flamboyant désordre. Tout cela faisait sourire le jardinier.

On ne trouvait pas, en revanche, matière à s'éblouir de l'ameublement des salons où l'architriclin confinait ses hôtes. Alors, il protestait que cette simplicité, cette absence d'éclat — à tel point que pas un trumeau n'était assorti d'un miroir —

participait de la Philosophie de l'Ameublement, du même Edgar Poe.

Quand derrière un valet assez raide, Frédéric, éberlué, et sa compagne, songeuse, eurent traversé ce jardin de mythologie, leur surprise fut extrême d'être accueillis, sous la véranda, par un personnage très imposant habillé en Louis XVIII. Ils furent introduits dans une immense bibliothèque, où le Maître, aux mains du tailleur, priait qu'on l'attendît. Frédéric eut tout loisir de promener des regards intenses le long des reliures. Mille et un auteurs, en ordre alphabétique, alignaient précieusement leurs œuvres numérotées. Tout un rayon était dévolu aux ouvrages de référence au centre de quoi figurait une édition du *Littré* en sept volumes. Il saisissait, d'un geste antique et machinal, le tome premier, quand le Prince fit son entrée.

— Vous m'excuserez sans doute quand je vous aurai dit que j'aime mieux faire attendre mes amis, même récents, que mon tailleur.

— Voilà, pour votre défense, une belle antiparastase, ironisa Frédéric.

— Ah, vous êtes féru de rhétorique ! Je crains que vous n'ayez beaucoup vécu dans les livres. Dans ce cas je vous ai laissé en nombreuse compagnie... Il me semble que vous alliez lever un doute en consultant un dictionnaire...

— Vous savez, insinua Marie-Véronique, il y a beau temps qu'il n'ouvre plus un dictionnaire pour le consulter : c'est un simple réflexe, il a tout Littré dans la tête.

— Mais non.

— Mais si. Demandez-lui une définition au hasard.

— Très bien, je suis curieux de vérifier ce phénomène... Voyons... Laissons tomber les termes de la médecine purgative et fébricitante... Ah, dites-moi, qu'est-ce qu'une étrape ?

— Vous ne comptez pas l'embarrasser avec quelque chose d'aussi simple, railla Marie-Véronique.

— Je crois que c'est une petite faucille qui sert à couper le chaume, répondit Frédéric dont la voix tremblait.

— C'est cela même. Pouvez-vous forger une exemple ?

— Les estivandiers coupaient le chaume avec leurs étrapes.

— C'est quoi un estivandier ? (demanda Marie-Véronique).

— C'est le nom que l'on donnait dans le Tarn-et-Garonne aux ouvriers ruraux employés aux travaux de la moisson.

— Page 1070, compléta le Prince. On les appelait aussi des solatiers... Poursuivons : qu'est-ce qu'un francatu ?

— Je n'en sais rien.

— Tu ne vas pas te mettre à bouder. Réponds gentiment...

— C'est une espèce de pomme qui se conserve longtemps, maugréa Frédéric.

— Bon, il suffit, vous allez vous fâcher. Mais que faites-vous de ce vocabulaire ?

— Je le disperse.

— Joli mot... Eh bien vous voyez tous ces livres... « Tous ces tomes en pénitence... Tout ce qu'il fallut

303

d'illusions, de désirs, de travail, de larcins, de hasards pour accumuler ce sinistre trésor de certitudes ruinées, de découvertes démodées, de beautés mortes et de délires refroidis... » pour reprendre la sortie du Disciple dans le *Faust* de Valéry... Vous connaissez Valéry ?

— Je connais de lui trois poèmes qui se sont laissé retenir.

— Je ne vous demanderai pas lesquels : il n'importe. Admirez-le rutiler non loin de Zola réduit à la portion congrue. Admirez ces vases d'élection, ces abîmes d'intelligence, ces rocs de culture... Savez-vous à quoi je les destine ?

— A la bibliothèque municipale d'Aubervilliers, dit Marie-Véronique.

— A la mer, ma jeune amie, à la mer ! Demain — je dis demain au sens large —, j'embarque tous ces livres sur mon beau navire et hop ! hop ! aux poissons !

— Vous plaisantez, murmura Frédéric.

— Aux poissons ! Aux poissons !

Il saisit, pour l'exemple, un bloc de précieux ouvrages et le précipita au milieu de la pièce. Frédéric crut voir s'ouvrir les mâchoires de l'océan et poussa un cri d'horreur.

— Votre imagination vous tyrannise. J'ai connu cela. Rassurez-vous, nous en conserverons quelques-uns. Comment pourrait-on embarquer tous ces pondérables témoins de l'Illusion universelle ? Nous coulerions au port... Tenez : voici le summum de la typographie, l'œuvre de Rousseau en un seul volume. Admirez ces caractères microscopiques. Avec ce livre unique, je pourrais m'offrir bien des choses... Mais est-il rien de plus vain que d'échanger un désir émoussé contre ce que l'on sait ne désirer pas ? Ce livre rarissime, je vous le donne : le voilà sauvé des eaux... Et puis, vous avez une tête à aimer Rousseau. Et notez bien : ce qui en fait le prix, c'est qu'il est illisible.

Frédéric, bredouillant, accepta le livre compact, l'ouvrit, l'approcha, et lut sans ombre d'effort : « Le pilote des Argonautes n'étoit pas plus fier que moi menant en triomphe la compagnie des lapins de la grande Isle à la petite. »

— Impossible ! Vous trichez !

Frédéric ouvrit plus loin : « Je ne sentois toute la force de mon attachement pour elle que quand je ne la voyois pas. Quand je la voyois, je n'étois que content. »

— Vous m'en faites accroire ! Ne tournez pas la page...

Il sonna, Louis XVIII reparut :

— Cher ami, apportez-moi ma grosse loupe...

— Qu'est-ce qui vous étonne ? (demanda Marie-Véronique). Il est myope comme un vide-poches. De très près, il pourrait voir un globule rouge en train de se faire phagocyter.

— Je sais que votre ami est d'une espèce particulière, dit le Prince, souriant.

La grosse loupe permit tout juste de déchiffrer ce que Frédéric avait lu sans difficulté.

— Quand vous vendrez ce livre, vous pourrez affirmer sans mentir qu'il n'est pas illisible.

— Je ne le vendrai jamais.

— Je l'espère, mon ami, je l'espère. Au besoin, je veillerai à ce que vous puissiez le conserver... Je remarque incidemment que vous êtes tombé tout de suite sur la seule phrase de Rousseau où il soit question d'Argonaute. Quoi que vous fassiez, vous n'échapperez pas à votre destin... Voilà un bon enchaînement : nous pouvons passer à côté...

Derrière leur hôte soudain très solennel, ils entrèrent dans une pièce de mêmes dimensions que la bibliothèque mais que sa quasi-nudité faisait paraître immense ; seule, au centre, une table de bridge souffrait qu'un échiquier l'encombrât ; quatre figures y étaient disposées : Roi + Fou + Cavalier blancs, Roi noir. Tout autour, du sol au plafond, un yacht répété à différentes échelles meublait les murs de sa blancheur vibrante.

— Je vous présente *Le Navire Argo*. Ce n'est pour l'heure qu'une anticipation très exacte. Il sera achevé dans quelques mois... Je ne sais encore si l'on m'autorisera à le baptiser ainsi mais je saurai lever toute interdiction. Vous n'ignorez pas, mon jeune ami, qu'il doit porter ce nom pour que vous puissiez embarquer...

(Il m'embête avec son « jeune ami », pensa Frédéric.)

— Ah bon, je vais embarquer ?

— Je n'y peux rien, vous n'y pouvez rien, c'est écrit.

Cela réglé, il prit les jeunes gens chacun par un bras et les mena vers l'échiquier.

— Voici un problème que je m'acharne à vouloir résoudre bien que je ne m'intéresse aux échecs que depuis deux mois... Ce jeu souverain vous passionne-t-il ?

— Aucunement.

— Pas du tout.

— Jean-Jacques Rousseau, pourtant, s'y est furieusement adonné... n'est-ce pas ?

— Il était en effet très habile à « pousser du bois », à tel point que Diderot, qu'il battait à tout coup, se plaignait qu'il ne lui donnât aucun avantage.

« Tu avais besoin de ramener ta science ? » chuchota Marie-Véronique en faisant mine de l'embrasser sur l'oreille.

— Il s'agit, monologua le Prince qui paraissait ne plus voir personne, du « mat du Fou et du Cavalier » qui se formule ainsi : « Le Fou tenant, grâce à la coopération de son propre Roi, le Roi adverse dans une prison de plus en plus restreinte, le rôle du Cavalier se borne à se mettre en état de cédille ou de future cédille. » Il me reste à résoudre trois cas possibles, trois cas...

Il s'avisa de l'état de béance où glissaient ses pseudo-interlocuteurs.

— Je vous prie de m'excuser... Nous ne devons jamais parler de ce qui nous passionne surtout s'il s'agit d'une passion toute circonstancielle... Allons goûter...

Ils passèrent dans un salon-fumoir qui glorifiait le bois de rose avec outrecuidance ; une collation de petits gâteaux et de fruits calibrés était servie.

— Je ne puis vous accompagner : je ne fais qu'un repas par jour... Je reviens dans un instant...

— C'est quand même un curieux pistolet, dit Marie-Véronique en pelant une louise-bonne avec dévotion.

— C'est un personnage...

— Je discerne qu'il t'agace...

— C'est un personnage qui mène une vie, comment dire ?... empruntée. Il rassemble en lui les traits de quelques individus singuliers que je ne puis identifier, cela m'agace...

— Tu crois que quelqu'un a eu avant lui l'idée de nourrir les crocodiles avec Voltaire et Montesquieu ?

— Voltaire, je ne crois pas : les crocodiles ne se mangent pas entre eux.

Ils s'interrompirent : le Prince revenait, portant une grande enveloppe.

— Voici quelque chose dont je ne savais que faire : je m'en débarrasse entre vos mains... C'est un simple récit de voyage. Quand nous serons sur *Le Navire Argo*, l'écrivain, ce sera vous.

Frédéric plissa le front sans rien exprimer. Il saisit l'enveloppe, et se leva, comme pour marquer son impatience.

— Quelque affaire d'importance appelle tous vos soins, dit le Prince avec un ton de bienveillance presque paternelle qui fit repentir Frédéric de son impertinence. Nous nous reverrons, nous nous reverrons bientôt... Je vous raccompagne.

Les yeux au sol, Frédéric cherche une parole aimable. Quand ils sont au portail :

— Je vous remercie encore pour ce précieux exemplaire...

— Faites-moi plaisir, n'en parlez plus. Je le répète : vous l'avez sauvé... Vous m'excuserez de ne pas vous avoir fait visiter mon orgueilleuse demeure. Elle n'existe pour ainsi dire plus : je l'ai vendue. Dans quelques mois, une palissade témoignera de son anéantissement, et l'on pourra tout à loisir se griser du chant des pelles mécaniques... Il ne restera plus, dans le Hameau, que des ombres : Pierre Louÿs, Fernand Gregh, le Prince Pelée...

— Mais vos meubles... votre... bibliothèque...

— Dans quelqu'une de mes retraites provinciales, en attendant le jour où je deviendrai... il y a une expression ancienne que je ne retrouve pas... qui finit, je crois, par périlleuses.

— Traverseur de voies périlleuses.

— Ah! c'est cela même! Et vous pouvez croire que je vais me passer de vous?

Frédéric baisse le nez : que faire contre une idée fixe?

— J'ai quelque chose à vous demander (dit Marie-Véronique). Je voudrais savoir pourquoi votre maître d'hôtel est habillé en Louis XVIII.

— C'est à cause de Morand. Il écrit dans *L'Europe galante* : « Les concierges sont les derniers rois de France. » Je me suis conformé à cette notation... Je crois que cette livrée souveraine lui devient importune. Je vais en faire un sans-culotte armé d'une pique dont je l'autoriserai à larder les emmerdeurs, les emmerderesses et les pelmazoïdes de toute sorte dont je suis assiégé... Mais vous, mes chers amis, vous n'avez rien à craindre. Tant que ce portail sera debout, vous pourrez le franchir sans redouter d'être transpercés.

Il pressa le bras de Frédéric :

— Je vous vois sans désir si l'on excepte votre goût des mots, qui est une passion morte. Croyez-moi, votre destin, le but de votre vie, c'est *Le Navire Argo*.

Frédéric eût aimé ranger sans attendre « son » Rousseau parmi les humbles serviteurs de sa bibliothèque. Allaient-ils, ces roturiers roussis, faire bonne chère au glorieux intrus ? Mais Marie-Véronique l'entraîna chez elle à dessein qu'il lui lût le récit de voyage du Prince. Ils dînèrent, dans la cuisine, d'une tranche de jambon et de pommes de terre en salade. Elle posa un bocal de cornichons : ils eurent la même pensée et se sourirent.

— Au fait, Littré, dit-elle à voix trop haute comme pour rompre le charme, c'est quoi un pelmazoïde ?

— Un synonyme d'emmerdeur. Mais tu ne le trouveras pas dans le *Littré*, c'est un mot forgé par Valery Larbaud.

— Je n'en suis pas surprise : notre semeur de livres doit connaître par cœur *Barnabooth*.

Demi-allongée sur le canapé, comme à son habitude, la tête sur la cuisse de Frédéric, elle sortit de l'enveloppe six feuillets couverts, recto verso, d'une écriture très fine sans la moindre rature.

— On dirait une minute... Ce n'est pas une écriture d'aventurier.

— Qu'est-ce pour vous, ma jeune amie, qu'une écriture d'aventurier ?

— Quelque chose comme un coup de sabre, répondit-elle en le talochant avec l'enveloppe. Vas-y, je t'écoute.

CHEZ LES ZAPONANIS

Parmi ceux qui, ethnographes, aventuriers, chercheurs d'émeraudes, sectateurs de Durkheim ou épigones de Lévi-Bruhl, ont parcouru en rangs serrés la sylve amazonienne, vous ne trouveriez pas un seul dont les récits ne soient débordants des inconcevables atrocités des Indiens Zaponanis. Lisez-les tous. Confrontez Fexter avec Chagnon, Polivaud avec Bruckneim. Au bout de leurs lugubres ouvrages, vous dégoutterez d'horreur et de sang ; on aura devant vous, photographies à l'appui, découpé en lanières des enfants et des femmes en gésine ; vous garderez imprimée sur la rétine l'image de cadavres émasculés et livrés dans l'enceinte du village à l'affreux grouillement des scorpions et des blattes. Observez toutefois que ces téméraires explorateurs n'ont pas subi les contrecoups des massacres. Ils en sont revenus avec leurs armes, leurs bagages, leurs caméras, et, du moins le présumé-je, avec leurs attributs. On les a laissés, le plus commodément du monde, enregistrer ces scènes paléolithiques. Il fallait bien qu'ils survécussent s'ils voulaient faire frémir les spectateurs de la salle Pleyel. Heureusement, les partis pris de ces buveurs de sang ne sont pas toujours soutenus par une inflexible rigueur et d'évidentes contradictions permettent de révoquer en doute leurs témoignages. Ainsi, l'on s'accorde à nous montrer des Indiens assez imbus de chevalerie pour soumettre leurs différends qu'ils suscitent à tout propos, et surtout hors de propos, à des principes très comparables aux lois qui régissaient les tournois. Mais, en même temps, on les répute pleins de perfidie et de dissimulation, attirant leurs ennemis, c'est-à-dire les habitants des villages circonvoisins dans des embuscades ignominieusement ourdies. Roland, et tout ensemble Ganelon, l'Indien Zaponani serait mûr, sous nos climats, pour les retraites ombragées où s'éteignent les schizophrènes.

Je serais plus indulgent pour ces conteurs de

fagots si, justement, je n'eusse pas vécu dans un village d'Indiens Zaponanis, et assez longtemps pour m'imprégner de leur égalité d'âme et de la bénignité de leurs mœurs. Pourtant, la mémoire encore récente de ces rapports mensongers, je ne m'attendais, au moment que j'eus franchi le cercle de leurs habitations, à rien de moins qu'à me voir régalé d'un spectacle d'égorgement ou d'éviscération. Je trouvai une communauté paisible, rassemblée autour du chaman pour quelque cérémonie de fertilisation du sol. Sorcellerie! entends-je s'exclamer aussitôt les Fexter, Chagnon, Polivaud... Ils appelaient sur leurs ennemis l'aveugle colère des dieux. Ils les suppliaient de favoriser leurs entreprises déloyales. Je veux bien, mais il faut croire que, pour lors, l'anéantissement de l'adversaire ne les occupait pas au point qu'ils perdissent le sentiment des choses. Quand ils m'avisèrent, plus rien ne compta. Ils rompirent leur tenue et se pressèrent autour de moi, m'abasourdissant de leurs cris de bienvenue et m'accablant de caresses. Les mères me tendaient leurs bébés, un peu trop huileux à mon goût, et les enfants montaient sur mes épaules. La réception du chef du village fut à l'avenant, et bien que mon équipage fût des plus médiocres, on me conduisit à la grande case que j'appris être réservée aux explorateurs de renom. Car les spécialistes, ou prétendus tels, venaient en si grand nombre observer les coutumes de ces féroces primitifs que tout un quartier leur était séparé; et apparemment que les raids et les massacres leur laissaient toute licence de s'adonner à d'agréables besognes : on voyait courir entre les jambes de leurs mères des enfants dont les traits et la couleur de peau devaient beaucoup à la pénétration de l'Occident.

Comme j'achevais de m'installer, le chef entra

pour m'inviter au repas du soir. Il tenait un exemplaire de *Tristes Tropiques*, et je compris, non sans peine, qu'il souhaitait une dédicace. Je renonçai assez vite à lui faire entendre que je n'étais pas l'auteur de ce livre. Tâchez donc d'expliquer à un Indien Zaponani que vous ne vous appelez pas Lévi-Strauss ! Je signai donc, du nom de l'illustre académicien, avec l'espoir qu'il me pardonnerait. La joie du chef fut assez extravagante. Il se prit à danser sur place, tout en m'accolant, ce qui, eu égard à son odeur, n'avait rien de ragoûtant. Nous nous assîmes, et après que l'on eut prononcé quelques phrases sacramentelles assez comparables à nos actions de grâces, je fus invité à plonger la main dans une jatte de grande capacité où nageaient des ignames parmi une épaisse sauce aux chenilles. La sauce imprégnait si bien les larves grasses et délicates qu'il fallait les sucer avec soin. Dans ces contrées qui sont le paradis des chasseurs de papillons — au dire même d'un simple amateur tel que Nabokov — il paraît naturel de récolter les plus belles chenilles du monde. C'est l'affaire des enfants. Ils ne manquent pas à en faire provision pour eux-mêmes, et à peine arrachées aux feuilles où elles s'accrochent et processionnent, elles sont absorbées toutes crues. La grillade ajoute beaucoup à leur saveur, surtout quand, farinées de tapioca, on les a fait macérer dans la sauce. On concevra que des apprêts culinaires si poussés ne s'accordent pas avec la sauvagerie que l'Indien Zaponani est accusé d'exercer. Aussi bien, les repas qui sont longs, minutieux, et obéissent à des rites pleins d'affabilité, sont-ils suivis de longues siestes babillardes au sortir desquelles on se rassemble pour la chasse cependant que les femmes s'occupent à tirer de la rivière les poissons rendus insensibles par le barbasco.

J'entends les ricanements des Chagnon, Fexter, Bruckneim : « Votre chasse, c'est quelque raid sans merci ni pardon contre un village tout aussi pacifique. Patience, l'égorgerie va bientôt faire rage. » Il est vrai que les Zaponanis se rendent volontiers visite. Ils échangent une infinité d'objets dont la valeur est tout abstraite. Ils marchandent les dérisoires produits dont des générations d'ethnologues ont enrichi leurs étagères. Tout est prétexte à festin et jacasseries, et je ne sais quelles anecdotes dont, à coup sûr, les conférenciers du faubourg Saint-Honoré font les frais, les retiennent autour de la date, cette soupe à la banane qu'ils préparent à la perfection. « Festin, mon nœud, s'esclaffent les Polivaud, Fexter, Chagnon, perfide est la date. Tandis que les malheureux convives iront cuver dans un coin, leurs faux amis n'auront d'autre souci que de les exécuter proprement. » Je savais bien que mes contradicteurs finiraient par se montrer vulgaires. Tant pis pour eux. Je témoigne que loin de songer à des étripailles, tous, côte à côte, s'endorment fraternellement ; après quoi, chacun retourne en sa chacunière, sans former d'autre projet que celui de rendre l'invitation. En attendant, l'on s'occupe aux mille travaux qu'exige l'entretien du village, surtout la remise en état des cases, qu'il faut parfois détruire à cause de l'abondance de la vermine qui, la nuit, choit sur les nattes. Rien d'autre ne trouble le sommeil des naturels, et il faut être tout à fait aveuglé de malveillance pour soutenir que ce peuple est si belliqueux et si cruellement défiant qu'un bruit, un aboiement, un cri d'oiseau, un soupir, suffit à provoquer l'alarme et à exciter tout le monde au combat. Du coup, les Fexter, Polivaud, Bruckneim perdent toute mesure. Nous avons vu, clament-ils, ces mortels défis, nous avons vu ces batailles réglées, parfois entre les habitants d'un même village, nous avons compté les morts. Ah, charognards du diable! taisez-vous! J'ai vu rendre la justice, devant tout le peuple : jamais aucune exécution capitale n'a suivi la sentence des Sages. Il est vrai que parfois des dissentiments très vifs s'émeuvent entre deux communautés, qu'il est nécesaire d'exténuer par les armes. Enfin! nous y voici! Le gourdin, parlez-nous du gourdin! Permettez : le gourdin, je sais de quel bois c'est fait, l'ayant éprouvé sur mon crâne. L'affrontement au « gros bâton » est le morceau de bravoure de tous les ouvrages qui traitent du peuple zaponani. On en décrit complaisamment les préparatifs ; on nous montre des guerriers de tous âges fanatisés par le dit du chaman ; on nous fait toucher ces hommes exorbités qu'une drogue hallucinogène a portés au dernier degré de l'exaltation. Mais laissez-moi vous dire que cette drogue, l'ébène, l'on m'a joué le tour de me la faire absorber. Elle est tout à fait impropre à exciter une humeur massacrante. Elle vous soulève de haut-le-cœur avant de vous laisser retomber dans une migraine atterrante. Alors je ris lorsque... Mais il suffit.

Donc, certain jour que le règlement d'une affaire emportait qu'un combat singulier opposerait les contendants, l'on me déféra l'honneur, au nom du village qui m'hébergeait, d'avoir raison, par le gourdin, de l'adversaire désigné par l'autre partie. Je ne suis ni de tempérament combatif, ni de taille à soutenir des épreuves de cette nature. Mais pouvais-je me dérober ? J'empoignai l'instrument de justice, qui n'est pas d'un poids considérable, mais taillé dans un bois très dur. Il porte un bout pointu dont il est interdit d'user ; y contrevenir, c'est se rendre justiciable du bannissement, et c'est un cas où la peine serait appliquée dans sa rigueur. Aussi, ne voit-on jamais homme qui enfreigne la loi. Le « jeu » consiste à planter son gourdin et à y appuyer la tête. L'adversaire assène son coup, et si vous n'êtes pas anéanti, c'est à vous de répliquer. Je dois confesser que tandis que je me disposais à recevoir ce choc dont il me semblait impossible que je pusse me remettre, je revis, en un éclair, les cuirs chevelus des hommes du village où de fort vilaines cicatrices témoignaient de la dureté très réelle des affrontements.

J'offris à l'assommeur ma tête délicate et chargée de citations latines. Je ne sais pourquoi, à l'instant que le bois m'atteignit, il me souvint d'une phrase qui faisait l'éloge de la guillotine : « On ne ressent qu'un léger souffle sur la nuque »... Ma tête ne tomba pas et je restai debout, mais tout ébranlé, et convaincu d'avoir été séparé en plusieurs morceaux.

Quelques vivats effilochés m'apprirent que j'étais sauf et presque victorieux. Je rassemblais assez de forces pour mener à son terme cette épreuve archaïque. Un coup bien porté par la main du hasard consterna mon adversaire. Qu'en dis-tu, Fexter ? Le crois-tu, Polivaud ? Promené en triomphe sur des épaules glissantes, puis berné dans une couverture, je fus enfin transporté dans ma case. Deux vieilles sibylles aux chicots terrifiants m'enturbannèrent d'un cataplasme nauséabond. Tout près de m'assoupir sous l'haleine des guérisseuses, je fus ramené au sentiment des choses par les rires de trois jeunes garçons, l'un portait une jatte de lait caillé, les deux autres brandissaient des fioles emplies d'une huile épaisse. Je bus sans grimacer et me laissai graisser ; leurs mains tout écorchées ne m'étaient pas douces.

Deux heures plus tard, un homme neuf jaillissait

de la case d'honneur et courait au fleuve, escorté d'enfants criards qui lui baisaient les mains.

Après le repas du soir, qui se prolongea, je m'autorisai d'aller dormir. Quelque chose, le tiède contact d'un corps, m'éveilla. Tout contre mon flanc, l'un des jeunes garçons qui m'avaient enduit dormait, aussi nu que le premier Adam. Il tenait ma main serrée entre ses cuisses, et je me demandai si, dans mon sommeil, je ne m'étais pas prêté à quelque complaisance que je pouvais conjecturer de l'état obscène et charmant du pseudo-Endymion. J'atteste Polivaud, j'en appelle à Fexter : il n'est pas dans les usages du peuple zaponani de procurer des gitons à leurs hôtes. Ce moite adolescent se trouvait là de son propre chef... Le lendemain, dès l'aube, je partis.

— C'est tout ? La dernière phrase, c'est du Gide : « Le lendemain, dès l'aube, nous partîmes. » Je m'en souviens, c'est dans *L'Immoraliste*... Tu le vois, cette espèce de haricot vert, en train de massacrer des Indiens Zaponanis à coups de gourdin ?

— Je pense que celui qu'il prétend avoir terrassé doit se porter assez bien.

— Quand tu le rencontreras, demande-lui de te montrer ses cicatrices. Mais méfie-toi : ce petit Indien en quête de câlineries ça fait un peu surajouté, ton Prince me paraît avoir des goûts corydonnants...

— Ce n'est pas « mon » Prince...

— Tu n'es pas son Argonaute chéri ? En tout cas, une chose est sûre : il a discerné que tu étais rousseauiste jusqu'à l'os.

Il ne releva pas cette perfidie.

— Je ne crois pas être appelé à le revoir.
Bien sûr, il se trompait.

Il voulut avoir une évaluation de son livre rare, et
dans cette intention, il se rendit chez un marchand
à grande enseigne du faubourg Saint-Honoré.
Quand il vit le Rousseau, l'expert s'exorbita :

— D'où tenez-vous ce livre ?

— Il m'a été donné.

— Ce n'est pas possible, on ne donne pas un
ouvrage de cette valeur.

— Je ne crois pas que son ancien propriétaire soit
désormais très attaché à ce qui fait le prix des choses.

— Pourquoi ? Il est très malade ?

— Nullement. Mais son intérêt se porte tout
entier sur un projet de conséquence qui l'oblige à de
grands renoncements.

— J'admire votre parlure. Vous excitez beaucoup
ma curiosité. Pouvez-vous me dire le nom de ce
personnage qui semble vouloir se vouer au bonheur
exigu du cloître ?

— Il achèvera peut-être sa courbe dans une cellule, mais pour l'heure ce n'est pas ce qui l'occupe...
Quant à son identité, je ne crois pas commettre une
indiscrétion : il s'agit du Prince Pelée...
Grand émoi dans la boutique :

— Le Prince Pelée ? Vous le connaissez ?

— Je vois que ce nom produit quelque effet.

— Il vous ouvrira bien des portes... Et il vous a
donné son Rousseau ? Je vous félicite, il faut qu'il
tienne à vous.

— Je crois plutôt qu'il ne tient plus à ses livres.

— Impossible ! Vous avez vu sa bibliothèque ?

— Je l'ai vue : elle ferait pleurer de bonheur tout amateur de beaux ouvrages... Mais elle ne sait pas ce qui l'attend !

— Il veut la vendre ? J'acquiers ! même si je dois m'endetter jusqu'aux cheveux.

— Ce serait pour elle un sort bien doux...

— Vous me faites griller ! Dites-moi tout !

— Je ne sais pas si je puis...

— Ah ! non, vous en avez trop dit ! Cela restera entre nous...

— Il projette de l'embarquer sur son yacht.

— J'ignorais qu'il possédât un bateau.

— Il le fait construire, ce sera *Le Navire Argo*.

— *Le Navire Argo* ? Il veut reconquérir la Toison d'or ?

— Je ne crois pas, ce serait par trop banal.

— Ah ça, c'est quelqu'un d'original ! Un peu trop... Mais la bibliothèque ?

— Il veut en faire cadeau aux poissons.

— Ce n'est pas possible...

— Aux poissons, vous dis-je, aux poissons !

— Il en est très capable... Vous avez devant vous un homme anéanti... Savez-vous qu'il possède l'édition préoriginale de La Rochefoucauld de 1664 ? Il n'en existe pas dix exemplaires dans le monde... Mais je ne pense pas que vous soyez bibliophile.

— J'aime les livres, et de plus, je les lis. Je ne crois pas que ce soit la grande affaire du collectionneur... Donc, mon Rousseau...

— Inestimable, mon ami, inestimable ! Mettez-le sous coffre.

— Ce n'est pas la place d'un livre.

Il sortit en serrant plus ferme le précieux exem-

319

plaire ; une marche précipitée le fit se retourner ;
l'expert l'agrippa en proférant :

— Sauvez La Rochefoucauld ! par pitié, sauvez
La Rochefoucauld !

Un quidam les aborda :

— J'ignorais qu'Edmée fût si mal en point. Il est
vrai que se consacrer à Valéry comme elle le fait,
c'est plus que tuant.

L'expert éclata de rire, mais Frédéric demeura
perplexe.

Dans les premiers jours de septembre, Mamitate se sentit devenir le siège de maux extravagants. Elle avait, dans un moment de vacance, accueilli le fol soupçon que la Sécheresse ne serait pas sans produire des effets navrants sur l'économie des corps particuliers. Quand même, elle s'émut d'être insultée de douleurs qui ne compatissaient pas avec son personnage inoffensif et rond. Tout un carrousel de flammes torsadées s'éprenait en son bassin ; des crocs fulgurants la saisissaient aux jambes ; un éclair hantait son épaule gauche ; et, soudainement, elle connut l'humiliation des selles douloureuses et du pipi poignant. Au bout de la quinzaine, comme elle se surprenait à former en soi-même le nom d'un mal qui ne se décèle qu'en son dernier période, elle inféra qu'elle touchait à sa fin. Réservée à parler de son être intime, elle ne put, cependant, se taire de son ennui à Frédéric lequel, niaisement, lui conseilla d'aller consulter, à quoi, frayeur ou superstition, elle marquait d'être hostile. L'attitude de Mamitate fournit à Frédéric une pensée très ramassée qu'il mit à sécher dans son

Le pressentiment, c'est la peur déifiée.

Elle consentit de se soumettre à l'arrêt d'un gynécologue de grande fame dont la sûreté de diagnostic faisait l'émerveillement des concierges de qualité. Il apaisa ses craintes, lui prescrivit un régime et l'expédia à un manieur de lancettes qui la délivra de ses varices. Rendue à sa vie soliloquante et vaine, Mamitate se prit à suivre un train de méditations dont le sens de l'existence formait le noyau. Supposé qu'elle passât tout à l'heure de l'autre côté, laisserait-elle quelque chose qui témoignât de son être profond ? Était-ce une vie que de virevousser dans un appartement ou d'admirer les échines des botocudos qui bayaient aux grues du chantier en supputant la profondeur du gouffre financier ? Elle ne pouvait plus durer chez elle, éprouvant la difficulté de descendre en soi-même parmi les riens de sa vie bimbelotière.

Elle sortit.

Elle s'avisa bientôt qu'aucun lieu n'était favorable aux rongeries métaphysiques. Assise, d'abord, sur un banc de l'enclos où venaient les trousse-pet de la Cossonnerie se ventrouiller dans le sable ensemencé d'étrons, elle se laissait divertir par les serments des ivrognes ou les lazzis sulfureux des bandeurs en lisières que les affiches des théâtres du Sexe provoquaient à la coprolalie. Quelque urbaniste lunaire, mais salarié, avait pris à tâche de faire descendre sur cette place un nuage de bonheur et de fête. Il avait divisé le sol de cercles et de méandres et dressé un manège mi-parti rouge et vert où des auges triangulaires tenaient lieu de cochons de bois. Les bambins avaient licence de jouir du spectacle en attendant leur tour, recoquillés, tels que des fœtus, dans des niches en forme d'œuf. En bordure de la rue Saint-Denis, était un bassin comblé d'une lie pestilentielle à la surface de quoi flottaient des couvercles de calendos et des tickets de tiercé. Les têtards avaient eu raison du jet d'eau, et ils patrouillaient dans le bouillon avec l'espoir qu'un virus de bonne composition les sauverait des nombres fractionnaires.

L'esprit du lieu n'induisait personne à se recueillir. Rade foraine ouverte aux bateleurs désancrés, ce havresac servait d'estrade aux vigies de bateaux-théâtres, aux marins ignivores, aux circumnavigateurs de brasseries. Mais, à peine, achevé le boniment, les leveurs de fonte ou les cracheurs de flammes se disposaient-ils à ébaubir l'assistance que des coups de sifflet retentissaient et, jaillis du pavé, les employés de la Grande Oisellerie refermaient leurs filets infaillibles sur ces fous non bagués.

Mamitate dut convenir qu'elle ne pourrait jamais goûter la saveur de son moi parmi ce concours de clabauderies. Fallait-il traverser le boulevard au risque d'être submergée par la nostalgie ? Elle finit par s'y résoudre, la marche, d'ailleurs, lui étant conseillée.

Elle retrouva donc ce quartier quasi natal où quelque trente-cinq ans de son existence s'étaient écoulés, et qu'en restait-il ? Quand on y pensait, n'était-ce pas extraordinaire de perdre tout à la fois son domicile rue Saint-Merri et son fonds de commerce rue Rambuteau ? Cette singularité navrante qui la séparait du commun lui interdisait de lamenter son sort. Elle éprouvait une fierté certaine, dont elle s'étonnait, à penser que, sur les vestiges de sa vie étroite, le temple de l'Art moderne allait bientôt culminer. On l'avait chassée de son passé, elle renaissait à son temps.

Au reste, le quartier tout entier, des « anciennes » Halles au plus secret du Marais, s'était voué au noble commerce de l'Art. Auprès des galeries qui s'ouvraient sur les vestiges de magasins morts de consomption, les marchands de frites, les vendeurs de fripes, s'installaient. Tout le monde vivait dans l'attente de l'ouverture du Centre Pompidou dont la construction s'achevait sous les lazzis, les brocards, les quolibets, les railleries et les huées. Aguigui Mouna, que les étudiants avaient conspué en mai 68, était descendu à bicyclette du quartier Latin. Il haranguait de sa barbichette une phalange de benêts goguenards à demi pâmés sous ses postillons : « En France, nous n'avons pas de pétrole, mais nous avons une raffinerie. »

Mamitate, immergée dans la badauderie, se gardait d'exprimer son avis, qui allait un peu à contre-courant. Frédéric lui avait tout expliqué. Tous ces tuyaux, ces « conduites de fluides » qui au regard des ilotes défiguraient la rue du Renard, il fallait les rejeter à l'extérieur, pour que l' « espace du dedans » pût se modifier à la guise des ordonnateurs. Débattre de la beauté ou de la laideur du Centre ne rimait à rien. La seule question qui valait d'être posée, ce serait les usagers qui en donneraient

324

la réponse : Beaubourg remplissait-il la fonction pour laquelle il avait été édifié ?

Fonction, fonctionnel, ce n'étaient pas des mots que Frédéric chérissait. Mais pour réduire les contempteurs à quia, il fallait bien user d'un vocabulaire moderne.

L'argument suprême des irréductibles consistait à dénoncer par avance le coût extravagant de ce Moloch tubulaire.

— Avec l'argent qu'on a foutu dans ce machin on aurait pu construire 10 hôpitaux...

— 7 autoroutes.

— 18 stades.

— 33 piscines.

— 13 gendarmeries.

— 22 prisons.

— 188 crèches.

— Je me rappelle, ne put s'empêcher d'intervenir Frédéric, que lorsque notre président eut, dès le premier instant qu'il prit ses fonctions, décidé que la voie express rive gauche ou rive droite, je ne sais plus, ne serait pas mise en chantier, son très féal ami, le ministre de l'Intérieur, avança qu'avec l'argent ainsi économisé l'on pourrait construire un nombre très appréciable de crèches supplémentaires.

— Où voulez-vous en venir ? fit l'autre, en fermant un œil.

— A ceci : cet argent n'a pas servi à construire une seule crèche de plus. La crèche est une simple mesure d'unité sociale.

— De toute façon, un, on n'avait pas besoin d'un Centre d'Art en plein Paris, deux, vous parlez d'une manière trop compliquée pour avoir raison.

Que si Frédéric participait à ces tournois de paroles en tant que contradicteur éclairé, jamais il ne se prévalait d'être un habitant du quartier, et, de surcroît, exproprié au nom de l' « avancée culturelle ». Il avait formé cette opinion — qu'il n'aurait soutenue devant personne — qu'un immeuble anéanti, une rue veuve de son passé, n'appartiennent pas à l'Histoire mais à l'imaginaire. Papiton ne lui avait-il pas parlé de ces maisons sinistres dont les façades insultées par les fusillades avaient fini par s'écrouler sous les coups de la salubrité urbaine ? On n'en trouvait plus la trace que dans les ouvrages des anecdotiers, et qui pouvait interdire à tel romancier d'y faire naître et mourir ses créatures ?

Quant à Mamitate, on eût dit que la construction du Centre lui importât beaucoup. Instruite par Frédéric qui s'était procuré une brochure, elle se flattait de connaître les noms des deux maîtres d'œuvre, Piano et Rodgers ; de posséder de sûres informations sur l'origine des poutrelles, qui venaient d'Allemagne — ah ! ces Allemands ! —, et dont l'assemblage obéissait au principe de la « gerbe » ; de savoir, à quelques tonnes près, le poids total de l'édifice, mais parfois elle s'embrouillait dans les zéros.

Demeurait une question, la seule qui comptât, à laquelle, justement, la vocation du Centre était de répondre : « Qu'est-ce que l'Art moderne ? » Elle avait, sur ce point, la solide inculture de tout le monde, ne voyant, dans les toiles des peintres dits d'avant-garde, qu'une confusion de traits aventureux ou des taches arbitrairement soumises à la géométrie. Frédéric, honteux de sa propre méconnaissance, s'assortit de quelques livres bien illustrés et il tenta de faire profiter Mamitate de son savoir tout neuf. Mais Kandinsky fit à celle-ci l'effet d'un clown, Pollock, d'un schizophrène et les monochromes d'Yves Klein la mirent en colère.

— Donne-moi une toile, un seul pinceau, une règle, je fais un carré, je le remplis de vert au lieu de bleu, et passez muscade ! J'ai fait un monochrome et j'explose ! (Lapsus : elle voulait dire, j'expose.)

Toutefois, elle n'était pas rebelle à s'initier. Un jour, elle ne se rappelait plus à quelle occasion, ni même si Papiton l'accompagnait, elle s'était rendue au musée d'Art moderne où des compositions de Georges Mathieu étaient accrochées. Elle s'était attardée devant une toile de grandes dimensions, parcourue en tous sens de traits éjaculés dont quelques-uns figuraient une manière de couronne, et qui portait ce titre révélateur : *Des Capétiens pissant partout*. Elle était restée perplexe mais non pas hostile. Quand elle vit les affiches que le Maître — sans disciples — de l'Abstraction lyrique avait composées pour une grande compagnie aérienne, elle s'était déclarée séduite, surtout par l'évocation du Mexique. Frédéric ne put lui donner l'assurance que les cimaises du Centre Pompidou seraient accueillantes à ce peintre très estimable qui militait pour que les vrais artistes obtinssent enfin droit de cité.

La vie baguenaudière de Mamitate connut un « supplément d'esprit » quand elle entra dans un commerce d'amitié avec la « dame du deuxième ». Elles se rencontraient, parfois, dans l'escalier, et s'adressaient un salut honnête, c'était là tout. Mamitate s'émerveillait de la vêture de sa « voisine du dessous » qu'elle regardait comme un parangon d'excentricité. Quand elle la croisa, tout en noir, dans la rue, à peine la reconnut-elle.

— Je porte le deuil de Calder, lui dit la dame du deuxième qui s'étonna que cet artiste de primo cartello fût inconnu de Mamitate, et elle se fit un devoir de l'instruire, sans ombre de pédantisme.

— Il est un peu ridicule que nous ne conversions pas plus souvent. Faites-moi plaisir : passez me voir demain après-midi, je vous montrerai quelque chose...

L'appartement, bien en ordre, et fleurant la lavande, ne correspondait pas à l'idée que Mamitate se faisait de sa voisine.

— Je suis une maniaque du rangement pour tout ce qui n'est pas l'essentiel à mes yeux. Perdre mon temps à chercher un foulard ou un tournevis quand l'appel de l'Art retentit, très peu pour moi ! Mais mon atelier, c'est autre chose ! Alors là, du fouillis, des chiffons sales, des pinceaux qui traînent, vous en trouverez, ou plutôt vous n'en trouverez pas, car personne n'y entre sauf moi, et encore !... Au fait, vous avez vu mon lavabo dans le couloir ?

Mamitate n'avait guère le goût des propos par trop décousus. Elle suivait, dans ses soliloques où l'association d'idées tenait une place prépondérante, un fil conducteur qui lui permettait de revenir à tire de cheval au point de départ. Mais les artistes, c'était l'évidence, avaient un mode de pensée tout différent. Elle se retrouva, sans savoir comme, face au lavabo autour duquel il lui parut

que le mur se lézardait, à cause, cela tombait sous le
sens, de l'humidité : un lavabo dans le couloir de
l'entrée, quelle idée !

— Vous avez vu la mouche ?

Il y avait en effet une mouche, posée sur le blanc
rebord. Mamitate la chassa du tranchant de la
main, et rencontra le mur : le lavabo n'était qu'une
illusion, la mouche était fausse. La peintreuse partit
à rire :

— C'est un trompe-l'œil. Très réussi, n'est-ce
pas ? J'en ai peint des lavabos et même des mouches
avant d'aboutir à cette illusion parfaite !

Mamitate s'émerveilla, mais était-ce de l'Art ?

— Regardez l'araignée... au bout du fil. Elle, elle
est vraie.. Bien sûr, chaque jour je résiste à l'envie
de la faire disparaître, mais je la laisse... Observez-
la : on dirait qu'elle s'interroge, elle se demande si
elle doit descendre jusqu'à la mouche...

— Elle se demande peut-être aussi ce que peut
bien faire une mouche sur un lavabo, au mois de
novembre...

Elles décidèrent, en riochant comme des fillettes,
d'abuser Frédéric lequel, à deux reprises, tenta de
chasser la mouche.

— Trompe-l'œil ! Trompe-l'œil ! s'exclamèrent
les deux complices en battant des mains.

Frédéric se réjouit de la gaieté de sa tante.

Trompe-l'œil, il en eut l'illumination, était le mot
qui convenait très justement pour désigner ce qui, à
l'entour du Centre, n'avait qu'une apparence de
réalité comme ces façades anciennes avec soin
restaurées mais qui n'étaient que décors, comme
cette femme à sa fenêtre, à jamais figée dans

l'attente : elle était peinte, et comme le Centre lui-même, raffinerie pour les uns, navire pour les autres, ancré dans la nuit tous feux allumés. L'amie nouvelle de Mamitate était dans la note.

Elles convinrent de se donner leurs prénoms, et Frédéric fut très saisi d'entendre quelqu'un s'adresser à sa tante en l'appelant Charlotte. Mais Papiton, comment l'appelait-il ?

— J'en ai entendu des moqueries ! et d'une bêtise ! « Tu pètes Arlette, tu rotes Charlotte ! » Eh bien, tu vois comme c'est drôle, aujourd'hui, c'est revenu !

On les vit beaucoup dans les galeries où Delphine (« Ah ? elle s'appelle Delphine ? ») bien introduite entraînait Charlotte béante tant soit peu. La première tranchait avec l'autorité du professionnel, la seconde approuvait d'un hochement entendu. Quelquefois, elles vaquaient à la Connaissance de l'Art en faisant leurs courses ; on riait sous cape de leurs paniers à provisions. Mamitate se hasarda à trouver du talent aux Nouveaux Réalistes ; elle en fut récompensée d'un haussement d'épaules atténué d'un sourire indulgent. Dans ce commerce, Charlotte prit une touche d'extravagance, et Delphine de sériosité.

Frédéric, ravi de cette connivence qui l'arrangeait, se résolut à donner consistance à un projet qui l'assiégeait depuis quelque temps. Il s'en était ouvert à Marie-Véronique.

— Il faut que je me dépayse et que je m'instruise du même coup.

— Tu veux voyager ? Juste avant d'embarquer sur *Le Navire Argo* ?

— Conviens que je ne puis m'embarquer tout de go... Tu vois j'ai de la réplique.

— Je n'en ai jamais douté.

— Je veux travailler... pour toi.

— Comment cela ?

— Il se trouve que les personnages des *Amours foraines* sont, comme on dit, engagés dans la vie active, dont je ne connais rien... Tu vois qu'il faut que je m'informe.

— Il n'existe qu'une personne au monde qui veuille travailler pour rendre véridiques des personnages de roman ! Je te signale, mon petit bonhomme, que le marché de l'emploi s'est un peu rétréci depuis ton malheureux essai.

— Malheureux, en partie... J'y ai réfléchi, cela m'ennuie, mais je crois que je vais demander au Prince.

— Tu peux tout lui demander, tu le sais. Que peut-il refuser à son Argonaute chéri ?

Il dut attendre : le Prince voyageait. Aussitôt après son retour, il appela Frédéric, et lui donna rendez-vous dans une brasserie de grand renom.

— Vous avez lu *Siegfried* ?

— ... *et le Limousin* ? Oui, il se trouvait dans le rayon du bas.

— C'est une expression convenue ?

Frédéric expliqua.

— Giraudoux écrit, à peu près, dans ce roman, que les Allemands ont envahi la France parce qu'ils avaient la nostalgie de la Coupole... Aujourd'hui, ils se raviseraient. Autour de nous, mon jeune ami, il n'y a plus que des ombres vaines.

— Je ne vous demanderai pas de quelles ombres

il s'agit : je présume qu'elles furent prestigieuses...

— Il ne paraît pas que vous ayez le goût du passé, j'aimerais vous ressembler... Qu'attendez-vous de moi ?

— Je dois d'abord pour le repos de ma conscience...

— Rousseau !

— ...m'accuser d'une indiscrétion.

Frédéric raconta sa visite à l'expert en livres.

— J'aurais bien aimé le voir en train de crier : « Sauvez La Rochefoucauld ! » Si jamais vous le revoyez, dites-lui qu'il sera sauvé : j'ai droit à quelques faiblesses. Accoisez-vous. Ce verbe est dans le *Littré*, je crois ?

— Il y est.

— J'ai eu affaire à lui, deux ou trois fois... C'est une pie doublée d'un mainate : tout le faubourg Saint-Honoré doit connaître notre projet. L'ennuyeux c'est que j'ai dû l'ajourner : une intrication d'intérêts familiaux... Ce ne sera pas long... Mais venez au fait.

— Voici : je cherche un emploi.

— Vous avez besoin d'argent ?

— Nullement : j'ai besoin de travailler.

— Cela me paraît relever de la métaphysique... Quoi qu'il en soit, vous avez eu raison, et même je vous en remercie, d'avoir fait appel à moi. Il y a deux ou trois sociétés où j'ai encore de puissants intérêts : c'est l'affaire d'un coup de téléphone... Eh bien, au revoir mon ami : « Quand nous reverrons-nous et nous reverrons-nous »... Je vous appelle...

Il l'appela dès le lendemain. Tout était réglé :
il suffisait à Frédéric de se présenter au responsable dont le Prince lui donna le nom, facile à
retenir ; c'est pourquoi il ne prit pas la peine de le
noter.

L'immeuble était de verre et d'acier, et dans le
hall d'entrée, de part et d'autre de la porte coulis-
sante, deux plantes verticales et translucides montaient la garde. Fort impressionné, Frédéric se
dirigea d'un pas raide vers le bureau de l'hôtesse
qu'il embrassa d'un œil charmé. Il aimait qu'un
seyant uniforme mît en valeur le velouté d'une joue,
le bleuté d'un regard : c'était le cas. Troublé, il
oublia le nom du personnage d'importance qui
devait le recevoir.

— Vous ne savez plus avec qui vous avez rendez-
vous ?... Défaut de mémoire n'est pas mortel... Je
vais vous accompagner au service du personnel...

Elle avait le timbre de voix qu'il chérissait, le port
de tête qui récréait sa vue, les jambes qui lui
donnaient à rêver : tout cela était dévoué au froid
génie de ce lieu rigide et transparent.

Au premier étage, dans une pièce inondée de
néon, il fut remis entre les mains d'une active
personne dont les besicles étaient retenues par une
chaînette. Elle eut un sourire très honnête à
l'adresse de Frédéric.

— Je vous amène ce garçon qui ne se rappelle plus avec qui il a rendez-vous...

— Asseyez-vous... Ce n'est pas avec M. Bauchain, le chef magasinier ?

— Je crois être sûr que ce n'est pas ce nom-là.

— Tenez, vous allez remplir un dossier, ça va vous revenir.

Elle l'observa qui s'appliquait à tracer son nom en lettres capitales.

— Vous avez une main de calligraphe... Ce ne serait pas M. Duchesne, le directeur de la comptabilité ?

— Ce n'est pas ce nom-là non plus. (Qu'irais-je faire à la comptabilité ? pensa-t-il.)

— 1943... Vous avez trente-quatre ans ? On ne vous les donne pas... A la rubrique « expérience professionnelle », contentez-vous d'indiquer vos trois derniers emplois. J'ai l'impression que vous ne restez pas longtemps dans une place... Mais comment avez-vous pris rendez-vous ? Par l'intermédiaire de qui ?

Devait-il donner le nom du Prince ? Il lui sembla qu'il le trahirait.

— Quelqu'un a téléphoné pour me recommander.

— Quelqu'un d'important alors ?

— M. Pelée.

— Je ne connais pas.

— On l'appelle plutôt le Prince Pelée...

— Comment ? Vous êtes envoyé par le Prince ?

(Je n'aurais pas dû... Que lui reproche-t-on ?)

— ... mais il fallait le dire tout de suite !... Vous DEVEZ retrouver le nom du Directeur, c'est forcément un Directeur qui vous a convoqué... Pourquoi ne l'avez-vous pas noté ?

— Quand je note quelque chose, j'oublie que je l'ai noté.

— Ah oui ? Et maintenant ?... Pardonnez-moi, j'ai l'air de vous gronder... Vous comprenez, le Prince nous envoie une personne à peu près tous les deux ans... Vous le connaissez bien ?

— Nous sommes très amis.

— Depuis longtemps ?

— Depuis qu'il sait que je m'appelle Mops.

— Bon, vous m'expliquerez plus tard... Donnez-moi un détail qui puisse nous aider.

— Ne croyez-vous pas — je me permets cette suggestion — qu'il serait plus simple de prétexter que je ne suis pas venu à ce rendez-vous ? Je m'arrangerais avec le Prince...

— Mais non voyons, nous ne pouvons pas faire cela !... Un détail, s'il vous plaît...

— Quand j'ai entendu son nom, j'ai fait un rapprochement avec les moutons...

— C'est peut-être M. Pré, dit l'une des deux employées.

— A l'informatique ? Vous connaissez l'informatique ?

— Je connais le nom.

— Je crois que j'ai trouvé, dit la seconde employée, rougissant d'excitation, ce doit être M. Tourny.

— C'est lui, dit Frédéric, posément.

— Je n'y ai pas pensé parce que son nom se termine par un Y ! C'est le responsable des Etudes... On peut dire que vous nous avez fait chercher... Je vais vous conduire.

L'on avait cru sans doute qu'il avait fait semblant d'oublier le nom de ce dignitaire d'entreprise : des malentendus de même nature avaient suscité contre Jean-Jacques l'animadversion de ses prétendus pairs.

M. Tourny présentait le profil du jeune chef dont le regard impatient et lucide embrasse un avenir solaire où sa place est dès longtemps marquée. Frédéric, d'abord conquis par un sourire des plus engageants, se dépita quand il vit que son trop chaleureux interlocuteur portait une gourmette.

— Je m'excuse de vous ennuyer avec ce détail : comment se fait-il que ce ne soit pas l'hôtesse d'accueil qui vous ait accompagné ?

— Mais... parce qu'elle m'a conduit au service du personnel...

Il prit aussitôt conscience qu'il commettait une petite lâcheté dont il ne pourrait, à l'exemple de Rousseau, s'accuser trente ans plus tard avec délectation.

— Je vous demande un instant...

Au téléphone, l'hôtesse essuya une vespérie qui rendit Frédéric très malheureux. Il l'imaginait, pâlissant de honte ravalée sous l'averse.

— Revenons à nous... Ne croyez pas que je sois un maniaque de l'autorité, mais chacun doit faire ce qu'il doit faire... Laissons cela... Nous allons travailler ensemble. C'est-à-dire que, placé sous ma responsabilité, vous aurez à vous occuper de travaux spécifiques avec l'un ou l'autre de mes collaborateurs... Je vous les présenterai à notre prochaine entrevue... Je crois que vous savez rédiger...

— J'y ai quelques dispositions.

— Nous verrons cela... Dites-moi, vous connais-sez bien le Prince ?

— Nous sommes amis.

— Depuis longtemps ?

— Depuis qu'il sait que je m'appelle Mops.

— Je ne veux pas vous pousser à être indiscret... Dans le travail, retenez-le, la précision est reine... Autre chose, quel âge avez-vous ?

— Je dois avoir trente-quatre ans...

— Pourquoi dites-vous « je dois avoir » ? Vous n'êtes pas sûr de votre âge ?

— Il est rare que l'on me donne l'âge que j'ai.

— Coquet, non ? Mais vous avez raison : je vous donnais vingt-huit ans.

(Six ans d'écart, pensa Frédéric, cela fait le compte.)

— Vous savez que vous allez être l'aîné du ser-vice ?... Ce qui d'ailleurs est sans importance. L'es-sentiel, à mes yeux, c'est le travail d'équipe... Je suis extrêmement attaché aux relations humaines. Je peux même vous dire que dans ce domaine, je fais figure de révolutionnaire. C'est un peu normal, je vous dis cela en confidence, en mai 68, j'étais sur les barricades.

— Pas moi, dit Frédéric.

Il vit, en repassant devant l'hôtesse, qu'elle avait pleuré. Elle lui jeta un regard triste où ne perçait cependant aucun reproche. Poursuivi par ce regard, il se demanda comment la consoler. Je vais lui offrir des chocolats. Il entra dans un centre commercial, fit l'emplette d'une boîte incrustée de motifs géométriques, persuada la vendeuse de l'envelopper d'un papier chamarré de plumes d'or, et reparut dans l'immeuble, son paquet sous l'avant-bras.

— J'espère que ceci me vaudra votre pardon...

Elle montra d'être émue, et lui sourit.

— J'avais deviné que vous étiez quelqu'un de gentil... Mais il ne faut pas vous sentir coupable, ce n'est pas votre faute. Et puis, si j'avais dit à M. Tourny que vous aviez oublié son nom, il ne m'aurait pas crue... J'ignorais que vous aviez tant d'importance...

(Que vous eussiez, corrigea-t-il mentalement.)

— Ne croyez pas cela... Je ne suis pas important, en aucune façon.

— Quand commencez-vous ?

— Je reviens dans huit jours, le 1er février.

— Vous pouvez me croire : personne d'autre que moi ne vous pilotera... Alors, au revoir, et merci, merci beaucoup.

Il s'imagina un instant qu'elle allait l'embrasser.

— Alors, demanda Marie-Véronique, que penses-tu de ton futur chef ?

— Je préfère n'en rien penser.

Deux semaines avant l'inauguration du Centre National d'Art et de Culture Georges Pompidou, ou Centre Pompidou, ou encore et déjà plus répandu, Beaubourg, Mamitate se persuada qu'elle allait faire partie des quatre mille personnes que le président de la République devait inviter. Elle avait consenti au sacrifice de son immeuble, on l'avait destituée de son passé : n'était-il pas juste qu'elle en fût récompensée ? Elle se donnait des raisons auxquelles son honnêteté lui interdisait de souscrire. Le goût du ressassement lui était étranger, autant que cette rage de se plaindre qui jetait ses contemporains dans les coliques de la frustration.

Elle jugeait, en pleine objectivité, que parmi cette classe de dignitaires empourprés de culture qui, le 31 janvier, seraient admis à sangloter d'émotion sous les projecteurs, quelques citoyens du quartier, dont l'histoire particulière s'était fondue dans la mémoire de Paris, pouvaient revendiquer leur place. Frédéric, taquin, assurait qu'une telle initiative entrait de nécessité dans les vues du président qui avait souvent marqué avec éclat sa sollicitude pour les gens de métier. Ils seraient à l'honneur, ce soir-là, et le Centre allait crouler sous les applaudissements des vitriers et des garagistes.

Les jours passant, Mamitate dut renoncer à sa prétention vaine. Elle n'en conçut pas d'amertume : c'était dans l'ordre. Elle ne relevait pas de l' « échantillon représentatif », et jamais elle n'avait eu la surprise d'ouvrir sa porte à un grand flandrin au crâne ovoïde, flanqué de son épouse dans son tailleur anémone soufrée : « Bonsoir, c'est nous, on a apporté le foie gras. »

Frédéric se désintéressait de la cérémonie d'ouverture. Il se disposait à devenir un rouage superflu de la machine économique, et cette perspective lui faisait l'œil noir. Quelques jours, encore, suffiraient-ils à le changer en employé de bureau ? Dans l'état de vacance où il stagnait, il ressentit le besoin invincible de revoir le quartier Latin. Il prit le métro, afin de s'épargner la traversée des ponts, et descendit à Saint-Michel. Il remonta le boulevard sur le trottoir de droite, que des librairies, côte à côte, honoraient de leurs éventaires ; et il connut alors que la recherche d'un livre l'avait conduit là. Au sous-sol d'un magasin séduisant d'apparence et très abondamment fourni, mais à cette heure matinale, peu achalandé, il pensa trouver l'ouvrage inconnu qui lui procurerait des heures de délassement. Deux vendeuses poursuivaient à l'écart une conversation dont il surprit deux répliques à demi chuchotées et, pour lui, incompréhensibles.

— Tu vois ce qui fait problème, c'est ma réinsertion dans la cellule familiale.

— Tu as de la chance d'avoir encore une famille moi Mersonne ne m'aime.

Elles partirent d'un rire sonore qu'elles étouffèrent dans leurs mains grassettes. Il y avait aussi un long jeune homme auquel les vendeuses n'accordaient le moindre intérêt, et qui indifférent à toutes choses, s'absorbait dans la lecture méticuleuse d'un précis d'économie. Atteint, de profil, par le regard plissé de Frédéric, il se détourna un instant, et, comme pour se justifier :

— Ou bien je le lis sur place, ou bien je le fauche.

Au centre, deux tables de bois blanc étaient surchargées d'ouvrages de toute venue, les uns, nouveaux, les autres, en attente de rangement, parmi lesquels faisait grande figure une édition des œuvres complètes de Rabelais en un seul volume, dont il se saisit. Il lut, machinal, ce qui était inscrit au dos de la couverture : « Si les signes vous faschent, ô quant vous fascheront les choses signifiées ! », puis il entra dans le livre, et aussitôt, tomba sur une illustration ainsi légendée : « Aydenous icy ! hou, tigre ! Viendra-t-il ? Icy, à orche ! » et qui représentait un navire tout près de se disloquer sous l'effort de la tempête.

Et soudain tout sombra. Le long jeune homme fut englouti par une lame, les vendeuses disparurent dans un gouffre, et Frédéric, au cœur du vertige, submergé par le flot, rejoignit un naufragé de treize ans enchaîné à fond de cale.

Il revint à la surface sous les tapes amicales du client impécunieux.

— C'est bien la première fois que je vois quelqu'un pleurer comme ça en lisant du Rabelais !

La vendeuse vint à lui, souple et bienveillante.

— Si vous voulez l'acheter, prenez un autre exemplaire, celui-là, je vais le mettre à sécher sous la pile.

Il acquiesça, se laissa conduire à la caisse et régla le prix exigé. Dehors, il ravala cette humeur mélancolique, produite, selon Ambroise Paré, par la vertu attractrice de la rate, et rentra chez lui par l'autobus. Mamitate, dès qu'il eut fermé la porte, lui tendit un télégramme dont la teneur le transporta : SERAI À PARIS DANS TROIS JOURS — VOUS TÉLÉPHONERAI — PELÉE.

Il monta dans sa chambre, s'allongea, et relut le papier bleu dont chaque mot lui parut contenir un sens caché. Dans trois jours, ne devait-il pas se trouver à son poste de travail ? Que pourrait lui dire le Prince, sinon que *Le Navire Argo* était près d'appareiller. Ce fut à cette quasi-certitude qu'il adhéra, et aussitôt, il passa en revue toutes les obligations qu'il devrait accomplir avant son départ. Il s'endormit à la tâche.

Faute d'invitation — lorsqu'elle y pensait elle haussait les épaules — Mamitate se résolut quand même à suivre la cérémonie sur son récepteur. Après tout, le Centre lui appartenait un peu. Elle sourit de voir le petit peuple fronder les invités. Le discours du président, reçu sans ombre d'enthousiasme, ne lui fit aucune impression. Elle ne comprit pas pourquoi il comparait ses propres enfants à de petites chouettes. Il lui sembla qu'il mettait quelque complaisance à évoquer sa dernière visite à Georges Pompidou, sur qui pesait « la griffe grise de la mort », expression d'une emphase fort disgracieuse qu'il faisait montre d'affectionner. Elle éteignit avant la fin : il n'y avait rien à regretter.

Dans sa chambre, Frédéric se livrait à un exercice qu'il s'était toujours cru incapable de pratiquer. Au début de la soirée, il avait tenté de parcourir son Rabelais, au hasard de l'index. Il avait tôt renoncé : à quoi bon ? il savait tout cela par cœur. Il se demanda, en passant, pourquoi cet écrivain de haute lisse manquait jusqu'à ce jour dans la Bibliothèque.

Alors, il se consacra à faire un grand retour sur soi-même ; et il conclut que tout était bien. Toutes ces années où, dès la prime adolescence, il avait vécu comme effacé au monde, tous ces jours absorbés avaient préparé le voyageur innocent. Chaque « événement » de sa vie séparée trouvait sa place dans la trajectoire de son destin. Demain, rien d'autre ne compterait que la chimère nouvelle qui le sollicitait. Demain, il serait à bord du *Navire Argo*.

Impression Bussière à Saint-Amand (Cher),
le 24 mars 1989.
Dépôt légal : mars 1989.
Numéro d'imprimeur : 6188.
ISBN 2-07-038128-5./Imprimé en France.

Impression Bussière à Saint-Amand (Cher),
le xxxxx 1977.
Dépôt légal : mars 1977.
Numéro d'imprimeur : 6234.
ISBN 2-07-038128-9./ Imprimé en France.

ANIMAL JAM

A JAMMER'S HANDBOOK

This book belongs to the totally jamtastic

Write your name here.

....

How many of these cute fellas can you spot in this book?

Hi, I'm Kit! Are you ready to PLAY WILD?

centum

WELCOME tO JAMAA!

APPONDALE
page 32

Mt. SHiveer
page 74

JAMAA TOWNSHiP
page 10

You and your buddies will never get lost again with this handy map!

KiMBARA OUTBACK
page 16

This book is jam-packed with fun facts and activities to help you explore the amazing world of Jamaa and learn all about the pawsome animals that live there.

CORAL CANYONS
page 44

SAREPIA FOREST
page 54

CRYSTAL SANDS
page 84

LOST TEMPLE OF ZIOS
page 24

OCEANS
page 70

Meet the animals

Get ready to go on a really wild adventure with Jamaa's jammerific animals!

Which animal is your favourite?

The pawsome world of Jamaa is full of wild and wonderful animals, with new animals added all the time. Work out which animal suits you best with these handy pages.

MONKEY

Best for: smart, funny and mischief-making Jammers
Lives: in Asia, Africa, Mexico, Central and South America
Fun facts:
- some monkeys are omnivores and may eat both plants and other animals
- there are about 260 species of monkeys in the world
- the howler monkey got its name because it's the loudest monkey of all

CHEETAH

Best for: fast and creative Jammers

Lives: throughout Africa, mostly in the grasslands of East Africa and the desert areas of Namibia

Fun facts:
- a cheetah can run about 112 km per hour, that's as fast as cars drive on a motorway
- it can reach its top speed in just 3 seconds
- it uses its tail to steer

ARCTIC FOX

Best for: sneaky Jammers who never give up

Lives: in the Arctic tundra (Alaska, Canada, Greenland, Russia, Norway, Scandinavia and Iceland)

Fun facts:
- an Arctic fox's amazing hearing helps it hunt in the snow
- its thick fur helps its body stay the same temperature
- it mostly eats lemmings (small rodents)

PLAY WILD!

Let your imagination run wild and create your own animal to explore Jamaa.

My animal is:
- ☑ big
- ☐ small
- ☐ slow
- ☑ fast
- ☑ shy
- ☐ scary

My animal:
- ☑ lives on land
- ☐ lives in the sea
- ☐ can fly
- ☑ can swim
- ☐ eats other animals
- ☑ eats plants

My animal has:
- ☑ fur
- ☑ claws
- ☑ teeth
- ☑ scales
- ☐ fins
- ☐ wings

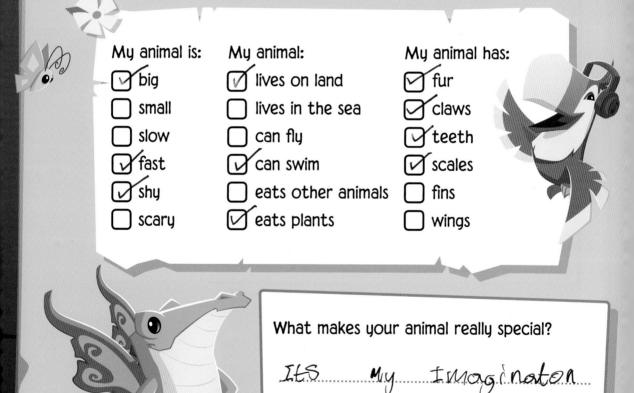

What makes your animal really special?

ItS   My   Imaginaton

Draw your
animal here

Mostly, my
animal is:

Think up a fun
name for your
animal and write
it here!

fuzzy tummy

GO EXPLORING IN

Take a walk on the wild side in Jamaa Township, the busiest spot in Jamaa.

Have fun at:

- The Sol Arcade
- The Pillow Room
- Club Geoz

This area is great for Jammers who love to dance.

Shop till you drop at:

- Jam Mart Clothing
- Jam Mart Furniture
- The Diamond Shop

Keep an eye out for shops sales, discounts, and limited-edition items.

Play:

- Jamaa Derby
- Ducky Dash*

*Ducky Dash is a members-only game and you need a pet ducky to play.

Help this monkey boogie across the Club Geoz dancefloor to reach his foxy buddy by following the paws in the order below.

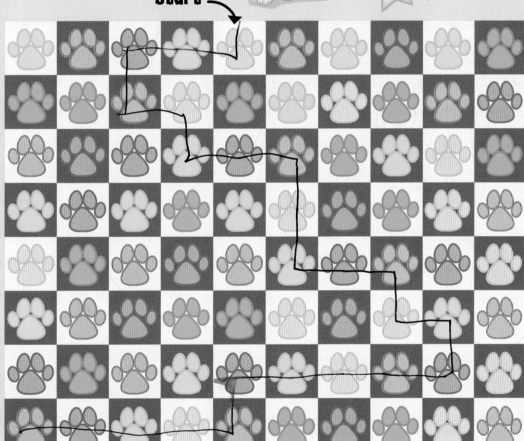

start

END

Answers on page 94

Water Habitats

A habitat is the type of environment where plant and animals live.

Approximately 70% of the Earth's surface is covered by water, including the oceans, seas, rivers, lakes and glaciers. Marine life evolved about three billion years before life on land and much of the Earth's water habitats remain unexplored.

For animals living under water, the most important factors are:
• water temperature
• hiding areas
• breeding areas
• salt and oxygen levels
• type of food

THE WORLD'S SEAS HOLD ABOUT 1,200 DIFFERENT VENOMOUS FISH SPECIES.

Different animals need different temperatures to survive. Seals have a thick layer of fat called blubber, which helps them keep warm in the cold waters.

Freshwater habitats include bogs, ponds, lakes, rivers and streams. About 3% of Earth's water is freshwater and this includes the water locked up in the ice caps and glaciers, and underground water in aquifers. Brackish water exists where freshwater rivers meet saltwater seas and the salt levels change all the time.

Fish need hiding areas to hunt and hide from prey. Some prefer rocks, others might like plants or a sandy sea bed.

Turn to page 70 to explore the oceans in Jamaa.

13

extreme animals

All the animals in the world are amazing but some are extra special in their own unique way.

Strongest
The Atlas beetle can push about 850 times its weight.

Biggest eyes
Giant squids have the largest eyes of any animal, each one about the size of a human head.

Farest fliers
Arctic terns migrate about 17,700 km to the Antarctic every year and then come all the way back!

Smallest
The etruscan shrew is the smallest mammal (by weight) in the world. The smallest by skull size is the bumblebee bat.

Loudest
Blue whales' low-frequency pulses can be heard over 800 km away. At 188 decibels, these sounds are louder than a jet engine.

Most venomous
The box jellyfish has enough venom to kill 60 adult humans.

Fastest fliers
Peregrine falcons dive toward their prey at over 320 km per hour.

Can you spot the odd pet out in each row?

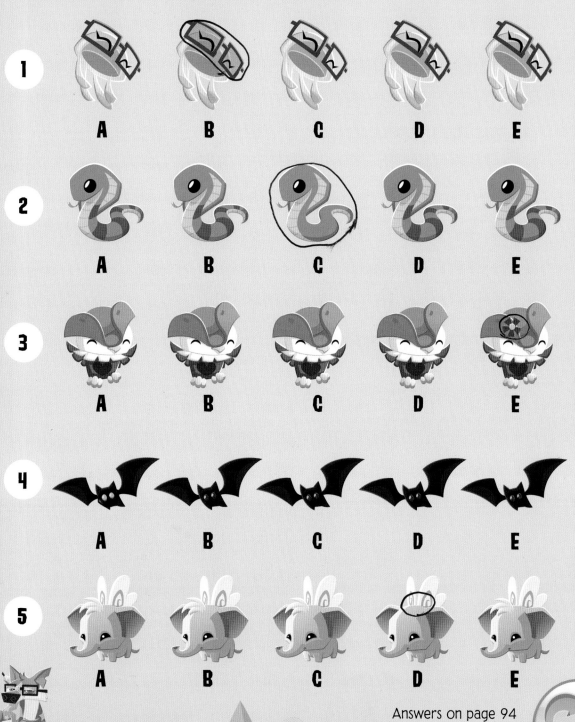

1   A   B   C   D   E

2   A   B   C   D   E

3   A   B   C   D   E

4   A   B   C   D   E

5   A   B   C   D   E

Answers on page 94

GO EXPLORING IN

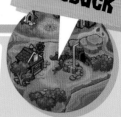

Spot kookaburras, tiger snakes and frilled lizards in this sandy Australian hotspot!

Play:

• Spot On

Have fun playing this cool game.

Have fun at:

• Gabby's Animal Hospital

Find and click on all of the animals featured in your Journey Book and you'll receive a Windmill.

Shop till you drop at:

• Outback Imports
• Gabby's Animal Hospital

The Kimbara Outback is great for shopping for den items and accessories.

A TIGER SNAKE IS DEADLY AND GOT ITS NAME FROM ITS TIGER-PATTERNED SKIN.

16

Can you spot 10 differences between these pictures below?

Answers on page 94

YOUR DEN

SOME ANIMALS ONLY USE THEIR DEN FOR NESTING OR REARING THEIR YOUNG.

Give your animal a place to call home and create a cool den.

My den is:
- ☑ big
- ☐ small
- ☐ modern
- ☑ messy
- ☑ undergound
- ☐ underwater

My den has a:
- ☑ table
- ☑ beanbag
- ☑ computer
- ☑ bunkbed
- ☐ pool
- ☐ ice rink

- ☑ desk ✓✓
- ☑ bookshelf
- ☑ garden
- ☐ pizza oven
- ☐ fire pit
- ☑ library

What makes your den really special?

Its   hidden   Its   Messy

Its   Sinkey

18

Draw your den in the space below.

Boy   Girl

Mostly, my den feels:

      ☑

If you could invite anyone to your den, who would it be?

Ellie-May Sommervill

Meet the Animals

From horses to hyenas, Jamaa is full of pawsome animals just waiting to jam.

WHEN A KANGEROO FEELS THREATENED IT WILL BOX WITH ITS ARMS AND KICK WITH ITS FEET.

Hop til you drop in Jamaa as an athletic kangaroo, have fun as a hyena or roam wild like a free-spirited horse. Is one of these animals perfect for you?

Horse

Best for: Jammers who are free spirited and fast

Lives: in every region of the world except Antarctica

Fun facts:
- a horse is an ungulate, a mammal with hooves
- wild horses live in herds, led by a dominant male called a stallion
- a horse is a herbivore but has a small stomach so it must graze throughout the day

HYENA

Best for: Jammers who like
to play tricks on their friends
Lives: in Africa
Fun facts:
- a hyena is a skilfull hunter
and good scavenger and
eats both meat and plants
- it marks and patrols its
territory by depositing
a strong smell from its
bottom on stalks of grass
- a hyena makes a lot of
wailing sounds that sound
like laughter

KANGAROO

Best for: unique and athletic
Jammers
Lives: in Australia
Fun facts:
- it is the only large mammal
that hops to move and can
cover up to 7 m in one hop
- it lives in a group called a
mob, herd or troop and if
it senses danger will stomp
its foot on the ground
to alert others
- it is a herbivore and
eats plants

ANIMAL JAM ACADEMY

Use the sun to create your own unique masterpiece.

WHAT YOU NEED:

- black construction paper
- leaves, sticks or other obejcts
- a pane of glass (from a picture frame) or some small rocks

WHAT TO DO:

1. Collect some objects to make prints with, like leaves, branches or other items you might find in your home or garden.
2. Find a spot outside that is in the sun for at least four hours.
3. Set up the paper in the sunny spot and place the objects you want in your print on the paper.
4. Cover with the pane of glass or small rocks to hold the objects in place.
5. Wait for six hours, then check your print. Remove the objects and check out the picture you've created.

HOW YOU DID it!

The picture was created because the sun's UV rays discolour the paper. Even though the sun is 150 million km away, it only takes 8 minutes for the light of the sun to reach Earth.

Create some cool bracelets with this simple craft.

- large craft sticks
- bowl
- hot water
- a mug or glass
- string, thread
- tape

WHat to DO:

1. Soak your craft sticks in a bowl of hot water until they are soft enough to bend.
2. Bend your sticks into a c-shape by placing them inside a mug or glass.
3. Let the craft sticks dry out inside the mug or glass overnight.
4. Remove the craft sticks, which are now a bracelet shape and decorate using coloured tape and threads.
5. You can wear them as a cuff or ask an adult to make small holes in each of their ends to thread some string through as a fastener.

You could make lots of bracelets and give them to your friends!

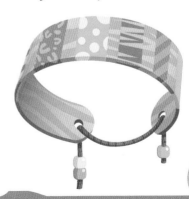

GO EXPLORING IN

LOST TEMPLE OF ZIOS

Jungle-mad animals should head to The Lost Temple of Zios for mystery and adventure.

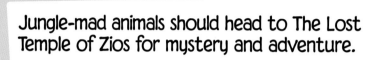

Play:

- Falling Phantoms
- Temple of Trivia
- Mira Says
- Gem Ball

There are loads of fun games to play!

Have fun at:

- Chamber of Knowledge
- Brady's Lab

Check out the videos of Dr Brady Barr's amazing animal adventures.

Shop till you drop at:

- Mystery Emporium
- Basement of Secrets

Great for Den Portals and statues of Alphas.

Watch out! When more than three animals snooze next to the Zios statue, Phantoms appear!

Can you work out which missing pieces of the puzzle go where, to reveal all the slithery snakes in the Lost Temple of Zios?

you are here

A

B

C

D

E

F

1

2

3

4

5

6

Answers on page 94

Masters of Disguise

Animals use camouflage to hide themselves from their predators or their prey!

Stick insects look exactly like branches or twigs, allowing them to blend in perfectly with their natural habitat. Some can measure up to 55 cm long.

A **chameleon**'s skin changes colour if it is frightened or angry, or if it is affected by light or temperature. It also changes its skin colour to communicate.

Turtles and **tortoises** use camouflage to blindside their prey and hide from large predators like alligators. One of their favourite disguises is as a rock on the bottom of the sea bed.

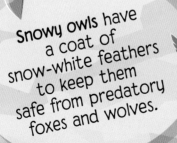

Snowy owls have a coat of snow-white feathers to keep them safe from predatory foxes and wolves.

The coral waters that surround Indonesia are the perfect place for **pygmy seahorses** to stay disguised.

Doodle some pawsome spotty, stripey and zig-zag patterns on these animals below, then colour them in.

DAWN OF THE ALPHAS

Impress your friends with your Jamaa know-how and read on to discover its secret history!

Jamaa was once home to hundreds of animal species of all shapes and sizes. These animals spent their days playing games, going to parties, building homes, and living together as friends.

Mira and Zios, the guardian spirits of Jamaa, gifted each animal species with a Heartstone, a special jewel that contained the essence of that species and held the secrets of its magic.

For many generations, all the Heartstones were kept together in a vault beneath the Lost Temple of Zios. Every animal could visit them and see the unique gifts that each species brought to Jamaa.

But as time passed, things changed, Animals began to fear and mistrust other species. Some animals stopped living together as a united community. Soon, all the feelings of friendship in Jamaa were gone, and the animals built new villages for their kind only. Koalas lived and talked only with other koalas. So did rhinos and crocodiles.

Before long, all the animals in Jamaa stopped working together to make Jamaa a happy and vibrant place. Worst of all, many animal species took their Heartstones from the Lost Temple of Zios and hid their Heartstones in their new villages. It was during this time of division that the dark Phantoms first appeared.

The Phantoms came through dark portals and they quickly spread through the uninhabited regions of Jamaa. Wherever the Phantoms went, they left a trail of destruction. Rivers were polluted, trees became bare, and the air was thick with noxious fumes. The Phantoms consumed everything in the environment and gave nothing back. They destroyed entire villages the animals had built and left the entire civilization in pieces.

Because animals were spread out in isolated villages, the Phantoms easily conquered these villages one by one. The animals soon discovered that if the Phantoms reached a Heartstone, they could imprison the animals of that species inside it! Each time the Phantoms captured a Heartstone, an entire species disappeared from Jamaa.

Mira and Zios watched in horror as the Phantoms spread throughout Jamaa. As guardian spirits, it hurt them to see the land they loved become corrupted, and they knew they could bring Jamaa back to life if the Phantoms were repelled. In time, they could make the skies and waters clear again, and if they could recover the lost Heartstones, thousands of animals could return to Jamaa. As time drew on, however, the Phantom threat grew only more fearsome and unstoppable.

Continued on page 66.

Meet the animals

Ready to go on a truly wild adventure with some jammerific animals?

What's black, white and adorable all over? A panda of course! Check it out opposite, or have a hoot as an owl, or pick a penguin and put some waddle in your walk.

PENGUINS USE THE WAVES TO SURF BACK TO SHORE FROM THE SEA.

OWL

Best for: night owls and Jammers who enjoy a bit of quiet time
Lives: on all continents except Antarctica
Fun facts:
- there are more than 200 species
- an owl is a carnivore and eats rodents, fish, birds and insects
- it can turn its head up to 270 degrees
- a group of owls is called a parliament

PANDA

Best for: quiet Jammers who love to explore on their own

Lives: in China

Fun facts:
- a giant panda eats bamboo and sometimes birds and rodents too
- pandas sometimes eat up to 12 hours a day
- these animals are solitary and prefer spending time alone

PENGUIN

Best for: speedy Jammers who would love to live with their pals

Lives: in the Southern Hemisphere

Fun facts:
- penguins come in a variety of sizes and some are very colourful
- some penguins live in cold areas like Antarctica but others in warmer climates, like the Galapagos Islands
- penguins use their wings to swim not fly

GO EXPLORING IN

APPONDALE

Play wild in Jamaa's savannah Appondale but watch out, or you'll end up covered in mud!

Play:

- Fruit Slinger
- Pest Control
- Disc Toss

There are lots of great games but the golden discs in Disc Toss will give you bonus Gems.

Shop till you drop at:

- Claws 'N Paws

A handy pet shop with everything you need for your pet.

Have fun at:

- Conservation Museum
- Appondale Theatre

Learn about animals, donate Gems to help endangered species and take some time out to watch pawsome animal animations.

Put a tick below the animals that you can spot splattered in the mud pit.

YOU ARE HERE

Answers on page 94

FOREST HABITATS

Terrestrial (land) habitats include forests, grasslands and rainforests.

ABOUT 30% OF THE WORLD'S LAND IS COVERED BY FOREST.

Forests are essential for life on Earth and home to many species of animals, from monkeys and bears to birds and insects.

Terrestrial habitats are defined by plant structure (trees and grasses), leaf types (broadleaf and needleleaf), plant spacing (forest, woodland, savanna) and the temperature.

Different animals live in different stratas (levels) of a forest. Birds live in the canopy (top of trees), smaller animals like sloths and monkeys live in the trees and larger animals, like jaguars live on the forest floor. Tiny animals like insects live everywhere.

The Amazon is the world's largest tropical rainforest. Covering over 5.5 million square km, it's so big that the UK and Ireland would fit into it 17 times! Its home to about 1,300 bird species, 3,000 types of fish, 430 mammals and 2.5 million different insects. That's a lot of bugs!

Turn to page 54 to explore the forest of Jamaa.

party time

All animals love a good party. Tick off the animals below when you spot them at the Summer Carnival.

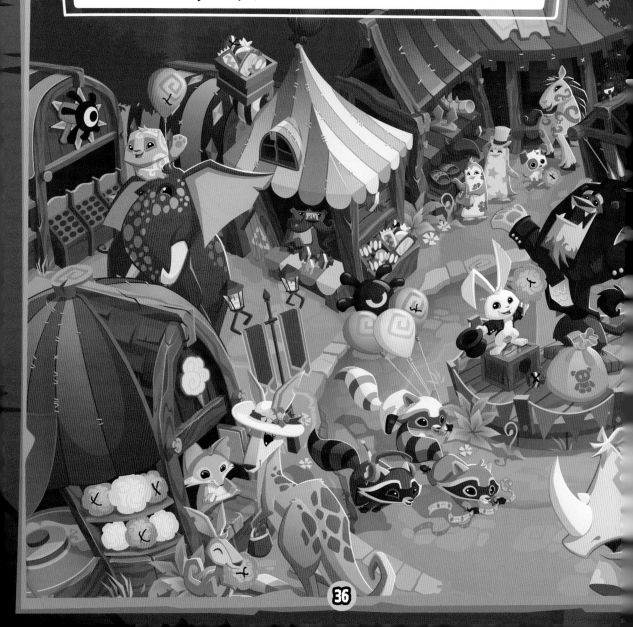

How many can you spot?

4

6

7

Answers on page 94

MEET THE ANIMALS

You'll be guaranteed a wild time with this group of animals.

POLAR BEARS ROLL IN THE SNOW TO KEEP CLEAN AND COOL DOWN.

Un-bear-ably adorable, polar bears are great for Jammers who like to go it alone while stubborn rhinos and naughty raccoons are a must for Jammers who like to play tough.

POLAR BEAR

Best for: independent and patient Jammers
Lives: in the Arctic circle
Fun facts:
- a polar bear's fur keeps it warm, it even has fur on the bottom of its paws
- under its fur it has black skin
- it is a great swimmer and uses its front paws as paddles and its back paws to steer

raccoon

Best for: mischief-making Jammers who like to stay up late

Lives: in North and Central America, Europe and Japan

Fun facts:
- a raccoon usually makes its den in trees or caves
- it is nocturnal and sleeps more during the winter
- a raccoon is an omnivore and its favourite prey are frogs, fish, bird eggs and rodents

rhino

Best for: hot-tempered and tough Jammers

Lives: there are five species of rhinoceros, three native to Asia and two to Africa

Fun facts:
- rhinoceros means nose horn
- it is a herbivore
- a group of rhinos is called a herd or a crash
- its horn is made from keratin, the same as our nails and hair

ENDANGERED ANIMALS

Find the rare animals in the wordsearch below, then discover why they are at risk opposite.

☑ MOUNTAIN GORILLA   ☑ SIBERIAN TIGER

☑ AMUR LEOPARD   ☑ SEA TURTLE

☑ BLUE WHALE   ☑ BLACK RHINO

```
G W L N W Q S B O A A O R B B B H T O
F E B T N B J I Q L M E E L A A X Z
N D K L Y D H C P L G J K U T W B C
Z J X W A K H G S I Y L L E J Q F A
R P J W Q C H S T R X M Z W C S K R
M V C J W I K N D O E Z R H A Q L H
S X K U A N A R F G M A S A E I M J
E J M U Q I B N H N Q Q R L Y L N R
V C Q J R B C S D I Y H A E U L O P
F O Z E A T X P J A N D O F U S T A
F M B F A K V A I T G O X R Q E G Q
T I M E S D Y L Q N P Y H R Y A B A
S N V H N B C H H U P U K Q T T Q R
I E P A M U R L E O P A R D I U X S
G S H P T G R S Q W J L G C C R C M
B L F O R H M Q T V P H M C D T G B
I E P A Z X R L G R J L I U X L M O
S Q V W N T C H O U E U J Q T E W A
```

Answers on page 94

Mountain Gorilla
Lives: in Africa
Population: about 700
At risk: due to hunters, war and dangerous mountain living conditions

Blue Whale
Lives: in Oceans around the world
Population: about 10,000 to 25,000
At risk: due to whale hunters killing them for their whale meat

Amur Leopard
Lives: in Russia
Population: about 60
At risk: because of the destruction of their habitat and being hunted

Kemp's Ridley Sea Turtle
Lives: in Tropical waters
Population: about 1,000
At risk: due to over-harvesting of their eggs

Black Rhino
Lives: in Africa
Population: about 5,000
At risk: due to hunters killing them for food, for its horn and sport

Siberian Tiger
Lives: in east Russia, North Korea and China
Population: about 400 to 500
At risk: due to hunters and deforestation

Desert Habitats

A desert is a place with little rain. Many deserts are hot places but some can be cold too.

Animals that live in desert regions have adapted special skills to survive the harsh conditions. Red Kangaroos need to cover huge distances to find enough food in the sparsely vegetated Australian desert, so they hop everywhere, which is a fast and very energy-efficient way to travel.

THE LARGEST DESERT IN THE WORLD IS ANTARCTICA.

Many desert animals are nocturnal to avoid the sun and some live underground to stay out of the heat.

Cold deserts form at higher latitudes. The Patagonian desert in South America and the Gobi desert in Asia are cold deserts.

Hot deserts are found near the equator, like the Sahara Desert in Africa. Animals that live there, such as camels, can go for days without food and water.

Leap back to page 16 to learn about one of Jamaa's deserts.

GO EXPLORING IN

CORAL CANYONS

This rocky land is great for animals looking to create a den and play lots of games.

Have fun at:

- The Rock Bridge
- Art Studio
- Wild Explorers tent

Great for colouring and painting activities, science experiments and animal trivia.

Shop till you drop at:

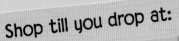

- Royal Ridge
- Den Shop

Play:

- Best Dressed
- Long Shot
- Sky High

A huge variety of fun games which let jammers dress up, launch armadillos, and hunt for treasure.

HOW MANY CACTI CAN YOU COUNT IN CORAL CANYONS?

Join the dots to complete the picture of this fantastic flier.

Don't forget to add some colour too.

Meet the Animals

Unleash your wild side with these cool animals. Which one is your favourite?

If you like to hang out in a pack, hop like a bunny or chomp down, then these jamtastic animals are the ones for you.

Arctic Wolf

Best for: Jammers who like to hang out in a gang and like showing affection

Lives: in North America and Greenland

Fun facts:
- an Arctic wolf's icy home prevents it from digging a den so it lives in rocky outcrops or caves
- its greatest threat is climate change
- it mainly eats muskox, Arctic hares and caribou

BUNNY

Best for: Jammers who have lots of energy and love to dance

Lives: on all continents except Antarctica

Fun facts:
- a rabbit is born without fur
- it can live up to 10 years
- rabbits tend to live in groups and make their homes mostly underground in burrows

CROCODILE

Best for: quick-thinking Jammers who can survive any situation

Lives: in Africa, Asia, Australia and North and South America

Fun facts:
- a crocodile releases its heat through its mouth
- a crocodile never stops growing
- it can live up to 80 years but many crocodiles are eaten as babies

POLAR HABITATS

Living in the planet's polar regions can be tough, but many land and sea animals have evolved to survive there.

THE SEA IS WARMER THAN THE LAND IN ANTARCTICA.

Tundra (areas with no trees) are the only place where any plants can grow in the polar regions. The ground only thaws enough for short grasses and moss to grow. Tree roots can't go as far down into the ground as they need to, because the ground is frozen.

Animals who live in polar regions have adapted and evolved to survive by having thick fur, blubber or feathers.

In the summer it is light for 24 hours a day (at the north and south poles). This means the sun doesn't set for six whole months when it is summer. For six months during the winter, it is dark 24 hours a day.

Cimate change is affecting polar habitats, especially in the Arctic. This means animals like the polar bear and Arctic fox are becoming endangered.

Head to page 74 to explore the coldest land in Jamaa. Brrrrr!

Meet the Pets

There are more than 60 pets to choose from.

The pets in Jamaa are so pawsomely adorable you'll want to adopt them all.

You can choose and buy cute and friendly pets all over Jamaa. Shop till you drop in Claws 'N Paws, Flippers 'N Fins, the Diamond Shop, the Pets Only Party, or change and customise them in the Pets section of the Change your Look menu.

Pet Frog

 Pet Frog

 Pet Gecko

 Pet Goat

 Pet Goat

 Pet Hamster

 Pet Hamster

 Pet Hummingbird

 Pet Hummingbird

 Pet Jellyfish

 Pet Jellyfish

 Pet Joey

 Pet Kitty

 Pet Kity

 Pet Lemur

 Pet Lion

 Pet Lion

 Pet Monkey

 Pet Owl

 Pet Owl

 Pet Panda

 Pet Panda

 Pet Peacock

 Pet Penguin

 Pet Piglet

 Pet Pony

 Pet Pony

 Pet Pony

 Pet Polar bear

 Pet Puppy

 Pet Lemur

 Pet Puppy

 Pet Raccoon

 Pet Reindeer

 Pet Rhino

 Pet Bunny

 Pet Bat

 Pet Honeybee

 Pet Honeybee

 Pet Honeybee

 Pet Bunny

 Pet Bat

Meet More Pets

Show your caring, sharing side with a cute, cuddly sidekick.

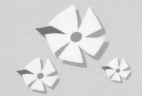

Pet Butterfly

Pet Butterfly

Pet Butterfly

Pet Cheetah

Pet Cheetah

Pet Ducky

Pet Ducky

Pet Eagle

Pet Eagle

Pet Elephant

Pet Elephant

Pet Fox

Pet Fox

Pet Rhino

Pet Seahorse

Pet Seahorse

Pet Seahorse

Pet Skunk

Pet Skunk

Pet Snake

Pet Snake

Pet Snow leopard

Pet Sugar glider

Pet Sugar glider

Pet Tarantuala

Pet Tiger

Pet Tiger

Pet Turtle

Pet Turtle

Pet Arctic wolf

Give your pet
some wild
colours!

Create your
own pet here.

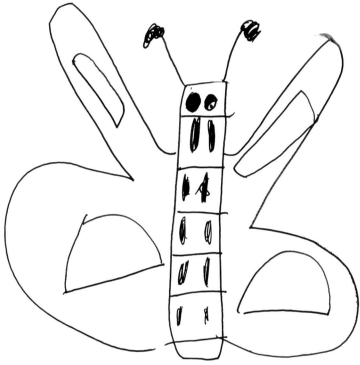

Mostly, my
pet is:

Think up a fun
name and write
it here.

Butter   Fly

GO EXPLORING IN

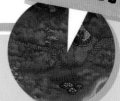
Sarepia Forest

Head for the trees and explore the wild woods of Sarepia Forest.

Have fun at:

- Sarepia Theater
- The Slide
- The Campfire

Boogie on down around the roaring fire and whizz down the slippery slide.

Play:

- Wind Rider
- Super Sort
- Hedge Hog
- Pill Bugs
- Popcorn Machine
- The Claw
- Swoopy Eagle
- Disc Toss

Players end up spending longer than planned in Sarepia Forest thanks to all the pawsome games.

Shop till you drop at:

- Flag Shop
- Treetop Gardens
- Topiary Shop
- Theater Shop

If you love plants, then Sarepia Forest is the shopping hotspot for you.

Can you work out which animals below
are watching the the video by matching
them to their shadow?

Beware the Phantoms

The wicked Phantoms want to bring chaos and destruction to all of Jamaa.

PHANTOMS LEAVE A TRAIL OF DESTRUCTION WHEREVER THEY GO!

NORMAL PHANTOM
Appearance: around six tentacles
Tactic: has a blue-white electric arc to shock animals

PROTO-PHANTOM
Appearance: small but scary
Tactic: they flee pets

PHANTOM KING
Appearance: purple spots
Tactic: floats up and down to stun animals

PHANTOM GOOP
Appearance: large and slug-like
Tactic: watches with multiple eyes

PHANTOM CORAL
Appearance: many sharp spikes
Tactic: produces a white electric arc to shock animals

PHANTOM WATCHER
Appearance: similar to proto-phantom
Tactic: eye laser beams

Can you match these pesky Phantoms into pairs?

Answers on page 94

ANiMaL JaM ACaDEMY

Read on to discover how to power a light with lemon juice.

WHat YOU NEED:

- 3 lemons
- 3 nails coated in zinc
- 3 copper pennies
- alligator clips
- small LED bulb

WHat to DO:

1. Roll the lemons on a hard surface to release some of their juices.
2. Stick a nail and penny in each of the lemons. Ask an adult if you need to make a small slit in the lemons for the pennies.
3. Connect the lemons with the alligator clips. Each clip should attach a nail to a penny.
4. Attach the two loose clips at the end to connect to the LED bulb and watch it light up.

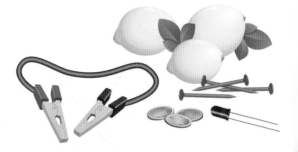

HOW YOU DiD it!

The lemons create a battery. The citric acid in a lemon is perfect for electrons (small particles) to flow through. The zinc from the nail oxidises in the citric acid, releasing electrons. These electrons flow when a circuit is complete.

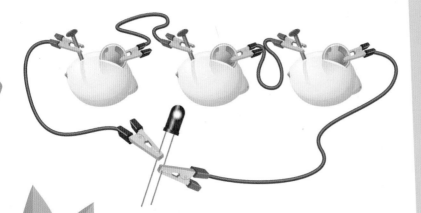

Create your own explosion with a lemon volcano!

- 2 lemons
- baking soda
- craft stick
- food colouring
- small bowl
- baking tray
- measuring spoons
- knife (ask an adult to help you use)

WHAT TO DO:

1. Ask an adult to help you cut the end off one lemon, so that it can stand up on its own.
2. Next, cut off the other end and core out some of its insides.
3. Place the lemon on your baking tray and use a craft stick to squish the lemon a bit inside and release some of its juice.
4. Cut the second lemon in half and squeeze its juice into a small bowl.
5. Add a few drops of food colouring to the cored lemon.
6. Add a teaspoon of baking powder to the cored lemon and watch what happens.
7. Keep the reaction going by adding the juice in the bowl, from the other lemon.

HOW YOU DID it!
The lemon juice is an acid and when it reacts with the baking soda it forms carbon dioxide, which causes bubbling.

Meet the animals

Check out these jamtastic animals with some fascinating traits.

Whether you want to slink through Jamaa as lynx or pick a water animal like a cool octopus or otterly playful otter, these animals are great for playing wild!

AN OCTOPUS CAN MATCH THE COLOURS, PATTERNS AND TEXTURES OF ITS SURROUNDINGS.

LYNX

Best for: Jammers who are observant leaders
Lives: in North America, Europe and Asia
Fun facts:
- its thick fur keeps it warm
- a stealthy cat, it hunts at night and is a carnivore
- great eyesight enables it to spot a mouse 75 m away
- the tufts on its ears act as a hearing aid

OCTOPUS

Best for: smart Jammers with ninja skills

Lives: in oceans and seas around the world

Fun facts:
- an octopus can regenerate a tentacle if it loses one
- when threatened, an octopus will release an inky liquid to confuse its predators
- it has a sharp beak and a toothed tongue called a radula, which it uses to open crab and clam shells

Otter

Best for: Jammers who love to play and hang out with their buddies

Lives: in rivers and seas in North America, Europe and Asia

Fun facts:
- sea otters have webbed feet and water-repellent fur to keep them dry and warm
- it sleeps floating on its back and often holds hands with other otters so they don't drift away
- it always washes after eating

UNDERGROUND HABITATS

Some animals make their homes underground.

Animals like moles and earthworms spend their entire lives underground. Others, like the prairie dog and rabbits, spend time below and above ground.

Living underground has its advantages, including protection from predators and from extreme temperatures (both hot and cold). Many animals also hunt underground for food such as plants, insects and grubs.

A burrow is a tunnel or hole that an animal digs to live in or as a place for protection. Some burrows also function as stores, where animals keep food. They can be simple tunnels or complicated networks of connected chambers and tunnels.

Some animals prefer not to dig their own burrows, but to use the ones made by other animals instead.

Check out the map on page 2 to explore all of the lands in Jamaa.

MEET THE ANIMALS

Get ready to go on a really wild adventure with these jammerific animals!

THERE ARE ABOUT 370 SPECIES OF SHARKS!

Take a bite out of Jamaa and pick a shark, or play wild and make a splash with a friendly seal or strong-minded sea turtle. Dive in to discover some fun facts!

SEA TURTLE

Best for: strong-minded Jammers with poise
Lives: in oceans and seas all over the world
Fun facts:
- it migrates long distances to feed, often crossing entire oceans
- it spends it entire life at sea, except if it's an adult female, who then come ashore to lay eggs
- there are seven species of turtle and each has a different diet, from sea grass to jellyfish

seal

Best for: friendly Jammers who love to swim

Lives: seals are found in most waters of the world, mainly in the Arctic and Antarctic but also in some warmer areas too

Fun facts:
- a seal's whiskers help it to detect prey in murky waters
- it can spend months at sea and can sleep underwater
- it can live up to 25 years

shark

Best for: Jammers who like to sniff their food before eating

Lives: in oceans and seas around the world

Fun facts:
- sharks have been around for about 400 million years
- the Great White shark is the largest predatory fish
- if there was only one drop of blood in 100 ltrs of water, a Great White would smell it!

DAWN OF THE ALPHAS

Read on for more adventures in Jamaa, continued from page 29.

Remembering how much the animals had accomplished when they lived and worked together, the remaining six species gathered their Heartstones, left their villages and returned to the Lost Temple of Zios. As the tigers, monkeys, koalas, pandas, bunnies and wolves of Jamaa gathered together for one last stand against the Phantoms, Mira and Zios saw that it would not be enough.

In desperation, the guardian spirits of Jamaa searched for animals who could lead their species. They finally found six extraordinary animals and brought them to Jamaa: Sir Gilbert the regal tiger, Cosmo the knowledgeable koala, Graham the inventive monkey, Greely the mysterious wolf, Liza the curious panda, and Peck the creative bunny. These were six remarkable animals with different personalities, but they were united in their strength of characters and their respect for the natural world.

Mira and Zios chose well and these very different animals soon formed a family. To help in battle against the Phantoms, Mira and Zios gave the new leaders Alpha Stones, six special jewels that harnessed the Alphas' abilities and the natural powers of Jamaa. With these stones, the six chosen animals became Alphas, the heroes chosen to save Jamaa in its darkest hour!

The Alphas set about making a plan that utilized each of their unique abilities to defeat the Phantoms. Once the plan was finalised, they joined the rest of the animals who had gathered together to face the flood of Phantoms before them. When the animals saw the magnificent Alphas, they felt their own bravery return. The Alphas felt strength flowing through them and with many roars, howls, and cheers they all stormed into battle.

The battle for Jamaa was epic, with the animals and Alphas fighting not just for themselves, but also for the beautiful land that Jamaa once was. Animals that were once scared of the Phantoms found new courage, and animals that had shunned and despised others worked side by side with different species.

As the animals marched forward, the Phantoms escaped by fleeing into their dark portals. But just as the last of the Phantoms were retreating, they overtook Zios and vanished with him into a portal. Mira quickly dove into a dark portal, following Zios and the Phantoms, disappearing as the portal closed.

The sudden absence of Zios and Mira was a tragic blow to the animals, yet despite their sadness, they realized that for the first time many of them could remember, Jamaa was free of the Phantoms!

Find out what happens next on page 82.

Meet the animals

You'll have a really wild adventure with these jammerific animals!

Let out your wildest roar and explore the wonderful world of Jamaa as a strong lion or llama or if you're looking for a cute and cuddly animal check out the koala facts below.

Koala

Best for: noisy Jammers who appreciate a good nap

Lives: in Australia

Fun facts:
- a koala is not a bear, but a marsupial (pouched mammal)
- it sleeps for up to 18 hours a day
- a koala feeds on about 1 kg of eucalyptus leaves a day and stores them in its pouch and cheeks
- a baby koala rides on its mum's back until it's about one year old

LLAMA

Best for: Jammers who are protective and playful

Lives: in the Andes mountain region in South America

Fun facts:
- a llama grazes on grass and regurgitates its food and chews it as cud
- it can live up to 30 years
- a llama is covered in wool which can be a solid colour or patterned
- it communicates by humming

LION

Best for: loud and strong Jammers

Lives: in Africa

Fun facts:
- female lions do most of the hunting while male lions protect their territory and the pride
- it hunts and feeds on large prey like zebras and wildebeast
- they are more social than other wild cats and live in groups called prides, of up to 15 lions

GO EXPLORING:

There's plenty of splash-tastic fun to be had in Jamaa if you're brave enough to dive in!

Deep Blue:

- **have fun** in the deepest part of the ocean
- **play** Phantoms' Treasure and find all the hidden objects

Crystal Reef:

- **spot** marine animals including clownfish and marlin and climb the ladder into Crystal Sands
- **shop** at Flippers 'N Fins for your marine pets
- **play** Eat 'Em Up and earn an extra life by catching a squid

Bahari Bay:

- **have fun** in this underwater version of Jamaa Township. When first becoming an ocean animal, Jammers are teleported here, rather than the other ocean territories

- **shop** at Bahari Bargains, the only shop which sells ocean accessories. You can also recycle clothes here in a barrel, similar to the recycling machine in the shops of Jamaa Township

- **play** Best Dressed – Oceans and vote for the animal you believe dresses best. Race dolphins in Splash and Dash

you are here

Kani Cove:

- **have fun** swimming through the shipwrecks

- **shop** at Sunken Treasures for cool items for your ocean den

Meet the Animals

Still not decided on which animal is for you? Read on for some more pawsome choices.

MANY SPECIES OF WOLF ARE ENDANGERED.

Show off your stripes in Jamaa and choose a tiger to take a walk on the wild side. Or opt for another kind of big cat with a snow leopard. If you prefer to roam with the pack though, a wolf is for you.

SNOW LEOPARD

Best for: Jammers who love to hide and win
Lives: at high altitudes in Asia
Fun facts:
- a snow leopard can jump as far as 15 m
- it uses its tail for balance
- a snow leopard likes to be alone
- a snow leopard can't roar but makes a puffing 'chuff' sound instead
- it hunts sheep and goats to eat

tiger

Best for: powerful and
  patient Jammers
Lives: throughout Africa,
  mostly in the grasslands
  of East Africa and the
  desert areas of Namibia
Fun facts:
- a tiger is the largest wild
  cat in the world
- it only eats meat and stalks
  its prey alone and at night
- no two tigers have the
  same pattern on their fur

WOLF

Best for: Jammers who
  are loyal and faithful
Lives: in North America,
  Asia and the Arctic Circle
Fun facts:
- a wolf lives in a pack (usually
  with up to 20 other wolves)
- it hunts with its pack to
  take down large prey
- a wolf lives up to around
  8 years in the wild
- the entire pack of wolves
  takes care of their young

GO EXPLORING UP

Chill out on the uncrackable Ice Rink or warm up with a cuppa from Mt. Shiveer's infamous Hot Cocoa Hut.

Warm up at:

- Hot Cocoa Hut

Slurp on a delicious hot choccie or buy some warm and cosy clothes for your animal.

Mt. Shiveer is the highest peak in Jamaa.

Have fun at:

- The Ice Patch
- The Ice Slide
- The Hot Springs

You can chill out on the ice or warm up in the springs on this amazing mountain.

Play:

- Gem Breaker
- Hot Cocoa Machine

It's not just the animals you can customise, you can create your own unique drink too.

Which ice slide should the penguin ride down to reach the Hot Cocoa Hut?

you are here

Answers on page 94

NOCTURNAL ANIMALS

Can you fit the nocturnal animals into the grid below?
Then read on to discover what makes some so special.

3 LETTERS
CAT ✓
OWL ✓
FOX ✓
BAT ✓

5 LETTERS
MOUSE ✓

6 LETTERS
RABBIT ✓
BADGER ✓

7 & 8 LETTERS
FIREFLY ✓
HEDGEHOG ✓
AARDVARK ✓

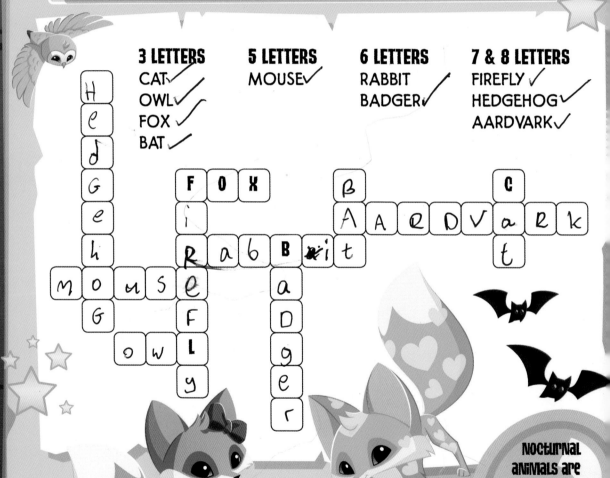

NOCTURNAL ANIMALS ARE MORE ACTIVE AT NIGHT THAN THE DAY.

Answers on page 94

Bat

Eats: most bats eat insects but some eat fruit and other small animals too

Nocturnal fact: a bat uses echolocation to navigate in the dark and find food by sending out a sound and identifying the echo that comes back

OWL

Eats: small rodents, birds and insects

Nocturnal fact: the forward-facing eyes of an owl help it hunt in the dark

cat

Eats: small rodents and birds

Nocturnal fact: a reflective layer in cats' eyes allows them to see well in the dark

Firefly

Eats: insects and small grubs

Nocturnal fact: a firefly is bioluminescent and can produce its own light to warn of predators and attract a mate

Aardvark

Eats: ants and termites

Nocturnal fact: a muscular body helps it dig quickly into the ground to avoid predators

ANiMaL JaM AcaDEMY

Create your own chain reaction contraption in five easy steps.

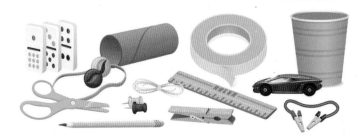

WHaT YOU NEED:

- cardboard and plastic containers
- items that roll – a marble, ball and small car
- items for ramps – books, pipe, toy train tracks
- string, tape, paper and a pencil

WHaT tO DO:

1. First decide what you want your contraption to do, for example ring a bell or turn on a light.
2. Next, design your contraption and draw it on some paper.
3. Start building your contraption, testing it out in sections before setting the whole thing off.
4. If parts don't work, change them and test it again.
5. Set your contraption off and watch the chain reaction you've created.

DiD YOU KNOW?
A chain reaction is also known as a Rube Goldberg Machine.

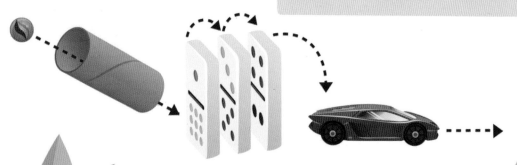

Make your own handy barometer to check the air pressure.

WHat you NEED:

- balloon
- glass jar
- scissors
- rubber band
- tape
- drinking straw
- index card
- pencil

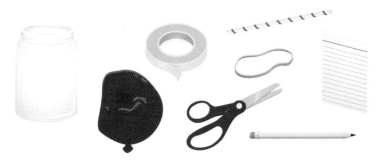

WHat to DO:

1. Stretch the balloon out by blowing it up then releasing its air.
2. Cut the balloon in half and discard the neck of the ballon.
3. Take the top of the balloon and stretch it across the mouth of the glass jar and hold it in place with a rubber band.
4. Tape the straw to the balloon.
5. Tape the index card to a wall or other surface and place the jar so the straw touches the centre of the card.
6. Use the pencil to mark the card where the straw is. Over the next few days, not if the straw moves up or down, depending on the weather

HOW it WORKS!

As the outside air pressure changes the balloon lid will move. It will move up if there is low air pressure outside the jar and higher air pressure inside the jar. It will move down if there is high air pressure outside the jar and lower air pressure inside the jar.

DiD YOU KNOW?

Low air pressure is usually a sign of a storm.

Meet the Animals

Is one of these jamtastic creatures your perfect animal? Read on to find out.

Every Giraffe has its own unique pattern.

Whether you want to be the tallest, biggest or perhaps the smartest animal in Jamaa, these amazing animals are great for exploring and having lots of fun.

Elephant

Best for: fun-loving Jammers
Lives: African elephants live in Africa and Asian elephants live in Nepal, India and Southeast Asia
Fun facts:
- it uses its ears to help keep cool
- elephants use their trunks like a snorkel to breathe in deep water
- an elephant is a herbivore
- it has no natural predators although sometimes lions prey on young elephants in the wild

FOX

Best for: smart Jammers
Lives: in Europe, Asia, Australia, Africa and North America
Fun facts:
- some foxes can climb trees
- a fox's home is called a den or an earth
- it is a member of the dog family but can retract its claws, like a cat
- it will eat anything including berries, worms, spiders and small animals such as mice and birds

Giraffe

Best for: helpful and protective Jammers
Lives: in Africa
Fun facts:
- its the tallest land animal in the world
- when giraffes walk, they move both legs on one side of their body and then both legs on the other side
- they only sleep for around half an hour a day and can sleep standing up

DAWN OF THE ALPHAS

Read on for more adventures
in Jamaa, continued from page 67.

Jamaa had been saved, but
the damage the Phantoms had
caused was everywhere. Plants
and trees were sick, clouds of
poison smoke hung in the air,
and the land itself was littered
with burnt rubbish that seemed
to follow the Phantoms
wherever they went.
The Alphas knew it would
be the responsibility of every
animal in Jamaa, including
themselves, to return the
land to its former glory.

While the animals worked
hard to rebuild, cleansing
power from the Alpha Stones
flowed through the Alphas and
into the land. Soon, the rivers
were running clear, the trees
regained their leaves, and the
air was fresh and crisp. The
pristine beauty of Jamaa
had spread from the top
of Mt Shiveer to the bottom
of Deep Blue.

During this time, Peck stayed in Jamaa Township to protect the village and help new animals that came to Jamaa, while the other Alphas separated to explore lost lands and track the Phantoms to their source. They were able to restore many of the lands that had been taken over by the Phantoms, and many Heartstones were returned. Animals trapped inside the Heartstones were freed to return to their homes, and they were welcomed by all their animal friends. In a short time, the world of Jamaa began to resemble the beautiful world it once was.

GO EXPLORING IN

The splash-tastic Crystal Sands is a must for animals who love the water, sand and surf.

Tierney's Aquarium

Crystal Sands Has a secret tunnel that leads to Mt. Shiveer.

Have fun at:

- The Waterslides
- Captain Melville's Juice Hut
- Tierney's Aquarium

It's like one giant water park, with whizzing water slides and loads of seaside fun to enjoy

Play:

- Overflow
- Double Up
- Smoothie Machine
- The Claw
- Pet Wash
- Touch Pool

The water theme continues in all the fun games in Crystal Sands.

Swim through the waves to reach Tierney's Aquarium. Count up the Pet turtles along the way.

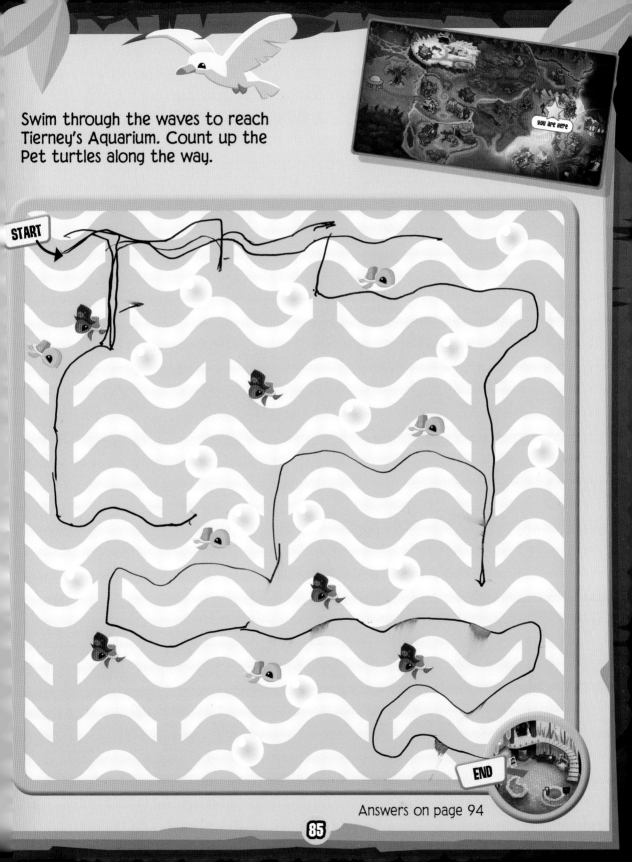

START

you are here

END

Answers on page 94

MEET THE ANIMALS

Jamaa is full of amazing animals for you to explore with.

DOLPHINS are very SOCIAL, and live in groups that hunt and play together.

Leap all over Jamaa as a quick deer, flip for fun as a dolphin or take to the skies as a soaring eagle. Read on to discover more about these animals.

DEER

Best for: Jammers who are quick and nimble

Lives: all over the world except Australia and Antarctica

Fun facts:
- the deer family is large, with 47 species, and includes caribou, elk, moose and wapiti
- they are herbivores
- a deer is very social and lives and travels in herds, usually led by a dominant male deer

DOLPHIN

Best for: friendly and playful
Jammers
Lives: in oceans and seas
all over the world
Fun facts:
- a layer of fat called
blubber under its skin
helps it keep warm
- a dolphin eats fish and
squid and also gets water
from these animals
- dolphins use clicks, whistles
and squeaks to communicate

EAGLE

Best for: strong and speedy
Jammers
Lives: on all continents
except Antarctica
Fun facts:
- an eagle can live
up to 25 years
- it can rotate its head
approximately 180 degrees
in each direction
- it uses its sharp beak and
strong neck muscles to rip
its food into pieces small
enough to swallow

JOURNEY BOOK

DON'T FORGET TO CHECK OUT YOUR JOURNEY BOOK ONLINE TOO.

Write, doodle and draw your wildest Jamaa adventures in these Journey Book pages.

DAY: Sunday

Doodle the best thing you spotted/did here!

ANIMALS SPOTTED:

panda

GAMES PLAYED:

Pandas ~~contest~~ chase

BUDDIES MADE:

us

PARTIES ATTENDED:

Panda party

Day:

Doodle the best thing you spotted/did here!

ANiMaLS SPOtteD:

GaMeS PLaYeD:

BuDDieS MaDe:

PaRtieS AtteNDeD:

Day:

Doodle the best thing you spotted/did here!

ANiMaLS SPOtteD:

GaMeS PLaYeD:

BuDDieS MaDe:

PaRtieS AtteNDeD:

JOURNEY BOOK

Day:

Doodle the best thing you spotted/did here!

ANIMALS SPOTTED:

....

....

GAMES PLAYED:

....

....

BUDDIES MADE:

....

....

PARTIES ATTENDED:

....

....

Sounds like you had a pawsome day!

CODE CRACKER

Use the code cracker to reveal your two exclusive in-game gift codes that you can use at www.animaljam.com

I A M A A F U N 2 D A y

G E T R E A D Y 2 J A M

Enter your codes on the homescreen www.animaljam.com/redeem

JaMMer QuiZ

Put your Animal Jam know-how to the test with this bumper quiz.

TICK T (true) or F (false) to the FoLLoWiNG QuestioNS:

1 A giraffe is the world's tallest land animal.   T ☑   F ☐

2 Otters sometimes sleep holding paws.   T ☑   F ☐

3 A polar bear's skin is white.   T ☑   F ☐

4 Crocodiles open their jaws to release heat.   T ☐   F ☑

5 There are only 20 species of monkey in the world.   T ☐   F ☑

6 An owl can turn its head 200 degrees.   T ☑   F ☐

USCRaMBLe the Letters to reveal aLL the WILD PLaCeS iN JaMaa.

7 Canolas Corny   ....

8 Crassly Stand   ....

9 Thieves Mourn   ....

10 A Brickbat Oakum   ....

11 Panda Pole   ....

12 Rasia Free Post   ....

13 cross out every letter that appears twice to reveal the KinG OF the JUNGLE.

(letters crossed out) L

(letters crossed out)

(letters crossed out) I O N *(crossed out)*

LION

14 Circle the endangered animals below.

BLACK RHINO

SIBERIAN TIGER   RABBIT   BLUE WHALE

OTTER

MOUNTAIN GORILLA   AMUR LEOPARD

DOG   KEMP'S RIDLEY SEA TURTLE   CAT

15 can you match the animal to their skin below?

zebra   tiger   giraffe   crocodile

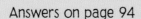

How many did you get right? Turn the page to find out!

Answers on page 94

ANSWERS

P3
The wolf is hidden on pages: 6, 15, 30, 47, 48, 59, 60, 74, 77 and 86

P11
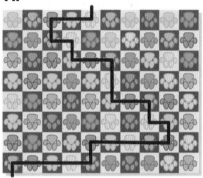

P15

1=B   2=C   3=E   4=A   5=D

P17

P25
A=2, B=6, C=3, D=1, E=5, F=4

P27
A=2, B=6, C=3, D=1, E=5, F=4

P33

P37
4 balloons, 6 pink candy floss, 7 blue sweets